道路工程测量

王健　田桂娥　吴长悦　宋利杰　编著

图书在版编目(CIP)数据

道路工程测量/王健等编著.—武汉：武汉大学出版社,2015.7(2024.7 重印)

ISBN 978-7-307-15813-9

Ⅰ.道… Ⅱ.王… Ⅲ.道路测量 Ⅳ.U412.24

中国版本图书馆 CIP 数据核字(2015)第 103135 号

封面图片为上海富昱特授权使用(ⓒ IMAGEMORE Co., Ltd.)

责任编辑：方慧娜　　　责任校对：汪欣怡　　　版式设计：马　佳

出版发行：武汉大学出版社　　（430072　武昌　珞珈山）
　　　　　（电子邮箱：cbs22@whu.edu.cn　网址：www.wdp.com.cn）
印刷：广东虎彩云印刷有限公司
开本：787×1092　1/16　印张：12.5　字数：290 千字
版次：2015 年 7 月第 1 版　　2024 年 7 月第 4 次印刷
ISBN 978-7-307-15813-9　　定价：28.00 元

版权所有，不得翻印；凡购我社的图书，如有质量问题，请与当地图书销售部门联系调换。

前 言

随着我国经济建设的迅猛发展,测绘技术也在朝着高智能化、电子化方向进步。在道路工程建设方面,工程的规模越来越大、等级越来越高、结构越来越复杂、对质量的要求越来越高,这就要求相应的测量技术和手段要不断更新和完善。在这种情况下,作者在总结多年测绘教学、生产及科研经验的基础上,参阅了大量相关资料,编写了本书。

本书在阐述工程测量基本理论和方法的基础上,分类介绍了公路、铁路、桥梁、隧道等工程建设中测量工作的内容和方法。书中的内容着重突出实用性和创新性,并以适量的篇幅介绍了当前国内外道路、桥梁、隧道测量的先进成果和经验。本书共分9章,分别介绍了道路工程控制网建立的方法、施工放样的方法和误差控制措施、线路曲线测设的方法、道路勘测阶段的测量工作,以及公路、铁路、桥梁、隧道等工程施工测量的内容和方法。参加编写的作者及分工情况如下:王健(华北理工大学),撰写第1~7章;田桂娥(华北理工大学),撰写第8章;吴长悦(华北理工大学),撰写第9章;宋利杰(华北理工大学)对书稿进行统一校对工作。

在本书的编写中,作者参阅和引用了大量相关标准、规范、书籍和文献资料,在此向有关作者表示衷心感谢!虽然作者多次修改书稿,力图完善,但仍难免存在疏漏和错误,敬请读者提出宝贵的修改意见。

作者

2015年4月

目 录

第1章 绪论······1
1.1 铁路工程建设中的测量工作······1
1.2 公路工程建设的一般知识······2
1.3 道路工程测量技术的发展······3

第2章 道路工程控制网的建立······6
2.1 道路工程控制网建立的一般要求······6
2.2 道路工程平面控制网坐标系的选择方法······8
2.3 道路工程控制网的建立······11
2.4 铁路工程控制网的建立······20

第3章 施工放样的方法和精度分析······25
3.1 概述······25
3.2 坐标法放样点的平面位置······26
3.3 交会法放样点的平面位置······34
3.4 归化法放样点位······37
3.5 高程放样方法······39

第4章 道路曲线测设······44
4.1 概述······44
4.2 圆曲线的测设······45
4.3 有缓和曲线的圆曲线······50
4.4 偏角法测设带缓和曲线的圆曲线······57
4.5 坐标法放样平面曲线······60
4.6 不完全缓和曲线的计算······62
4.7 曲线弦线的偏角和夹角的计算······64
4.8 竖曲线······66

第5章 道路工程勘测设计阶段的测量工作······69
5.1 道路初测阶段的测量工作······69
5.2 道路定测阶段的测量工作······72

5.3 道路纵横断面测量 76
5.4 既有线路测量 79

第6章 道路工程施工测量 82
6.1 路基施工与竣工测量 82
6.2 公路路面施工测量 87
6.3 铁路轨道施工测量与竣工测量 89
6.4 道路工程变形监测概述 90
6.5 路基的变形监测 93

第7章 桥梁施工测量 99
7.1 概述 99
7.2 桥梁施工控制网的建立 101
7.3 桥梁基础施工测量 106
7.4 桥梁墩、台及高塔柱施工测量 108
7.5 桥梁架设施工测量 113
7.6 桥梁施工和运营期间的变形监测 119

第8章 隧道工程施工测量 123
8.1 概述 123
8.2 隧道地面控制测量 125
8.3 隧道地下控制测量 130
8.4 竖井联系测量的方法和精度分析 135
8.5 陀螺经纬仪定向 146
8.6 大坡度斜井联系测量的方法 149
8.7 贯通测量误差的预计 153
8.8 隧道施工测量与竣工测量 156
8.9 隧道结构变形监测 161

第9章 高速铁路施工测量 166
9.1 概述 166
9.2 高速铁路精密工程控制网的建立 169
9.3 高速铁路路基施工测量 180
9.4 高速铁路轨道施工测量 183
9.5 高速铁路竣工测量 189

参考文献 191

第1章 绪 论

道路工程包括铁路、公路及桥梁、隧道、涵洞等构造物。与其他工程建设相似，道路工程建设一般可以分为三个阶段，即规划设计阶段、建筑施工阶段、运营管理阶段，三个阶段对应的测量工作分别为"工程勘测"、"施工测量"、"变形监测"。

1.1 铁路工程建设中的测量工作

1.1.1 铁路工程勘测设计阶段的基本程序

一条线路的勘测和设计工作，主要是根据国家的计划与自然地理条件，确定线路经济合理的方案。线路设计除了地形资料以外，还必须考虑线路所经地区的工程地质、水文地质以及经济等方面的因素。线路设计一般分阶段进行，其勘测工作也要分阶段进行。铁路是一种以钢轨引导列车前进的运输方式，为保证交通安全，铁路不仅要有平顺的线形、缓和的纵坡，而且还要有坚实稳定的路基、平整的轨(路)面、牢固耐用的桥涵和其他人工构造物及附属设备。铁路由路基、轨(路)面、涵洞、桥梁、隧道等基本构造物组成，有时还有路基防护工程、排水工程等。

铁路工程勘测设计是为铁路建设收集设计资料，并做出经济合理的设计，这项工作是一项政策性强、涉及面广、技术复杂的工作。铁路勘测设计一般要经过下列过程：方案研究、初测和初步设计、定测和施工设计。方案研究是在搜集沿线各种技术资料(包括相关地区的中小比例尺地形图、各种航摄相片、气象、水文、经济等资料)，设计人员对资料进行全面的分析和比较后，拟定线路的可能方案和确定一些重要技术问题(例如线路等级、运输能力等)，提出初步选择意见和方案研究报告。初测是初步设计阶段的勘测工作，其主要任务是提供沿线大比例尺带状地形图以及地质和水文方面的资料。初步设计是由设计人员根据初测带状地形图和其他初测资料，研究各种方案线路的中线位置，确定线路、桥涵、隧道等工程结构物的位置、方向、坡度、曲线半径等，初步设计要对一切有价值的方案进行研究比选，通过经济、技术等方面的比较，选定一个经济合理的方案，由于这项工作在室内进行，故称为纸上定线。定测是为施工设计收集资料，其主要任务是把初步设计中选定的线路中线测设到实地上，并测绘线路的纵、横断面，结合现场的地形、水文、地质等实际情况尽量改善线路的位置，力求选出最经济合理的线路。施工设计的主要任务是根据定测资料进行线路纵、横断面设计和路基设计，并对线路全线的所有桥涵、隧道、车站等个体工程做出单独的详细设计，并提供工程数量和各种工程预算，形成施工设计文件。方案研究一般不作为一个设计阶段，故这种方式称为两阶段设计，即初步设计和施工设计,勘测工作分为初测和定测两个阶段。

勘测设计阶段的测量工作有草测、初测和定测工作。在方案研究中,若无足够的地形资料,就要进行草测。初测时要进行线路平面控制测量、线路高程测量和地形测量。定测中要进行交点放样、中线测量(包括直线和曲线的测设)、纵断面测绘和横断面测绘。

1.1.2 铁路工程施工和运营阶段的测量工作

施工阶段测量的主要任务是保证各种建筑物能按照设计位置准确地建立起来。施工阶段的首项工作是对控制点和中线点进行"复测"。复测是为了检查线路的主要控制桩的正确性和补设缺损的桩橛。路基施工前应先建立施工控制网,对于重要的工程,施工控制网还应进行专门的设计。然后按照设计要求测设工程构筑物的各个部位(例如路基工程应进行中桩、边桩的放样,施工过程中要随时进行中线和高程测量,这些工作要反复进行,贯穿整个施工过程)。各种工程结束后,再进行贯通全线的竣工测量。

运营阶段,当对既有线路进行改建、修建时,都需要进行一系列的测量,其测量工作的特点是以既有线路为基础,并对既有线路做详细的测量。为了更新资料,对线路现状和沿线地形每隔一定年份要进行全线的测量,即所谓"旧线测量"。

对于沿线的桥梁和涵洞,施工前应建立专门的施工控制网。在施工过程中,应按设计的精度要求放样构筑物的各个部分。为了保证构筑物的质量和施工安全,在施工过程中就要对某些部位进行变形监测,例如,对桥梁的桥墩桥台进行沉降监测、对主梁的挠度变形监测、对高塔柱的变形监测等。这些变形监测工作一直延伸到运营阶段。

1.2 公路工程建设的一般知识

1.2.1 公路勘测设计概述

公路是指连接城市、乡村和工矿基地等,主要供汽车行驶,具备一定技术和设施的道路。由于受自然条件和地物的限制,公路在平面和纵断面上均由直线和曲线组成。公路结构主要有路基、路面、排水结构物、桥梁、隧道、挡土墙等组成。公路勘测程序与铁路勘测程序大体相同,基本可以分为初测和定测,这种勘测方式通常称为两阶段勘测设计。初测常被称为踏勘测量,定测常被称为详细测量。初测是一般公路所采用的勘测设计程序。踏勘测量主要是了解线路所经地区的自然地理条件(包括地形、地质、水文等情况),选择线路的大致位置,为初步设计收集资料,进行初测、编制初步设计和工程概算。详细测量是全面深入地研究线路的各项情况,精确地测定线路的长度和位置,编制施工图和工程预算。

除了两阶段勘测设计之外,根据公路路线的性质和要求,有时还有一阶段勘测设计和三阶段勘测设计两种方式。一阶段勘测设计这种方式只进行一次详细的定测,据以编制施工设计和工程预算,该方式仅适用于技术简单、方案明确的小型公路工程。三阶段勘测设计包括初步设计、技术设计和施工设计三个阶段。技术设计阶段主要是对重大、复杂的技术问题,落实技术方案,计算工程数量,提出修正的施工方案,修正设计概算,其深度和要求介于初步设计和施工设计之间。三阶段勘测设计适合于技术上复杂且又缺乏经验的建设项目或建设项目中的个别路段、特殊大桥、隧道等。

1.2.2 公路工程施工和运营阶段的测量工作

与铁路工程建设基本一致，公路工程施工和运营阶段的测量工作主要有道路控制网的建立和复测、路基施工测量、路面施工测量、桥梁和隧道等构筑物的施工测量、变形监测、竣工测量等工作。

铁路工程和公路工程都属于国家基本建设，其投资可观，规模宏大。其测量工作有以下特点：

(1) 不同的建设阶段测量工作的内容不同；

(2) 不同的工程或同一工程的不同部位，对施工测量精度的要求不同；

(3) 由于工程规模宏大，其控制网可能跨越若干个投影带，为使投影变形满足要求，常常分段建立抵偿投影面的任意带平面直角坐标系，对于一些精度要求很高的大型构筑物有时还要建立独立坐标系。

需要注意的是，不论是铁路工程还是公路工程，由于其测量工作是为工程建设服务的，所以工程测量人员还必须具有一定的有关工程建设方面的知识。例如，在为工程的规划设计进行勘测时，应该了解该项工程的作用、总体布置的特点以及工程与周围环境的关系，等等。在为工程施工进行定线放样时，必须了解工程的结构，了解工程施工的步骤和方法以及施工现场的布置情况，以便确定在现场应该放样的点和线，选择合适的控制点布设位置和控制测量方案，选择合适的放样方法。测量工作者必须善于识图和读图，以便在工作中验证工程图纸的正确性，正确地计算所需的相关元素。当进行变形监测时，为了合理地进行观测点和基准点的布置，确定观测的精度，选择观测的方法，以及合理地进行成果的整理与分析，都需要具有该项工程的构造及其使用情况的知识。总之，在工程建设的整个过程中进行测量工作时，都需要相关工程的知识。测量工作的目的是为工程建设服务的，测量工作的程序从属于工程勘察设计和施工的程序，测量的方法受施工方法的影响，测量的精度取决于工程建筑的限差要求。因此，从事测量工作的人员必须掌握相关工程建设方面的知识，这样才能使测量工作有针对性，避免盲目。

1.3 道路工程测量技术的发展

随着测绘科学技术的进步，道路工程测量技术正沿着测量数据采集和处理一体化、实时化方向发展，其测量仪器正向精密化、自动化、智能化方向发展。

1.3.1 道路工程测量仪器的发展

(1) 测量仪器已由传统的光学仪器发展到光电仪器。光电测角仪器不但实现了数据的自动获取、改正、传输、显示和存储，而且实现了目标自动照准，测角精度与光学仪器相当甚至更高。如 T2000、T3000 电子经纬仪不但采用了动态测量原理，而且其测角精度可达±0.5″。精密距离测量仪器发展迅速，光电测距仪与传统的距离丈量相比较，其自动化程度与测距精度也越来越高。光学水准仪逐渐被能自动读数、记录、数据处理的电子水准仪代替。

(2) 电子全站仪实现了自动测角、测距、自动记录、计算及存储功能。全站仪能够利用其高精度的测角、测距功能提供三维坐标测量系统(STS)，如 Leica 公司推出的 TC2003，其测角精度为±0.5″，测距精度为 $1mm+D\times10^{-6}$。

(3) 在全球定位系统 GPS 仪器方面，用 GPS 进行工程测量具有精度高，速度快，不受时间、气候条件和通视条件的限制，并可提供统一坐标系中三维坐标信息等优点，因此在道路工程测量中得到了广泛应用。

(4) 陀螺全站仪逐渐发展和普及起来，该仪器可以直接测定方位角，为隧道施工地下导线测量提供起始方位角。相对于传统的陀螺经纬仪，这种仪器具有精度高、一次定位时间短、功能更加强大等优点。

(5) 三维激光扫描仪可以对被测对象在不同位置扫描，快速地获取物体在给定坐标系下的三维坐标，通过坐标转换和建模，可以输出被测对象的各种图形和数字模型。

(6) 具有多种功能的混合测量系统的发展也为道路工程测量工作带来诸多便利。例如，采用多传感器的高速铁路轨道测量系统，用测量机器人自动跟踪沿轨道前进的测量车，测量车上装有棱镜、倾斜传感器、长度传感器和微机，可以同时测量轨道的三维坐标、轨道的宽度和倾角。

1.3.2 道路工程测量技术和实践的发展

在勘测设计初测阶段的带状地形图测绘中，目前一般采用航空摄影测量的模拟法、解析法，对于小范围的或局部的地区，也采用地面数字成图法测绘。改变了过去的经纬仪导线、水准测量作控制、平板仪测图的方法，使测量精度和效率有了极大的提高。全站仪、GPS 技术的应用，给道路工程测量带来了革命性的变革。利用 GPS 静态相对定位的方式建立的施工控制网，不要求相邻点间通视，在数十平方公里的范围内相对精度达到 10^{-6} 以上，这项技术广泛应用在特大桥、隧道等工程中。GPS RTK 技术可以实时提供厘米级到亚厘米级的定位精度，适用于道路工程的中线、边线放样、纵横断面测量等多种工作，给测量工作带来了极大的便利。目前，全站仪、GPS 技术在道路工程测量中广泛应用于以下方面：

(1) 建立道路工程全线统一的控制网；
(2) 测绘大比例尺带状地形图；
(3) 用于道路中线、边线的放样；
(4) 建立工程或滑坡变形的自动化监测系统；
(5) 纵断面、横断面测量；
(6) 建立桥梁、隧道的施工控制网；
(7) 进行汽车导航和交通管理的测量。

20 世纪 50 年代以来是我国道路工程建设快速发展的阶段，复杂的工程环境和对测绘提出的愈来愈高的精度要求，推动着道路工程测量技术的快速进步，下面列举几个国内相关的工程实例。全长 4407.6m 的武汉长江二桥，主桥为双塔双索面钢筋混凝土斜拉桥，全桥的施工测量贯通精度(跨距和墩中心偏差)达毫米级;为保证桥梁的运营安全,检验设计参数的合理性,在车辆通行状态下对该桥进行了三个方面的监测:索力测量、塔柱摆动和桥面线型测量,监测结果表明桥梁的设计和施工均满足要求。长达 30 余公里的杭州湾大桥的 GPS 首级控制网的最弱点点位精度高达±1.4mm。长 18.4km 的秦岭隧道,洞外 GPS 网的平均点位精度优于±3mm,一等精密水准线路长 120 余公里,已贯通的辅助隧道,在仅有一个贯通面的情况下,贯通后实测的横向贯通误差为 12mm,高程方向的贯通误差只有 3mm(张正禄,2005)。在沪宁、沪杭高速公路的上海段施工中,利用 GPS 建立首级控制网,采用全站仪导线方式加密,在数十公里的范围内点位误差都在 20mm 以内。在江阴长江大桥的建设中,首先用全站仪建立了高精度的边角网,然后利用 GPS 对该网进行了检测,检测网的精度达到了毫米级,两种网在精度上符合得非常好。

第2章 道路工程控制网的建立

2.1 道路工程控制网建立的一般要求

道路工程建设中的施工测量工作，也要遵循"由整体到局部，先控制后碎部"的原则，即先在施工现场建立统一的平面控制网和高程控制网，然后以此为基础，测设出各个建（构）筑物及其构件的位置。在进行各建（构）筑物放样时，所利用的各类控制点必须是同一个系统中的，这样才能保证各建（构）筑物的正确施工。道路工程施工控制网的点位、密度以及精度取决于工程建筑物的性质和施工条件。由于平面坐标是相对于几何参考面，而高程是相对于物理参考面，因此控制点通常表述为平面坐标和高程两个方面，故施工控制网应包括平面控制网和高程控制网。道路施工控制网一般具有以下特点：

（1）道路工程的控制点都是沿线路布设的。由于控制网建立的目的是为工程建筑物的施工放样提供控制，所以控制点的位置应沿线路布设，一般位于距线路中线 50~300m 范围内、地势较高、土质坚实、便于放样的位置。

（2）控制点使用频繁。在施工过程中，控制点往往直接用于放样。对于复杂构筑物，不同的高度层往往具有不同的形状、不同的尺寸和不同的附属工程，随着施工层面的升高，往往对每一层都要进行放样工作。由此可见，控制点的使用是相当频繁的。这样一来，对于控制点的稳定性、长期保存的可能性、使用时的方便性就提出了比较高的要求。

（3）控制网的投影变形小。道路工程施工控制网的相对精度要求比较高，一般道路要求控制网的长度投影变形值不大于 25mm/km，高速铁路要求不大于 10mm/km。为了减小投影变形带来的误差，其坐标系常常选择抵偿投影面和任意带的高斯投影平面直角坐标系。对于某些施工精度要求更高的构筑物施工，常常采用经过联测得到的一个点的坐标和一个方位角作为固定的起算数据，其长度基准不需要投影到平均海平面或参考椭球面所对应的平面上，而是投影到工程对定线放样精度要求最高的高度面上。

道路工程往往是路基、桥涵、隧道等构筑物的综合体，各个项目对放样的精度要求不同。另外，各项目之间轴线的几何联系，相对于其内部各轴线间的几何联系，在精度上往往有较大差异。因此，在布置施工控制网时，采用分级布设的方法是比较合理的，线路平面控制网为首级控制网，沿整个线路统一布设，其作用是控制整个道路的位置和形状，桥涵、隧道可以根据首级控制网建立加密的二级控制网，其作用是控制各建（构）筑物内部的几何关系。《公路勘测规范》(JTG C10—2007) 中规定：大型构筑物控制网与国家或路线控制网进行联系且其等级高于国家或路线控制网时，应保持其本身的精度。因此，对精度有特殊要求的工程建筑物，其二级控制网的精度有时要高于首级控制网，其在精度上并不遵循"由高级到低级"的原则。

道路工程勘测设计和施工期间的高程控制网，一般都要分级布设，尤其在施工期间，要求在建筑物附近的不同高度上都必须布置临时水准点，临时水准点的密度应保证只设置一个测站就能进行高程放样。分级布设的原则：首先沿线路全线布设基本高程控制网，然后根据不同施工阶段和施工高度布设加密网。加密点一般为临时水准点，可以因地制宜，置于凸出的岩石上或已经浇筑好的混凝土上，但标记要醒目，便于保存和寻找。需要指出的是，平面控制网和高程控制网可以分开布设，也可以把平面控制点联测高程作为一个整体布设，具体采用哪一种形式应该视地形起伏和测量的难易程度等情况而定。

在道路工程的勘测设计阶段，主要的测量工作是测绘各种比例尺的地形图和纵、横断面，其控制网的精度只要满足相关要求即可。而在施工阶段，主要的测量工作是施工放样，其精度主要体现在相邻点的相对位置上，必须满足设计和相应的规范要求，一般来说比勘测设计阶段的精度要求高。对于各种不同的构筑物，或对于同一构筑物中不同的部分，这些精度要求并不一致，而且有时相差悬殊。施工放样的精度受控制网误差和放样过程中的误差影响，施工控制网精度的确定，应该从保证建筑物放样的精度要求来考虑。正确制定工程建筑物放样的精度要求，是一项极为重要的工作，如果定得过宽就可能造成质量事故，若定得过严则会给测量工作增加许多不必要的麻烦。

建筑物竣工时的实际误差是由施工误差（对于桥涵等构筑物而言包括构件制造误差、施工安装误差等）和测量放样误差所引起的，其值不能超过设计或相关规范的容许偏差（即建筑限差），所以测量误差的限差应该根据建筑限差和施工的精度来制定。由于各种建筑物，或同一建筑物中各不同的建筑部分对放样精度的要求是不同的，因此，首先遇到的问题是根据哪一个精度要求来考虑控制网的精度。在选择时，应该考虑到施工现场条件、施工方法和程序，分析这些建筑物或建筑部分是否必须直接从控制点进行放样。对于某些建筑元素，虽然它们之间相对位置的精度要求很高，但在放样时，可以利用它们之间的几何联系直接进行，因而在考虑控制网的精度时，可以不考虑它们。例如某些大桥施工中提出，钢箱梁的安装误差限差为1mm，合拢段拼接误差限差为3mm，但它们都不是直接根据控制点放样的，而是根据桥梁主轴线来放样，所以在设计控制网的精度时无需考虑这些精度要求。

确定了测量放样的精度要求以后，就可以用这个精度作为起算数据来推算施工控制网的必要精度。此时，应根据施工现场的情况和放样工作的条件来考虑控制网误差与放样过程中产生误差的比例关系，以便合理地确定施工控制网的精度。设 M 为放样后所得点位的总误差，m_1 为控制点误差引起的误差，m_2 为放样过程中所产生的点位误差，则

$$M = \sqrt{m_1^2 + m_2^2} \tag{2-1}$$

设 $m_1 = \dfrac{m_2}{k}$，则有

$$M = m_2\sqrt{1 + \frac{1}{k^2}} \approx m_2\left(1 + \frac{1}{2k^2}\right) \tag{2-2}$$

对于桥梁和道路上一般的放样点，由于其距离控制点较远，现场环境复杂，放样工作

中受到施工的干扰,因而放样过程中的误差较大。因此在设计施工控制网精度时,应该遵循"忽略不计原则",即应使控制点误差对于施工放样最终结果的误差影响,小到可以忽略不计,以便为今后的放样工作创造有利的条件。根据这个原则,对于施工控制网的精度要求进行以下分析。

若令 $\dfrac{M-m_2}{M} \leqslant 5\%$,可以认为 $M \approx m_2$,m_1 对 M 的影响可以忽略不计。此时则有 $\dfrac{1}{2k^2} \leqslant 0.05$,即 $k \geqslant \sqrt{10}$。于是可得

$$m_1 = \frac{1}{\sqrt{10}} m_2 \approx \frac{1}{3} m_2 \tag{2-3}$$

2.2 道路工程平面控制网坐标系的选择方法

许多道路工程的相关规范中都有这样的规定:当工程建筑物附近有精度满足要求的合适的国家控制点时,应予以利用。这样一方面便于利用国家高精度控制点的现有成果,另一方面便于其他单位的使用和管理。所以,道路工程控制网的坐标系应尽量纳入国家坐标系。目前,我国国家大地测量控制网都是依高斯投影方法按 6°或 3°带进行分带和计算,这样就会使控制网的边长产生投影变形。道路施工放样要求点位之间的距离要与设计的距离一致,这时控制网的边长投影变形会影响放样点间边长的精度。为了减小这种影响,就必须对变形值的大小进行分析,选择出满足控制网精度要求的投影带和投影面。

2.2.1 投影变形分析和投影带、投影面的选择

1. 投影变形分析

控制网边长的变形主要由两种因素引起:

(1)实测边长归算到参考椭球面上的变形影响,其值 ΔS_1 为

$$\Delta S_1 = -\frac{S \times H_m}{R} \tag{2-4}$$

式中:H_m——归算边高出参考椭球面的平均值;

S——归算边的长度;

R——归算边方向参考椭球法截弧的曲率半径。

按照式(2-4)可以计算不同高度处每千米长度的投影变形值,如表 2-1 所示。

表 2-1　　　　　　　　　每千米的长度投影变形值

H_m/m	10	20	30	40	50	80	100
ΔS_1/mm	-1.6	-3.1	-4.7	-6.3	-7.8	-12.6	-15.7

(2)将参考椭球面上的边长归算到高斯投影面上的变形影响,其值 ΔS_2 为

$$\Delta S_2 = \frac{1}{2} \times \left(\frac{y_m}{R_m}\right)^2 \times S_0 \qquad (2\text{-}5)$$

式中：S_0——椭球面上的归算边长，$S_0 = S + \Delta S_1$；

y_m——归算边两端点的横坐标平均值；

R_m——归算边方向参考椭球法截弧的曲率半径。

按照式(2-5)计算各种 y_m 时每千米长度的投影变形值，如表 2-2 所示。

表 2-2　　每千米的长度投影变形值

y_m/km	10	20	30	40	50	80	100
ΔS_2/mm	1.2	4.9	11.1	19.7	30.7	78.7	133.0

控制网边长的投影变形值为

$$\Delta S = \Delta S_1 + \Delta S_2 = -\frac{S \times H_m}{R} + \frac{1}{2} \times \left(\frac{y_m}{R_m}\right)^2 \times S_0 \approx S \times \left(\frac{y_m^2}{2R_m^2} - \frac{H_m}{R}\right) \qquad (2\text{-}6)$$

《公路勘测规范》(JTG C10—2007)中规定：线路平面控制网坐标系的确定，应满足控制网的长度投影变形值不大于 25mm/km 的要求。为了满足测量结果的一测多用，在满足工程精度的前提下，工程中应统一采用国家 3°高斯平面直角坐标系。当控制网边长的投影变形值不能满足工程的精度要求时，由公式(2-6)可以看出，可以通过选择合适的高程参考面(改变 H_m)或移动中央子午线的位置(改变 y_m)的方法，使变形值 ΔS 的大小满足要求。

2. 道路工程控制网平面坐标系的选择

在道路工程控制测量时，根据工程所在的位置、工程范围及施工各个阶段对投影误差的要求，可以采用以下几种平面直角坐标系。

(1)国家 3°带高斯正形投影平面直角坐标系

由前面的分析可知，当工程区域的平均高程值不大，而且按照国家 3°投影带的 y 坐标值也不大时，其总的投影变形值 ΔS 也满足要求，此时无须考虑投影变形的问题，直接采用国家统一的 3°带高斯正形投影平面直角坐标系作为工程测量的坐标系。

(2)抵偿投影面的 3°带高斯正形投影平面直角坐标系

在这种坐标系中，仍采用 3°带高斯正形投影，但投影的高程面不是参考椭球面，而是依据长度投影变形选择的高程参考面，在这个参考面上，工程区域的长度变形为零，即 $\Delta S = 0$。于是按照公式(2-6)得选择的高程参考面的高程为

$$H_m = \frac{y_m^2}{2R_m^2} \times R \approx \frac{y_m^2}{2R} \qquad (2\text{-}7)$$

当工程区域的平均高程值较大，且距离国家 3°投影带的中央子午线较近时，采用这种坐标系比较有效。

(3)任意带高斯正形投影平面直角坐标系

在这种坐标系中，仍把地面观测结果归算到参考椭球面上。为了使 $\Delta S = 0$，投影带的中央子午线不采用国家 3°带的划分方法，而是依据长度投影变形选择某一条子午线，在这条子午线上，工程中央区域的长度变形为零。按照公式(2-6)得选择的子午线与工程中央相距为

$$y_m = \sqrt{2RH_m} \tag{2-8}$$

当工程区域的平均高程值不大，且距离国家 3°投影带的中央子午线较远时，采用这种坐标系比较有效。例如，长深(长春至深圳)高速公路的某段位于东经 117°58′、北纬 40°16′，平均高程为 20m，建立施工控制网时如果选择国家 3°带高斯正形投影平面直角坐标系，则控制网边长的投影变形值太大，于是按照该方案选择经度为 117°50′的中央子午线建立了控制网的坐标系，可以有效地减小了控制网边长投影误差。

(4) 具有高程抵偿面的任意带高斯正形投影平面直角坐标系

在这种坐标系中，往往把投影的中央子午线选择在测区中央，地面观测值归算到测区平均高程面上，按高斯正形投影计算平面直角坐标。当工程区域的平均高程值较大，且距离国家 3°投影带的中央子午线较远时，采用这种坐标系比较有效。

例如，在上海市磁悬浮轨道工程中，由于工程区域内绝对高程和平均高差较小(一般均在 20m 以下)，且整个工程线路长约 30km，故采用上述方案建立了控制网的坐标系。具体做法：选择过磁悬浮工程线路中间位置的子午线为中央子午线进行高斯投影，投影面为工程的平均高程面，保持 x 坐标轴与上海平面坐标系的 x 坐标轴平行，y 轴与上海市平面坐标系的 y 轴重合，经平移，使原点的坐标值保持原上海平面坐标系统的坐标值。通过这样的转换，使得设计单位在上海平面坐标系中所设计的各分项工程的设计坐标都可以直接在磁悬浮轨道工程坐标系中实施放样。

(5) 独立平面直角坐标系

当工程区域的范围较小时，可以不进行方向和距离改正，直接把局部地球表面看做平面，建立独立的平面直角坐标系。这时，起算点坐标及起算方位角最好能与国家网或城市网联测，若联测困难，可以自行测定边长和方位角，而起始点坐标可以假设。

2.2.2 不同的平面直角坐标系间的坐标转换

在道路工程测量工作中经常会遇到不同坐标系之间进行坐标换算的问题，例如：同一点位的施工坐标系与城市坐标系或国家坐标系下的坐标进行换算。在坐标系统转换时，必须建立双向转换关系，使每个点在坐标系中可以自由转换。如图 2-1 所示，设 xOy 为测量坐标系，$AO'B$ 为施工坐标系，施工坐标系的坐标原点在测量坐标系中的坐标为 (x_O', y_O')，$O'A$ 轴的坐标方位角为 α，P 点在两个坐标系中的坐标分别为 (x_P, y_P)、(A_P, B_P)，其换算关系为：

$$\begin{bmatrix} x_P \\ y_P \end{bmatrix} = \begin{bmatrix} x_O' \\ y_O' \end{bmatrix} + \begin{bmatrix} \cos\alpha & -\sin\alpha \\ \sin\alpha & \cos\alpha \end{bmatrix} \begin{bmatrix} A_P \\ B_P \end{bmatrix} \tag{2-9}$$

$$\begin{bmatrix} A_P \\ B_P \end{bmatrix} = \begin{bmatrix} \cos\alpha & \sin\alpha \\ -\sin\alpha & \cos\alpha \end{bmatrix} \begin{bmatrix} x_P - x_O' \\ y_P - y_O' \end{bmatrix} \tag{2-10}$$

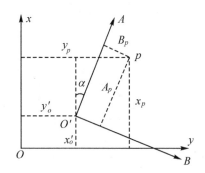

图 2-1 测量坐标系与施工坐标系间的坐标转换

2.3 道路工程控制网的建立

2.3.1 道路工程平面控制网的形式

道路工程平面控制网的建立一般经过下列过程：
(1)首先进行控制网的设计工作，包括：
①搜集道路沿线已有的测量资料，进行现场踏勘和周密调查研究；
②根据控制网的建立目的、要求和控制范围，进行图上规划和野外选点，确定控制网的网形和参考基准；
③根据测量仪器条件拟定观测纲要(观测方法和观测值的预期精度)；
④根据观测的人力、物力进行成本预算；
⑤根据控制网图形和观测精度进行目标成果的精度估算与分析，并与预定的要求相比较，再做必要的方案修正。
(2)然后付诸实施，包括：埋设标志，建立观测墩、观测台和观测标志，按预定纲要进行观测，按观测数据评定观测精度。
(3)最后进行成果处理、平差计算。

公路平面控制测量，包括道路、桥梁、隧道及其他大型建筑物的平面控制测量。平面控制网的布设应符合因地制宜、技术先进、经济合理，确保质量的原则。路线平面控制网是公路平面控制测量的主控制网，沿线各种构造物的平面控制网应联系于主控制网上，主控制网宜全线贯通，统一平差。平面控制网的建立，可以采用全球定位系统(GPS)测量、三角测量、边角测量和导线测量等方法。各级公路、桥梁、隧道的平面控制测量等级的确定，应符合表2-3中的规定。对于桥梁控制测量的等级，除符合表2-3中的规定外，还应考虑施工时对桥轴线中误差的要求，对施工放样精度要求特别高的桥梁，应根据桥梁跨度、结构等计算桥轴线定位的相对中误差，进而确定控制网的等级。对于隧道控制测量的等级，除符合表2-3中的规定外，还应考虑隧道横向贯通误差对控制网精度的要求。

表 2-3 各级公路、桥梁、隧道的平面控制测量等级

等级	公路控制测量	桥梁桥位控制测量	隧道洞外控制测量
二等三角		>5000m 特大桥	>6000m 特长隧道
三等三角、导线		2000~5000m 特大桥	4000~6000m 特长隧道
四等三角、导线		1000~2000m 特大桥	2000~4000m 特长隧道
一级小三角、导线	高速、一级公路	500~1000m 大桥	1000~2000m 中长隧道
二级小三角、导线	二级及以下公路	<500m 大中桥	<1000m 隧道

道路工程施工控制网是施工放样的基础，其布网的合理性及精度对工程施工质量起决定性作用，尤其对精度要求非常高的大型桥梁、隧道等更是如此。根据工程的特点，道路工程施工平面控制网常用以下几种网形：

(1) GPS 网。随着 GPS 定位技术的进步，GPS 相对定位精度在数十千米的范围内可以达到 1/10 万~1/100 万。GPS 网的网形在很大程度上与使用的接收机的数量和作业方式有关。由于 GPS 测量不要求控制点之间通视，所以在隧道工程地面控制网建立时应用 GPS 网的形式具有得天独厚的优势。目前，大多数道路工程的建设过程中首级控制网都采用 GPS 网，再利用地面边角网或导线网加密。这时，如何将现代卫星测量技术与地面测量技术相结合，相互取长补短显得非常重要。

(2) 导线网。导线网包括单一导线和具有一个或若干个结点的导线网。导线网的观测值是角度和边长。其特点是：网中各点上的观测方向较少，除节点外只有两个方向，因而受通视要求的限制小，易于选点；导线网的图形非常灵活，选点时可以根据具体情况随时变化；网中的边长都是直接测定的，因此边长的精度较均匀。但导线网中的多余观测数较少，有时不易发现观测值中的粗差。因此其可靠性不高。导线网比较适用于障碍物较多的平坦地区或隐蔽地区。目前，在道路工程中多用导线网对 GPS 首级控制网进行加密。

(3) 边角网。边角网是指既测边又测角的以三角形为基本图形的平面控制网。目前随着全站仪的发展普及，测角和测距精度的不断提高，边角网的应用也越来越广泛。其特点是：图形简单，网的精度较高，具有较多的检核条件，易于发现观测值中的粗差，但在障碍物较多的地区布设边角网较困难。目前，在道路工程中多用边角网来建立精度要求极高的安装控制网。

道路平面控制点位置的选定应符合下列要求：

①相邻点之间必须通视，点位能长期保存；

②便于加密、扩展和寻找；

③采用导线、边角网等传统方式建网时，观测视线超越(或旁离)障碍物应在 1.3m 以上；

④平面控制点位置应沿路线布设，距道路中线宜大于 50m 且小于 300m，同时应便于测角、测距及地形测量和定线放样；

⑤路线平面控制点的设计，应考虑沿线桥梁、隧道等构造物布设控制网的要求。在大型构造物的两侧应分别布设一对平面控制点。

2.3.2 应用 GPS 建立道路控制网

1. 应用 GPS 进行道路控制测量的技术要求

线路工程的 GPS 控制点位置，除应满足线路控制点的位置要求外，还应满足下列要求：

(1) 周围应便于安置接收设备和操作，视野开阔，视场内障碍物的高度角不宜超过 15°；

(2) 远离大功率无线电发射源（如电视台、电台、微波站等），其距离不小于 200m，远离高压输电线和微波无线电信号传送通道，其距离不得小于 50m；

(3) 附近不应有强烈反射卫星信号的物件（如大型建筑物等）；

(4) 交通方便，并有利于其他测量手段扩展和联测；

(5) 选站时应尽可能使测站附近的小环境（地形、地貌、植被等）与周围的大环境保持一致，以减少气象元素的代表性误差。

《公路全球定位系统（GPS）测量规范》（JTJ/T 066—98）中规定，对于公路、桥涵、隧道等构造物，其 GPS 控制网分为一级、二级、三级、四级共四个等级。其中一级、二级 GPS 网主要用于大型桥梁、隧道等控制网的建立；三级 GPS 网主要作为高速公路的首级控制网，应用时往往需要在其基础上进一步加密低一级控制网；四级 GPS 控制网主要是直接作为高速公路的施工控制网使用。各级 GPS 控制网的主要技术指标应符合表 2-4 中的规定。

表 2-4　　　　公路工程各级 GPS 控制网的主要技术指标

等级	相邻点间平均距离/km	闭合或附合线路的边数	固定误差 a/mm		比例误差系数 b/(mm/km)		最弱相邻点点位中误差/mm	
			路线	特殊构筑物	路线	特殊构筑物	路线	特殊构筑物
一级	4.0	5	≤10	5	≤2	1	50	10
二级	2.0	6	≤10	5	≤5	2	50	10
三级	1.0	7	≤10	5	≤10	2	50	10
四级	0.5	8	≤10		≤20		50	

当利用 GPS 控制网作为公路的首级控制网，且需要采用导线等其他方式加密时，应每隔 5km 左右设置一对相互通视的、边长为 500~1000m 的 GPS 点。当利用 GPS 首级控制网直接作为公路的施工控制网时，可降低为每个点上至少有 1 个通视方向（不一定是所有相邻点）。利用 GPS 测量代替常规的线路初测和定测导线测量，其方向和长度应满足相应测量等级网的角度和长度精度要求，并尽可能保持点间通视。一级、二级 GPS 网应采用网连式、边连式布网，三级、四级 GPS 网应采用边连式或点连式布网。GPS 网应同附近的高等级国家平面控制网点联测，联测点数不应少于 3 个，并且力求均匀分布，且能控制

本控制网。当路线附近有高等级 GPS 点时,应予以联测。点位应有利于公路的勘测放线和施工放样,与线路中线的距离为 50~300m 为宜。对于大型桥梁、互通式立交、隧道等还应考虑加密布设控制网的要求。公路 GPS 控制网观测的基本技术要求如表 2-5 所示。

表 2-5　　　　　　　　　公路 GPS 控制网观测的基本技术要求

项目	观测方法	一级	二级	三级	四级
卫星高度角/(°)	静态	≥15	≥15	≥15	≥15
有效观测卫星数	静态	≥4	≥4	≥4	≥4
几何图形强度因子(GDOP)	静态	≤6	≤6	≤8	≤8
时段长度/min	静态	≥90	≥60	≥45	≥40
数据采样间隔/s	静态	≥15	≥15	≥15	≥15
重复测量的最少基线数/(%)	静态	≥5	≥5	≥5	≥5
施测时段数	静态	≥2	≥2	≥1	≥1

公路 GPS 控制网的边长投影变形也必须满足小于 25mm/km 的要求,当采用抵偿坐标系还不能满足该要求时,可以将整个路线分成多个投影带。在分带附近应布设一对相互通视的 GPS 点,使其具有相邻两带的坐标成果,这样能够保证采用其他测量方法进行加密和扩展时,两分带在该处的坐标能够统一且唯一。

对于铁路 GPS 控制网的选点、布网、观测、平差计算等工作,与公路 GPS 控制网的方法基本相同,只是在某些个别的参数上有所区别。表 2-6 和表 2-7 是《铁路工程卫星定位测量规范》(TB 10054—2010)中对各等级卫星定位测量控制网的主要技术指标和作业的主要技术要求的规定。

表 2-6　　　　　　　　　卫量定位测量控制网的主要技术要求

等级	固定误差 a /mm	比例误差系数 b /(mm/km)	基线方位角中误差/(″)	约束点间的边长相对中误差	约束平差后最弱边边长相对中误差
一等	≤5	≤1	0.9	1/500000	1/250000
二等	≤5	≤1	1.3	1/250000	1/180000
三等	≤5	≤1	1.7	1/180000	1/100000
四等	≤5	≤2	2.0	1/100000	1/70000
五等	≤10	≤2	3.0	1/70000	1/40000

注:当基线长度短于 500m 时,一等、二等、三等边长中误差应小于 5mm,四等边长中误差应小于 7.5mm,五等边长中误差应小于 10mm。

表 2-7　　　　　　　　GPS 测量各等级控制网作业的主要技术要求

项　　目	观测方法	一等	二等	三等	四等	五等
点间平均距离/km	静态	12	9	5	2	1
卫星高度角/(°)	静态	≥15	≥15	≥15	≥15	≥15
有效观测卫星数	静态	≥4	≥4	≥4	≥4	≥4
平均重复设站数	静态	≥4	≥2	≥2	≥1.6	≥1.6
时段长度/min	静态	≥300	≥240	≥60	≥45	≥45
数据采样间隔/s	静态	30	10~60	10~60	10~30	10~30
时段中任一卫星有效观测时间	静态	≥15	≥15	≥15	≥15	≥15
闭合环或附合路线边数	静态	≤4	≤6	≤6	≤8	≤10

控制网应由一个或若干个独立观测环构成。各等级控制网同步图形之间的连接应采用边联式或网联式。五等控制网可以采用闭合环、附合路线或者包括这些布网形式的混合网。各等级控制网宜与高一级的控制点联测，联测点总数不得少于 3 个，特殊困难条件下不得少于 2 个。为求得控制点的正常高，应根据需要适当进行高程联测。

2. 应用 GPS 建立道路控制网的工程实例

某高速公路的某段初步设计正线长约 60km，比较线长 12km，测区内海拔最高 150m，最低 35m，地势较平坦，交通方便。沿线农作物及建筑物较多，通视条件差，工期较短。该工程的线路控制测量要求按一级导线的精度施测，以满足定测和施工放样的要求，导线边长不超过 650m。控制测量如果应用全站仪等常规方法难以如期完成测量任务，因而采用 GPS 测量方法开展线路控制测量工作。为保证全线点位精度的均匀，采用了分两级布设 GPS 控制网的方案，首级控制网为四等网、次级控制网为一级网。

首级控制网中联测 3 个国家高级控制点。首级控制网沿路线每隔 4~5km 在中线两侧埋设一对相互通视、间隔 500m 左右的控制点，共 30 个点，布网形式如图 2-2 所示。首级控制网共施测 95 条基线，组成 41 个同步环，22 个异步环和 22 条复测边。次级控制网在首级控制网基础上把全线分成 7 段，沿线路在中心线两侧每隔 300~600m 埋设一个与相邻点通视的控制点，共 148 个点，布设成 7 个次级 GPS 网，每个网联测 2~4 个首级控制点。次级网共施测基线 244 条，组成 80 个同步环，31 条附合路线。

首级和次级控制网的野外数据采集都采用 Ashtech Z-12 GPS 双频接收机以静态相对定位的方式施测。卫星高度角设置为 15°，有效观测卫星数不少于 5，历元采样间隔 15s，PDOP 值不大于 6，首级控制网的时段观测长度不短于 60min，平均重复设站数不少于 2；次级控制网的时段观测长度不短于 40min，平均重复设站数不少于 1.6。

每天外业观测完成后便进行数据处理，先进行基线解算，然后进行复测基线、同步环

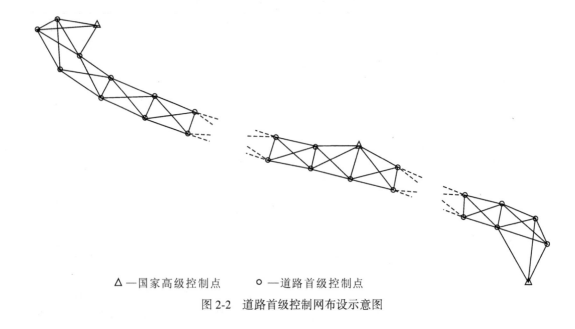

△—国家高级控制点　　○—道路首级控制点

图 2-2　道路首级控制网布设示意图

闭合差、异步环闭合差、附合路线闭合差等的检核。首级控制网的基线向量检核情况为：同步环闭合差最大值为 24mm，异步环闭合差最大值为 27mm，复测基线的较差为 12mm；次级控制网的基线向量检核情况为：同步环闭合差最大值为 7.7mm，附合路线最大闭合差为 60mm，复测基线的较差为 1.9mm，所有基线的各项检核指标均在限差之内。

　　基线处理合格后，应进行三维无约束平差和二维约束平差。约束平差时，采用设计单位指定的 BJ54 坐标系，取测区中部的子午线为高斯投影的中央子午线。对于首级控制网，三维无约束平差中基线向量改正数最大值为 13mm，二维约束平差采用分布于控制网两端和中间的三个国家高级控制点，平差后最弱点点位中误差为 14mm，最大边长中误差为 14mm，最弱边长相对中误差为 14.7ppm，可见首级控制网达到了四等控制网的精度要求。对于次级控制网，三维无约束平差中基线向量改正数最大值为 2mm，7 个次级控制网进行二维约束平差时分别采用了 2~4 个首级控制点，平差后最弱点点位中误差为 42mm，最大边长中误差为 30mm，最弱边长相对中误差为 71ppm，达到了一级控制网的精度要求。

2.3.3　应用导线进行道路控制测量的技术要求

　　在道路控制测量工作中，导线经常用来加密首级 GPS 控制网，有时也采用导线测量的方法独立建网。线路工程的导线点应满足线路控制点的位置要求，另外导线相邻边长不宜相差过大，相邻边长之比不宜超过 1:3。水平角观测宜采用方向观测法。当导线平均边长较短时，应控制附合导线的边数。导线测量的技术要求应符合表 2-8 中的规定。

表 2-8　　　　　　　　　　　导线测量的技术要求

等级	附合导线长度/km	平均边长/km	测角中误差/(″)	方位角闭合差/(″)	测距中误差/mm	测距相对中误差	最弱边边长相对中误差	测回数 DJ1	测回数 DJ2
三等	14	2.0	1.8	$3.6\sqrt{n}$	20	1/150000	1/55000	6	10
四等	9	1.0	2.5	$5.0\sqrt{n}$	18	1/80000	1/35000	4	6
一级	4	0.5	5.0	$10\sqrt{n}$	15	1/30000	1/15000		2
二级	2.4	0.3	8.0	$16\sqrt{n}$	15	1/14000	1/10000		1

注：表中 n 为测站数。

1. 水平角观测的要求

当同一测区内，导线环(段)数超过 20 个时，其测角中误差的计算公式为

$$m_\beta = \pm\sqrt{\frac{1}{N}\left[\frac{f_\beta^2}{n}\right]} \tag{2-11}$$

式中：f_β——导线环(段)的角度闭合差(″)；
　　　n——导线环(段)的测角个数；
　　　N——导线环(段)的个数。

按左、右角观测的导线，测角中误差可以按下式计算

$$m_\beta = \pm\sqrt{\frac{[\Delta\Delta]}{2n}} \tag{2-12}$$

式中：Δ——圆周角闭合差；
　　　n——圆周角的个数。

对于三角测量的测角中误差，可以按下式计算

$$m_\beta = \pm\sqrt{\frac{[WW]}{3n}} \tag{2-13}$$

式中：W——三角形闭合差；
　　　n——三角形的个数。

各等级控制网水平角测量应符合表 2-9 中的要求。

表 2-9　　　　　　　　水平角方向观测法的主要技术要求

等级	仪器等级	半测回归零差/(″)	测回内各方向2C互差/(″)	归零后同一方向值各测回较差/(″)
四等及以上	0.5″级仪器	4	6	4
	1″级仪器	6	9	6
	2″级仪器	8	13	9

续表

等级	仪器等级	半测回归零差/(″)	测回内各方向2C互差/(″)	归零后同一方向值各测回较差/(″)
一级及以下	2″级仪器	8	13	9
	6″级仪器	18		24

注：当观测方向的垂直角超过±3°的范围时，该方向2C互差可以按相邻测回同方向进行比较，其值应满足表中一测回内各方向2C互差的限值。

2. 边长测量技术要求

边长测量应选用合适的光电测距仪。各等级控制网边长测量的技术要求见表2-10中的规定。

表2-10　　边长测量技术要求

等级	使用测距仪精度等级	每边观测次数		总测回数	一测回读数较差/mm	测回间较差限值/mm	往返测较差
		往测	返测				
二等、三等	Ⅰ	1	1	6	5	7	$2\sqrt{2}\times(A+B\times D)$
	Ⅱ	1	1	8	10	15	
四等	Ⅰ	1	1	4~6	5	7	
	Ⅱ	1	1	4~8	10	15	
一级	Ⅱ	1		2	10	15	
	Ⅲ	1		4	20	30	
二级	Ⅱ	1		2	10	15	
	Ⅲ	1		4	20	30	

注：一测回是指全站仪照准目标一次，读数2~4次的过程。

光电测距仪的精度分级如表2-11所示。

表2-11　　光电测距仪的精度分级

测距仪精度等级	每公里测距中误差 m_D/mm
Ⅰ级	≤5
Ⅱ级	5~10
Ⅲ级	10~20

仪器的标称精度 m_D 的表达式为

$$m_D = \pm(A + B \times D) \tag{2-14}$$

式中：A——标称精度中的固定误差；

　　　B——标称精度中的比例误差系数；

　　　D——测距长度。

进行测距作业时应在成像清晰、气象条件稳定时进行，雨、雪和大风天气不宜作业，不宜顺光或逆光且与太阳呈小角度观测，严禁将仪器照准头对准太阳。控制网的测距边应符合下列要求：

(1) 测距边应选择在地面覆盖物相同的地段，不宜选择在烟囱、散热塔、散热池等发热体的上空。

(2) 测线上不应有树枝、电线等障碍物，测线应离开地面或障碍物 1.3m 以上。

(3) 测线应避开高压线等强电磁场的干扰，并宜避开视线后方的反射物体。

(4) 测距边的测线倾角不宜太大。

(5) 测距边的斜距应进行气象改正和仪器常数改正，气压、气温的测量和记录应符合相关规定。

对距离测量进行精度评定的方法：

(1) 往返测距离单位权中误差按下式计算

$$\mu = \pm \sqrt{\frac{[pdd]}{2n}} \tag{2-15}$$

式中：μ——往返测距离单位权中误差(mm)；

　　　d——各边往返距离的较差(mm)；

　　　n——测距的边数；

　　　p——各边距离测量的先验权，其值为 $\frac{1}{\delta_D^2}$，其中 δ_D 为测距的先验中误差，可按测距仪的标称精度计算。

(2) 任一边的测距中误差按下式计算

$$m_D = \pm\mu\sqrt{\frac{1}{p_i}} \tag{2-16}$$

式中：p_i——第 i 边距离测量的先验权。

2.3.4 高程控制测量

公路工程建设的高程系统，宜采用 1985 国家高程基准。同一条公路应采用同一个高程系统，不能采用同一系统时，应给定高程系统的转换关系。公路高程测量应尽量采用水准测量，在进行水准测量确有困难的山岭地带以及沼泽、水网地区，四等、五等水准测量可以采用光电测距三角高程测量代替。各级公路及构造物的水准测量等级的规定如表 2-12 所示。

表 2-12　　　　　　　各级公路及构造物的水准测量等级的选定

测量项目	等级	水准路线最大长度/km
4000m 以上特长隧道、2000m 以上特大桥	二等	50
高速公路、一级公路、2000~4000m 长隧道、1000~2000m 以上特大桥	三等	16
二级及二级以下公路、2000m 以下隧道、1000m 以下大桥	四等	10

水准路线应沿公路路线布设，水准点宜设于公路中心线两侧 50~300m 范围之内。水准点间距宜为 1~1.5km；山岭重丘区可以根据需要适当加密；大桥、隧道口及其他大型构造物的两端应增设水准点。水准测量的每公里高差中误差 M_Δ 和高差中数的全中误差 M_W 按下式计算

$$M_\Delta = \pm \sqrt{\frac{1}{4n}\left[\frac{\Delta\Delta}{R}\right]} \tag{2-17}$$

$$M_W = \pm \sqrt{\frac{1}{N}\left[\frac{WW}{F}\right]} \tag{2-18}$$

式中：Δ——测段往返测高差不符值(mm)；
R——测段长(km)；
n——测段数；
W——水准路线经过各项修正后的环线闭合差(mm)；
N——水准环数；
F——水准环线周长(km)。

2.4　铁路工程控制网的建立

《铁路工程测量规范》(TB 10101—2009)中规定，铁路工程勘测、施工、运营维护各阶段的平面、高程控制测量必须采用统一的基准，铁路工程测量平面坐标系统应采用国家坐标系或工程独立坐标系，线路设计高程面上的长度投影变形值不大于 25mm/km，铁路工程高程系统应采用 1985 国家高程基准，当个别地段无 1985 国家高程基准的水准点时可以引用其他高程或以独立高程起算，在全线高程测量贯通后，应消除断高，换算成 1985 国家高程基准。国家控制点满足平面、高程控制要求的情况下，应优先采用国家控制点。线路平面、高程控制测量精度等级应根据旅客列车设计行车速度，分级进行设计。

2.4.1　铁路工程平面控制测量

1. 平面控制网坐标系的选择

当线路附近有国家控制点，并且满足要求时，应优先利用。但是国家控制点都是采用 3°或 6°带高斯正形投影平面直角坐标系的，这种投影会使地面的距离产生变形。我国幅

员辽阔，西高东低，有些地区的海拔达 2000~5000m，投影变形数值很大，当工程区域内的国家统一平面坐标系的投影变形值不能满足工程控制网的精度要求时，应采用抵偿投影面、任意带、独立坐标系等方法建立平面坐标系。如果线路延伸区域的地形起伏程度大或东西延伸长，超出了投影变形值的限值，可以考虑分段或分带建立更小的平面直角坐标系。

2. 铁路平面控制网的布设方法

铁路工程一般按分级布设的原则建立平面控制网。当测区内国家控制点精度和密度不能满足基础平面控制网（CPⅠ）的起闭要求时，应首先施测框架平面控制网（CP0）。CP0 测量方案应根据线路旅客列车设计行车速度及测区具体情况进行专门的技术设计。铁路工程测量平面控制网在框架控制网（CP0）的基础上分三级布设：第一级为基础平面控制网（CPⅠ），主要为勘测、施工、运营维护提供坐标基准；第二级为线路平面控制网（CPⅡ），主要为勘测和施工提供控制基准；第三级为轨道控制网（CPⅢ），主要为轨道铺设和运营维护提供控制基准。铁路工程各级平面控制网布网应符合表 2-13 中的规定。

表 2-13 各级平面控制网布网技术要求

等级	旅客列车设计行车速度/(km/h)	测量方法	测量等级	点间距	备注
CP0	200	GPS	—	50km 左右一个	专门设计
	≤160				
CPⅠ	200	GPS	三等	≤4km	点对间距≥800m
	≤160		四等		
CPⅡ	200	GPS	四等	400~600m	附（闭）合导线长度不超过 5km
		导线	四等		
	≤160	GPS	五等	400~600m	
		导线	一级		
CPⅢ	200	导线	一级	150~200m	—
	≤160	导线	二级	150~200m	—

注：当 CPⅡ采用 GPS 测量时，CPⅠ可以 4km 设置一个点；当 CPⅡ采用导线测量时，CPⅠ应不超过 4km 设置一对相互通视的点。

框架控制网（CP0）的作用是为基础平面控制网（CPⅠ）提供已知控制点，当铁路沿线没有满足要求的国家控制点或国家控制点数量不足时，必须设置 CP0 控制点。CP0 控制点应沿线路专门设计和布设，每隔 50km 左右布设一个，全线 CP0 控制点或满足要求的国家控制点数量不能少于 3 个。在目前国家高等级大地点稀少的情况下，CP0 控制网宜与 IGS（International GPS Service）参考站联测，以 IGS 参考站的 WGS—84 坐标为约束，从而达到建立高精度坐标框架网的目的。

基础平面控制网（CPⅠ）作为整个铁路工程的基本控制，一般在初测阶段施测。CPⅠ控制网测量工作开展前，应根据测区地形、地貌及线路工程情况进行平面控制网设计。平面控制网设计应包括控制网基准、网形、精度和测量方法等。CPⅠ控制网应采用GPS测量，采用边连接方式构网，形成由三角形和四边形组成的带状网。为了保证CPⅠ控制网的完整性，避免分段测量分段平差出现连接处的坐标连接差，因此要求CPⅠ控制网全线（段）应一次布网，整体平差。应沿线路走向布设，控制点宜设置在距线路中心50～1000m范围内、稳定可靠、便于测量、不易被施工破坏的地方。控制点布设宜兼顾沿线桥梁、隧道及其他大型建（构）筑物布设施工控制网的要求。CPⅠ控制网应起闭于国家高等级平面控制点或CP0控制点，每50km宜联测一个高等级平面控制点，全线联测高等级平面控制点的总数不宜少于3个。CPⅠ控制网应在线路起点、终点或与其他铁路平面控制网衔接地段，与其控制点联测，联测控制点的个数不应少于2个。CPⅠ控制网宜与附近的已知水准点联测。

线路平面控制网（CPⅡ）是线路定测放线和线下工程施工测量的基础，应在线路方案确定后定测时施测，为勘测和施工测量提供已知控制点。CPⅡ控制网测量应起闭于CPⅠ控制点，CPⅡ控制点应沿线路布设，距线路中心50～200m，宜设置在线路同侧、稳定可靠、便于测量、不易被施工破坏的地方。

CPⅡ控制网采用GPS测量时，还应符合下列规定：

（1）CPⅡ控制点相邻点之间应通视，特别困难地区至少有一个通视点，以满足施工测量的需要。

（2）CPⅡ网应采用边连接方式构网，形成由三角形或四边形组成的带状网，并与CPⅠ联测构成附合网。

（3）CPⅡ控制网宜与附近的已知水准点联测，一般10km左右联测一个水准点，以求得CPⅡ控制点的正常高。

（4）CPⅡ控制网应在线路起点、终点或与其他铁路平面控制网衔接地段，与其控制点联测，联测控制点数不应少于2个。

CPⅡ控制网采用导线测量时，还应满足下列要求：

（1）导线测量应起闭于CPⅠ控制点，附合长度不应大于5km，平均边长400～600m，当附合导线长度超过规定时，应布设成结点网形。结点与结点、结点与高级控制点之间的导线长度不应大于规定长度的0.7倍。

（2）CPⅡ导线应在线路起点、终点或与其他铁路平面控制网衔接地段，与其2个以上控制点联测。

轨道控制网（CPⅢ）在路基工程完工，轨道铺设之前建立，为轨道铺设和运营维护提供已知控制点。CPⅢ控制点一般采用导线测量的方式或边角交汇测量的方式，起闭于CPⅡ控制点构成附合导线，每隔150～200m布设一个，控制点距线路中线的距离宜为2.5～4m。其位置应稳定可靠、便于测量、不易被施工破坏。CPⅢ平面控制点应与水准点联测以确定各控制点的高程，CPⅢ平面控制网和高程控制网测量的技术要求如表2-14和表2-15所示。

表 2-14　　　　　　　　　　　CPⅢ平面控制网测量的技术要求

等级	附合导线长度/km	边长/m	测距中误差/mm	测角中误差/(")	相邻点位坐标中误差/mm	导线全长相对闭合差	方位角闭合差/(")
CPⅢ	≤4	150~200	3	4	5	≤1/20000	≤±$8\sqrt{n}$

表 2-15　　　　　　　　　　　CPⅢ高程控制网测量的技术要求

旅客列车设计行车速度	水准测量等级	高差闭合差限差
v = 200km/h	四等	≤±$20\sqrt{L}$
v ≤ 160km/h	五等	≤±$30\sqrt{L}$

2.4.2　铁路工程建设高程控制测量

铁路工程高程控制测量是指铁路工程施工的首级高程控制。在勘测阶段，由于设计线路方案多，不具备进行线路高程控制测量的条件，这时可以分为两阶段实施：初测阶段施测初测水准点，定测阶段根据确定的线路方案施测线路水准点。初测阶段比较方案多，不具备三等、四等水准测量的条件，宜先按五等水准测量的精度要求布设初测水准点，满足初测高程测量的需要。定测前，再沿线路进行三等或四等水准测量，作为线路水准点，以满足定测和施工的需要，从而提高勘测效率，降低勘测成本。

铁路工程的高程控制测量宜采用水准测量的方式。水准测量有困难的山岭地带、沼泽及水网地区，三等及以下高程控制测量可以采用光电测距三角高程测量，平原地区四等以上高程控制测量不宜采用光电测距三角高程测量。首级高程控制网的等级，应根据旅客列车设计行车速度、用途和精度要求合理选择，高程控制网布设应符合表 2-16 中的规定。

表 2-16　　　　　　　　　　　线路高程控制网布设技术要求

旅客列车设计行车速度/(km/h)	测量等级	测量方法	点间距
200	三等	水准	≤2 km
200	三等	光电测距三角高程	≤2 km
≤160	四等	水准	≤2 km
≤160	四等	光电测距三角高程	≤2 km

线路水准点应沿线路布设，并与国家水准点联测，形成附合路线或环形网，加密网宜布设成附合路线或结点网。水准点宜设置在距线路中线 50~300m 的范围内，一般地段每隔 2km 左右设置一个水准点，在大型车站、大型桥梁、隧道等重点工程附近应增设水准点。水准点可以与 CPⅠ、CPⅡ 控制点共桩，共桩点应符合水准点的埋设要求。水准点应选择在土质坚实、安全僻静、观测方便且利于长期保存的地方。

光电测距三角高程测量，宜布设成三角高程网或高程导线，视线高度和离开障碍物的距离不得小于1.2m。高程导线的闭合长度不应超过相应等级水准线路的最大长度。光电测距三角高程测量还应满足下列要求：

(1)光电测距三角高程测量可以与平面导线测量同时进行。

(2)仪器高和反射镜高量测，应在测前、测后各测一次，两次互差不得超过2mm。三等、四等测量时，宜采用专用测尺或测杆量测。

(3)距离应采用不低于Ⅱ级精度的测距仪观测，取位至毫米。导线点应作为高程转点，转点间的距离和竖直角应对向观测，且宜在同一气象条件下完成。计算高差时应考虑地球曲率的影响。两点间高差采用对向观测取平均值。

(4)竖直角采用中丝法测量，竖直角不宜大于20°，否则，应适当增加测回数，提高竖直角和距离的测量精度。

(5)光电测距三角高程测量，观测时间的选择取决于成像是否稳定。但在日出、日落及其他大气垂直折光系数变化较大时，不宜长边观测。

为了保证铁路工程建设控制网的测量成果质量满足勘测、施工、运营三个阶段测量工作的要求，三个阶段的平面、高程控制测量必须按照"三网合一"的原则建立，即满足：

(1)勘测控制网、施工控制网、运营维护控制网的坐标、高程系统要统一；

(2)勘测控制网、施工控制网、运营维护控制网的起算基准要统一，三网的平面测量均以基础平面控制网(CPⅠ)为控制基准，高程测量均以首级高程控制网水准基点为控制基准；

(3)线下工程施工控制网与轨道施工控制网、运营维护控制网的坐标、高程系统和起算基准要统一；

(4)勘测控制网、施工控制网、运营维护控制网测量精度要协调统一。

第3章 施工放样的方法和精度分析

3.1 概　　述

  道路施工阶段的一项主要的测量工作就是施工放样，为了保证施工顺利进行，测量人员必须了解设计内容、性质及其对测量工作的精度要求，必须熟悉图纸，了解施工程序和方法，及时掌握施工现场的变动情况，使测量工作与施工密切衔接与配合。施工放样前应建立健全测量组织和检查制度，认真核对设计图纸，对施工现场进行认真细致的踏勘，根据实际情况编制测设方案、计算测设数据、编制测设详图等。对施工测量所使用的仪器、工具应进行严格的检验和校正，以确保放样的质量。施工测量工作中应强化对放样点的检验与校核工作（包括外业检核和内业检核），做到准确无误。

  道路工程是路堤、路堑、桥涵、隧道等一系列工程的组合体，不同的工程或同一工程的不同部位，对施工测量的精度要求是不同的。例如：路堤、路堑的边线施工误差一般允许在10cm以内；公路路面中线的误差一般允许在20mm以内；桥梁主轴线的误差一般允许在10mm以内；高速铁路轨道的安装误差一般允许在2~3mm；对有特殊要求的工程项目，其设计图纸都有明确的限差要求。这就要求测量人员在施工之前，就应该根据现场环境、控制点的布置、精度要求等选择合适的放样方法，并且对选定的方法进行精度估算，确保满足施工要求。

  对于大多数工程来说，相关施工规范中没有具体的测量精度的规定，而仅规定了建筑限差，这时先要在测量、施工等几个方面之间进行误差分配，这样才能够知道测量工作应具有怎样的精度。设允许的总误差为 Δ，允许测量工作的误差为 Δ_1，允许施工产生的误差为 Δ_2（如果还有其他重要的误差因素，则再增加项数），若各项误差相互独立，则可以写出

$$\Delta^2 = \Delta_1^2 + \Delta_2^2 \tag{3-1}$$

  上式中 Δ 是已知的，Δ_1、Δ_2 都是待定量，可以根据施工中的实际情况确定 Δ_1、Δ_2 之间的比例，进而确定 Δ_1、Δ_2 的值。实际工程中经常根据实际情况采用"等影响原则"或"忽略不计原则"确定 Δ_1、Δ_2 的值：

  (1)按照"等影响原则"，则 $\Delta_1^2 = \Delta_2^2 = \dfrac{\Delta^2}{2}$；

  (2)按照"忽略不计原则"，当 Δ_1 小到一定程度（一般认为 $\Delta_1 \leq \Delta_2/3$）时，其对 Δ 的影响可以忽略不计，此时即认为 $\Delta_2 \approx \Delta$。

  上述求得的 Δ_1 是分配给测量工作的最大允许误差，通常把 Δ_1 当做测量的极限误差来

处理，进而根据 Δ_1 来制定测量方案。在实际工作中采用"等影响原则"或"忽略不计原则"误差分配方法有时不太合理，对某方面来说显得过于轻松，而对另一方面却太紧了。因此，常需结合具体条件或凭借经验做一些调整，以求配赋合理。

3.2 坐标法放样点的平面位置

坐标法放样的主要方式有：
(1) 极坐标法，通常采用经纬仪+钢尺（或测距仪）或全站仪来放样；
(2) 直角坐标法；
(3) GPS RTK 法放样。

3.2.1 极坐标法放样

极坐标法放样点位时，应至少有两个相互通视的控制点，且待定点坐标已知，通过距离和角度的放样来得到待定点。极坐标法放样的基本元素为角度和距离。

1. 采用经纬仪+钢尺（或测距仪）放样法

如图 3-1 所示，设 A、B 为已知控制点，P 为待放样点。极坐标法放样的两个元素 β 和 S 是由 A、B、P 三点的坐标反算求得的，即

$$\beta = \alpha_{AP} - \alpha_{AB}$$
$$S = \sqrt{(x_P - x_A)^2 + (y_P - y_A)^2}$$

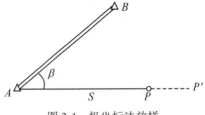

图 3-1 极坐标法放样

极坐标法放样过程：在 A 点上架设经纬仪，放样角度 β，在放样出的方向上标定一个 P' 点，再从 A 点出发沿 AP' 方向放样距离 S，即得待定点 P 的位置。

2. 全站仪坐标放样法

放样过程：如图 3-1 所示，全站仪架设在已知点 A 上，只要输入测站点 A、后视点 B 以及待放样点 P 的坐标，瞄准后视点 B 定向，则仪器可以自行将测站点坐标、测站与后视的方位角进行设置；然后按下放样键，仪器自动在屏幕上提示应该将仪器往左或往右旋转，按照提示转动仪器使其到达设计方向线上；然后在该方向线上安置棱镜并测量距离，仪器自动提示棱镜需要前后移动的距离，按照提示前后移动棱镜，直到放样出设计的距

离，便完成该点位的放样。若需要放样下一个点位，只要重新输入或调用待放样点的坐标，按照前述方法进行放样即可。

用全站仪放样点位，应事先输入气象要素，即现场的温度和气压，仪器会自动在测距结果中进行气象改正。

全站仪坐标放样法实际就是极坐标法放样，该方法充分利用了全站仪测角、测距和计算一体化的特点，只要知道待放样点的坐标，不需事先计算放样元素，就可以在现场放样，而且还可以实现点的三维放样。相对于经纬仪+钢尺的极坐标放样，全站仪坐标放样法具有精度高、速度快、无需提前计算放样数据等优点，是目前生产实践中广泛应用的方法。

3. 极坐标法放样的精度分析

极坐标法放样点 P，其误差 M_P 有三个方面来源，一是控制点的误差 $M_{控}$，二是放样误差 $M_{放}$，三是标定误差 $M_{标}$，即

$$M_P^2 = M_{控}^2 + M_{放}^2 + M_{标}^2 \tag{3-2}$$

各种工程都在控制网建立阶段就已经按放样的精度要求对控制网进行了设计，因此 $M_{控}$ 不做重点考虑。标定误差是标定 P 点位置时产生的误差，其大小随标定的方法和仔细程度而异，一般为估算值。精密的点位放样工作都是采用归化法，归化改正时都是借助精密的仪器设备，此时标定误差可以不予考虑。

放样误差来源于对中误差、角度放样误差和长度放样误差。对于普通工程的极坐标法放样最常采用光学对中和激光对中，经过严格检校的光学对中器对中误差为 0.5mm 左右。精密工程的放样常采用强制对中，采用固定螺丝的强制对中精度为 0.1mm 左右。所以极坐标法放样过程中对中误差不是主要误差来源。下面仅分析角度放样和距离放样误差的影响。

（1）测角误差 m_α 对极坐标法放样点位的影响 $m_{角}$

$$m_{角} = \frac{m_\alpha}{\rho} \times S \tag{3-3}$$

（2）量距误差对极坐标法放样点位的影响 m_S

量距误差对极坐标法放样点位的影响与其自身相等。一般认为，当采用钢尺量距时，$m_S = \mu \times S$（其中 μ 为钢尺单位长度的误差，S 为距离值）。当采用电磁波测距仪测距时，$m_S = a + b \times S$（其中 a 为测距的固定误差，b 为比例误差系数）。

所以，极坐标法放样过程中产生的误差为

$$M_{放} = \sqrt{m_{角}^2 + m_S^2} = \sqrt{\left(\frac{m_\alpha}{\rho} \times S\right)^2 + m_S^2} \tag{3-4}$$

4. 全站仪放样点的三维坐标

利用全站仪还可以实现点的三维坐标放样，此时需事先准确量取仪器高和反射棱镜高。将全站仪架设于测站点 O，估计放样点的大概位置(设为 P 点)并在该位置安放棱镜，

仪器可以测出 P 点的三维坐标，其计算公式为

$$X_P = X_O + S_{OP} \times \sin Z \times \cos\alpha_{OP} \tag{3-5}$$

$$Y_P = Y_O + S_{OP} \times \sin Z \times \sin\alpha_{OP} \tag{3-6}$$

$$H_P = H_O + S_{OP} \times \cos Z + i - v + \frac{1-k}{2R}(S_{OP} \times \sin Z)^2 \tag{3-7}$$

式中：X_O、Y_O、H_O——测站点 O 的三维坐标；

X_P、Y_P、H_P——棱镜所在点的三维坐标；

S_{OP}——斜距；

Z——天顶距；

α_{OP}——坐标方位角（水平方向值）；

i、v——仪器高和棱镜高；

k——大气折光系数；

R——地球曲率半径。

利用全站仪测量完毕后，上述计算结果立即显示在全站仪的显示屏上，测量人员可以根据该结果移动反射棱镜的位置，从而得到待放样点。

根据误差传播定律对式(3-5)~式(3-7)进行推导，可得出全站仪三维坐标测量的中误差为

$$M_X^2 = M_S^2 \times \sin^2 Z \times \cos^2\alpha + S^2 \times \cos^2 Z \times \cos^2\alpha \times \frac{M_Z^2}{\rho^2} + S^2 \times \sin^2 Z \times \sin^2\alpha \times \frac{M_\alpha^2}{\rho^2} \tag{3-8}$$

$$M_Y^2 = M_S^2 \times \sin^2 Z \times \sin^2\alpha + S^2 \times \cos^2 Z \times \sin^2\alpha \times \frac{M_Z^2}{\rho^2} + S^2 \times \sin^2 Z \times \cos^2\alpha \times \frac{M_\alpha^2}{\rho^2} \tag{3-9}$$

$$M_H^2 = M_S^2 \times \cos^2 Z + D^2 \times \sin^2 Z \times \frac{M_Z^2}{\rho^2} + m_i^2 + m_v^2 + \frac{(S \times \sin Z)^4}{4R^2}m_k^2 \tag{3-10}$$

式中：M_X，M_Y，M_H——X 方向、Y 方向、高程方向的中误差；

S、Z、α——斜距、天顶距、方位角；

M_S、M_Z、M_α——斜距、天顶距、方位角的中误差；

m_i、m_v——仪器高、目标高量取误差；

m_k——大气折光系数的误差；

R——地球曲率半径。

由式(3-8)~式(3-10)可知，影响放样点坐标精度的因素主要是测距误差、天顶距误差和测角误差：

（1）距离测量的精度一方面受仪器自身精度的限制，另外还受外界环境的影响，为了减小这种影响，外业观测应选择气温稳定、空气对流小、成像清晰稳定的有利观测时段。

（2）天顶距的测量精度主要受仪器的精度、大气垂直折光的影响，这项指标对放样点高程精度影响显著，对平面位置影响主要表现在斜距化平距从而影响坐标精度，该影响随天顶距的减小而增大，选择有利的时段观测是减小其影响的有效途径。

（3）水平角测量精度主要受外界环境、仪器误差、人为测量误差的影响。外界环境影响主要表现在大气密度变化和大气透明度对目标成像稳定性和清晰度的影响、水平折光的

影响、照准目标相位差的影响、温度变化对仪器轴系关系的影响，选择有利的观测时段是减小这项影响的最有效方法。人为测量误差包括对中误差、目标偏心误差、照准误差，提高作业人员的技术水平、选择科学的测量操作程序、选用利于瞄准的觇标棱镜是减小这项影响的有效方法。仪器误差主要包括仪器轴系误差、水平度盘误差、照准部的旋转和微动螺旋的旋转不正确的误差，这些误差一般都可以通过一定的操作步骤来减小或消除，但竖轴倾斜误差无法通过操作程序予以消除，特别是竖直角很大时其影响更显著。因此应定期对仪器进行检验校正，在测量过程中严格整平仪器，以减小竖轴倾斜误差的影响。

影响三角高程测量精度的因素是测距误差、天顶距误差、仪器高量取误差、棱镜高量取误差、大气折光误差。仪器高、棱镜高的量取误差取决于量取方法和测量人员的认真程度，采用专用的工具可以使该项误差控制在 1mm 以内。测距误差、天顶距误差前面已经进行了分析。大气折光系数 k 受地表覆盖物、日照等多种因素的影响，其值难以精确确定，在全站仪三维坐标测量中又不可能通过对向观测的方法来削弱其影响，其影响值随视线的增长而愈加显著。在全站仪三维坐标测量中，减小大气折光对高程影响的有效办法是控制视线长度、提高视线高度、选择有利的时间段观测。

3.2.2 直角坐标法放样点位

1. 放样方法

如图 3-2 所示，A、O、B 为矩形控制网的三个控制桩，1、2、3、4 点为建筑物的四个角点，现叙述直角坐标法放样 1、2 点的具体步骤：

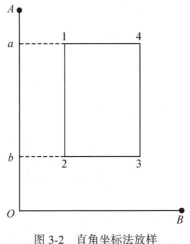

图 3-2 直角坐标法放样

（1）根据建筑物的设计总平面图和控制网资料计算出 1、2 点与直线 OB 的距离 x_1、x_2 以及与直线 OA 的距离 y_1、y_2。

（2）在 O 点安置经纬仪，照准 A 方向，放样距离 x_1、x_2，得到 a、b 两点。

（3）分别在 a 点及 b 点安置经纬仪，照准 A 点方向，放样 90°角，在得到的两方向上

分别放样距离 y_1、y_2，得1、2点。

2. 精度分析

如图3-2所示，以1点为例，放样1点需经过两个阶段，第一是直线定线，放样距离 x_1，第二是放样90°的直角方向，再放样距离 y_1，其误差有：

（1）直线定线放样距离 x_1 的误差；
（2）标定 a 点的误差；
（3）在 a 点极坐标法放样1点（放样90°的直角和距离 y_1）的误差；
（4）标定1点的误差。

各项误差参照极坐标法放样的精度计算即可。

3.2.3 极坐标法和直角坐标法放样中的注意事项

1. 短边测角的精度影响因素

在一些特殊的工程施工和安装测量项目中，对测量放样的精度要求很高，而且需要进行短边角度和方位测量。由于测量现场条件的限制，控制点间的边长一般很短，通常只有几米至十几米的距离。对于这样短的边长，要保证角度测量和方位传递的精度，必须采取一些特殊的测量手段和方法。

短边测角受系统误差和偶然误差的影响。偶然误差主要受观测过程中人为因素、环境条件等偶然因素的影响；系统误差主要有：仪器和目标对中误差、望远镜调焦误差、经纬仪垂直轴倾斜误差等，对于短边测角来说系统误差所占比重较大。

（1）对中误差的影响

对于短边测角，对中误差的影响包括仪器对中误差和目标偏心误差两项。设仪器对中误差的大小为 e_O，目标偏心误差的大小为 e_A、e_B，测角的边长为 s_A、s_B，所测角值为 β，则对中误差产生的测角中误差 m_1 和目标偏心误差产生的测角中误差 m_2 分别为

$$m_1 = \pm \frac{e_O \times \rho}{\sqrt{2} \times s_A \times s_B} \sqrt{s_A^2 + s_B^2 - 2 \times s_A \times s_B \times \cos\beta} \tag{3-11}$$

$$m_2 = \pm \rho \times \sqrt{\frac{1}{2}\left(\frac{e_A^2}{s_A^2} + \frac{e_B^2}{s_B^2}\right)} \tag{3-12}$$

（2）望远镜的调焦误差

在短边情况下观测目标，不同观测方向望远镜的调焦误差是不可避免的。所谓望远镜的调焦误差是指在观测过程中，因调节望远镜物镜焦距而引起的望远镜照准轴的变动给测角带来的误差。望远镜的调焦误差具有以下性质：

①调焦误差（照准轴偏角）与调焦物镜光心偏离物镜光心和分划板十字丝中心连线的距离 x 成正比。

②望远镜对同一目标观测调焦，如果盘左、盘右调焦透镜的光心能处于同一位置，保持 x 和 d（d 为调焦镜至物镜的距离）不变，那么盘左、盘右的误差绝对值相等，符号相

反,所以盘左、盘右取中数可以消除调焦误差的影响。

③对距离不同的目标调焦观测,调焦透镜沿望远镜套筒内壁滑行,因存在隙动差,即使对同一目标两次调焦,调焦轨迹也会发生微小的变化 Δx 和 Δd。这种晃动属于偶然误差,不能通过盘左、盘右取中数的方法来消除,但多次观测取中数可以减弱。

减弱望远镜调焦误差的措施:在短边测角作业前应检查望远镜运行的正确性,观测时调焦操作一定要注意用力均匀,观测方法可以采用盘左、盘右对一个目标测完后再观测下一个目标的方法。

(3)垂直轴倾斜误差

由于边长较短,仪器与目标点之间的垂直角可能很大。因此,垂直轴倾斜误差的影响不可忽略,由垂直轴倾斜误差引起的测角误差为

$$\Delta v = i_v \times \tan\alpha \tag{3-13}$$

式中:i_v——垂直轴在水平轴方向(横向)上的倾斜量;
α——观测目标点的垂直角。

可见 Δv 不能通过盘左、盘右取中数的方法来消除,因此在观测结果中应加入垂直轴倾斜改正,或在各测回之间重新整平仪器,使 i_v 呈现偶然性。目前的电子经纬仪和全站仪,在设计上增加了一个液面传感器以测定垂直轴在两个方向(纵向和横向)上的倾斜量,对垂直轴倾斜误差进行自动改正,一般称为双轴补偿功能。但在使用前应对补偿器性能和指标进行检测。

(4)照准标志

在短边条件下,照准标志和照明条件是非常重要的,好的照准标志有利于加快工作速度和提高瞄准精度。好的照准标志应满足下列要求:

①形状和大小便于精确瞄准;
②没有测量相位差;
③反差大,亮度好;
④目标的图案或实体中心轴应与机械轴重合,没有偏心差,并且易于对中。

当然,对中要求是针对可装卸式照准标志的,如觇牌等,目前这类标志大多通过基座安装在对中点上。相关经验表明,当目标像与望远镜十字丝同宽、同样明亮,且具有同样反差时,瞄准精度最高,照准标志应根据此要求制作。照准时,一般认为条形目标比圆形目标容易瞄准,故较多使用,且为保证效果,要求其长宽比大于3。条形目标应具有的宽度,一般认为目标像宽应在 4″~30″之间。目标的颜色,淡色一般选白或淡黄,深色一般选黑或红。

在照准标志中,觇牌是常用的照准目标。如图 3-3 所示为几种较常用的觇牌图案,(a)图有两种不同宽度的线条,可以适用不同长度的视线;(b)图和(c)图相似,淡色背景上的深色楔形便于双丝观测,而深色背景上的淡色楔形便于单丝瞄准;(d)图是楔形图案的变形,并且加上两个用于竖直角观测的横楔;(e)图以楔形为基础,是一种混合图案,细丝用于近距离瞄准。用平面觇牌作照准目标的优点是不会产生相位差,便于精确瞄准。

由于觇牌的旋转中心与经纬仪的瞄准点常常不重合，这就导致当觇牌面倾斜时会给水平角测量带来目标偏心误差，该误差的大小受觇牌倾斜程度的影响，有时可达到 1~2mm，这在精密测量工作中是不允许的，减弱该项误差的有效方法是测量时尽量使觇牌准确面向经纬仪并减小其倾斜的程度。立体照准目标可以供任何方向的测站进行瞄准，但是在阳光照射下立体照准目标会产生部分明亮、部分阴暗而造成瞄准的相位差，克服的办法是设置折光板。如图 3-4 所示为两种常见的立体照准目标形式，是旋入式杆标照准标志，底部有螺纹，可直接旋在对中装置中心螺旋上。

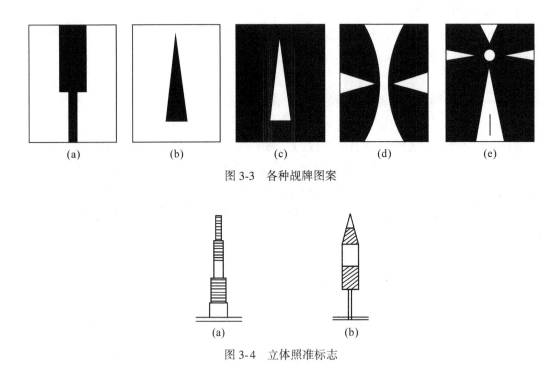

图 3-3　各种觇牌图案

图 3-4　立体照准标志

2. 水平距离的放样

水平距离放样可以采用钢尺、光电测距仪、电子全站仪等。在使用测距仪放样长度时，首先要求选择的仪器的测程，一般应不小于待放样距离的 1.5 倍；其次要求待放样的长度应在测距仪的最佳测程范围内；第三按仪器的标称精度计算的测距误差应小于该长度放样的允许误差值；第四距离观测值应加入气象改正、加常数改正、乘常数改正，气象改正应根据实际测出的气温、气压和大气湿度等气象要素计算。

3.2.4　GPS RTK 放样法

GPS RTK 技术能够实时地提供在任意坐标系中的三维坐标数据，这项技术需要一台基准站接收机和一台或多台流动站接收机，以及用于数据传输的电台。在公路工程的纵、横断面测量、中线、边线测量等工作中利用 GPS RTK 技术已很普遍。GPS RTK 的作业方法和作业流程分为以下步骤：

1. 收集测区的控制点资料

测量工作进行前，首先要收集测区的控制点资料，包括控制点的坐标、等级、中央子午线、坐标系等。

2. 求定测区转换参数

GPS RTK 测量是在 WGS 84 坐标系中进行的，而各种工程测量和定位是在工程坐标系或国家坐标系中进行的，GPS RTK 是实时提供在指定坐标系中的三维坐标数据的，因此坐标转换工作十分重要。坐标转换的必要条件是：至少 3 个以上的大地点分别有 WGS 84 地心坐标，国家坐标或工程坐标。利用 Bursa 模型解求转换参数，一般可以采用 Bursa 模型 7 参数法(3 个平移参数，3 个旋转参数，1 个尺度参数)。

在计算转换参数时，要注意下面两点：

(1)已知点最好选择在测区四周及中心，均匀分布，这样能有效地控制测区。如果选择在测区的一端，应计算出满足给定精度的控制范围，切忌从一端无限制地向另一端外推。

(2)为了提高精度，可以利用最小二乘法选择 3 个以上的点求解转换参数。

为了检验转换参数的精度和正确性，还可以选用几个点不参加计算，而是代入公式起检验作用，经过检验满足要求的转换参数认为是可靠的。

3. 工程项目参数设置

根据 GPS 实时动态差分软件的要求，应输入下列参数：
(1)当地坐标系(如北京 1954 坐标系、工程坐标系等)的椭球参数；
(2)中央子午线；
(3)测区西南角和东北角的大致经纬度；
(4)测区坐标系间的转换参数；
(5)根据测量工程的要求，可以输入放样点的设计坐标，以便野外实时放样。

4. 野外作业

将基准站 GPS 接收机安置在参考点上，将设置的参数读入 GPS 接收机。基准站 GPS 接收机在跟踪 GPS 卫星信号的同时，通过数据发射电台将其测站坐标、观测值、卫星跟踪状态及接收机工作状态等信息发送出去。流动站接收机在跟踪 GPS 卫星信号的同时，接收来自基准站的数据，进行处理后获得流动站的指定坐标系下的三维坐标，并在流动站的手控器上实时显示。接收机可以将实时位置与设计值相比较，指导放样。

需要指出的是：GPS 测出的高程是以参考椭球面作为高程起算面的大地高，而工程测量采用的是以大地水准面或似大地水准面为起算面的正高或正常高，两者有时存在较大差异。

GPS RTK 测量拥有彼此不通视条件下远距离传递三维坐标的优势，并且不会产生误差累积，应用 RTK 放样法能快速、高效率地完成放样任务。

3.3 交会法放样点的平面位置

点位平面位置的放样方法，除了坐标法放样以外，还有距离交会法、角度交会法、自由设站法，等等。

3.3.1 距离交会法

如图 3-5 所示，A、B 为两已知点，P 为待放样点。首先根据已知点和待定点的坐标计算放样元素（距离 S_1、S_2）。然后在现场分别以两已知点 A、B 为圆心，用钢尺以相应的距离为半径作圆弧，两弧线的交点即为待定点 P 的位置。使用该方法放样时，待定点与两已知点的距离 S_1 和 S_2 一般不宜超过一尺段之长，而且地形要平坦。

图 3-5 距离交会法

距离交会法的误差椭圆如图 3-6 所示，由图 3-6 可得 $\Delta_1 = m_{S_1}$，$\Delta_2 = m_{S_2}$，$\theta = \gamma$，则放样点的点位精度为

$$M = \frac{\sqrt{m_{S_1}^2 + m_{S_2}^2}}{\sin\gamma} \tag{3-14}$$

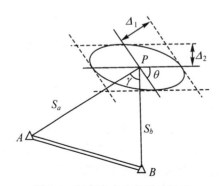

图 3-6 距离交会法的误差椭圆

3.3.2 角度交会法

角度交会法又称为方向交会法、前方交会法，在量距不方便的场合常用该方法放样。如图 3-7 所示，A、B 为两已知点，P 为待放样点，放样元素是两个交会角 β_1 和 β_2，它们可以由已知点的坐标和待定点的设计坐标算得。现场放样时在两个已知点 A、B 上架设两台经纬仪，分别放样相应的角度。两台经纬仪视线的交点即是待放样点 P 的平面位置。

设两角度的放样精度相同，均为 m_β。对于角度交会法，误差椭圆如图 3-8 所示，由图 3-8 可知 $\Delta_1 = \dfrac{m_\beta}{\rho} S_a$，$\Delta_2 = \dfrac{m_\beta}{\rho} S_b$，$\theta = \gamma$，则放样点的点位精度为

$$M = \frac{m_\beta}{\rho} \times \frac{\sqrt{S_a^2 + S_b^2}}{\sin\gamma} \qquad (3\text{-}15)$$

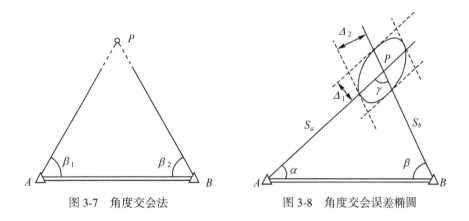

图 3-7　角度交会法　　　　图 3-8　角度交会误差椭圆

3.3.3 自由设站定位法

自由设站的原理：在周围有两个或两个以上并分布良好的控制点的条件下，可以自由地选择便于设站的位置安置全站仪，通过对控制点测角、测边，可以确定设站点的平面坐标。目前，所有的全站仪均有这样自由设站的功能。通过自由设站确定了测站点坐标后便可以很方便地放样其附近的点位了。

其基本原理如图 3-9 所示，xOy 为工程坐标系，I 为控制点，P 为自由设站时的测站点，$x'Py'$ 是以 P 为原点、以仪器度盘零方向为 x' 轴的局部坐标系，α_0 为 x 轴与 x' 轴方向的夹角。当在 P 点上观测了到 I 点的距离和水平方向之后，即可得出 I 点在 $x'Py'$ 坐标系中的坐标，即

$$\begin{cases} x'_I = S_I \cos\alpha_I \\ y'_I = S_I \sin\alpha_I \end{cases} \qquad (3\text{-}16)$$

式中：S_I——测站点 P 至控制点 I 的距离；

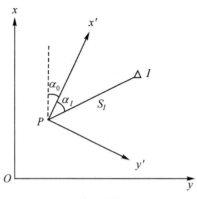

图 3-9 自由设站定位法

a_I——测站点观测控制点 I 时的水平方向值。

利用坐标转换原理得

$$\begin{cases} x_I = x_P + k \times \cos\alpha_0 \times x'_I - k \times \sin\alpha_0 \times y'_I \\ y_I = y_P + k \times \sin\alpha_0 \times x'_I + k \times \cos\alpha_0 \times y'_I \end{cases} \quad (3\text{-}17)$$

式中：k 为边长比例系数，令 $c = k\cos\alpha_0$，$d = k\sin\alpha_0$，代入上式得

$$\begin{cases} x_I = x_P + cx'_I - dy'_I \\ y_I = y_P + dx'_I + cy'_I \end{cases} \quad (3\text{-}18)$$

式中：x_I、y_I——控制点 I 的坐标值；

x_p、y_p——测站点 P 的坐标值；

x_I、y_I、x'_I、y'_I——已知数。

为求出式(3-18)中的四个未知数 c、d、x_p、y_p，至少需要对两个控制点进行方向和距离的观测。当观测了两个以上控制点后，便存在多余观测，这时应按间接平差原理解算四个未知数，即

$$\begin{cases} c = \dfrac{[xx'] + [yy'] - \dfrac{1}{n}([x] \times [x'] + [y] \times [y'])}{[x'x'] + [y'y'] - \dfrac{1}{n}([x'] \times [x'] + [y'] \times [y'])} \\ d = \dfrac{[x'y] + [y'x] - \dfrac{1}{n}([x'] \times [y] - [y'] \times [x])}{[x'x'] + [y'y'] - \dfrac{1}{n}([x'] \times [x'] + [y'] \times [y'])} \\ x_P = \dfrac{[x]}{n} - c \times \dfrac{[x']}{n} + d \times \dfrac{[y']}{n} \\ y_P = \dfrac{[y]}{n} - c \times \dfrac{[y']}{n} - d \times \dfrac{[x']}{n} \end{cases} \quad (3\text{-}19)$$

上述计算工作均可以由全站仪中的机载程序完成。由上述原理可以看出：利用该方法测定测站点 P 的坐标时，为了提高精度，应观测两个以上的控制点。利用自由设站定位法进行放样时，确定测站点的坐标仅仅是第一步，第二步是利用全站仪坐标法放样点位。

为评定 P 点坐标的精度，自由设站法可以求出控制点原始坐标和坐标变换后的坐标之间的差值，并根据这些差值评定所求测站点坐标的精度，即

$$m_P = \sqrt{\frac{\sum_{i=1}^{n}\left[(x_{T_i} - x_i)^2 + (y_{T_i} - y_i)^2\right]}{n-2}} \tag{3-20}$$

式中：x_{T_i}、y_{T_i}——坐标变换后的坐标；

x_i、y_i——原始坐标；

n——控制点个数。

3.4 归化法放样点位

归化法放样的思路是：首先采用直接放样法确定实地标志（初步放样的位置），再对初步位置进行精密测量，求出初步位置与设计位置的偏差，然后根据偏差进行归化改正。这个过程可以进行若干次，配合精密量具和微调装置改正，能够高精度地放样点位。

由于在归化改正的过程中，距离一般很短，有时还要配合精密量具和微调装置，其改正过程中的误差很小，可以忽略。所以归化法放样点位的精度主要取决于对初步放样位置测量的精度。

3.4.1 角度交会归化法

如图3-10所示，设 A、B 为已知点，P 为待定点。在放样时，先用角度交会法进行初步放样，得到初步点位（过渡点）P'，然后对水平角 $\angle P'AB = \alpha$ 和 $\angle ABP' = \beta$ 进行精密观测，利用下式（余切公式）计算 P' 点的精确坐标，即

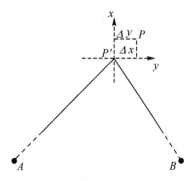

图3-10 归化法放样点位

$$\begin{cases} x_{P'} = \dfrac{x_A \cot\beta + x_B \cot\alpha - y_A + y_B}{\cot\alpha + \cot\beta} \\ y_{P'} = \dfrac{y_A \cot\beta + y_B \cot\alpha + x_A - y_B}{\cot\alpha + \cot\beta} \end{cases} \quad (3\text{-}21)$$

再根据 P 点的设计坐标求坐标差：$\Delta x = x_P - x_{P'}$，$\Delta y = y_P - y_{P'}$。当坐标差较小时，可以绘制归化图纸用图解法对 P' 点进行改正。如图 3-10 所示，其方法是在图纸上适当位置绘制出 P' 点，绘制出直线 AP' 或 BP'，再根据 AP 或 BP 的坐标方位角在 P' 点上绘制出 x 轴和 y 轴的方向，最后根据坐标差 Δx、Δy 的大小和正负在图纸上确定 P 点位置。在实地上利用此规划图纸，使图上 P' 点与实地 P' 点的位置一致，使图上 AP'（或 BP'）方向与实地 AP'（或 BP'）方向一致，图上 P 点位置就是实地 P 点的位置。

3.4.2 距离交会归化法

如图 3-10 所示，A、B 为已知点，P 为待放样点。先用直接放样法进行初步放样，得到初步放样点 P'，然后对 AP' 和 BP' 的距离 D_{AP}、D_{BP} 进行精密测量，再计算 P' 点的坐标，计算方法如下：

（1）根据 A、B 点的已知坐标，反算 AB 边的边长及其坐标方位角。

（2）根据测得的 D_{AP}、D_{BP} 和计算出的 D_{AB}，运用余弦公式，可以求得角度 α 和 β，即

$$\alpha = \arccos \dfrac{D_{AB}^2 + D_{AP}^2 - D_{BP}^2}{2 D_{AP} \cdot D_{AB}} \quad (3\text{-}22)$$

$$\beta = \arccos \dfrac{D_{AB}^2 + D_{BP}^2 - D_{BP}^2}{2 D_{BP} \cdot D_{AB}} \quad (3\text{-}23)$$

（3）按式（3-21）计算 P' 点的坐标。

按照前面讲述的方法绘制归化图纸，再利用此归化图纸在实地上得到 P 的点位。

3.4.3 正倒镜投点法

在施工放样工作中，我们往往需要将仪器安置在两个点所确定的直线上，此时一般的做法是：先将仪器安置在直线的一个端点上，照准另一个端点，利用经纬仪的视线建立这条方向线，进而由仪器观测者指挥作业员确定直线上的点。但在实际工作中，常常会有这样的情况：直线的两个端点之间有障碍物影响通视，或两端点无法安置仪器。此时为了能够放样出该直线，可以采用正倒镜投点法。

正倒镜投点法是利用相似三角形的原理找出仪器偏离已知方向线的距离，然后将仪器移至已知方向线上。如图 3-11 所示，AB 为已知方向线，O' 为仪器首次安置位置（过渡

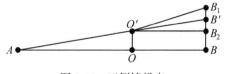

图 3-11 正倒镜投点

点),现介绍如何将其改正到 O 点。当仪器无误差时,仪器后视 A,纵转望远镜前视时,视线方向为 AO' 的延长线方向,此时十字丝交点不位于 B 点,而是位于其附近的 B' 点,量取 BB' 的距离后,即可根据 AB、AO' 的长度求出仪器偏离方向线 AB 的距离 $OO'=AO\times BB'\div AB$,将仪器由 O' 向方向线 AB 移动 OO',即可将仪器安置在已知方向线上。

实际工作中,仪器存在着视准轴不垂直于横轴、横轴不垂直于纵轴等误差,所以应盘左、盘右分别投点并取中(见图 3-11)。另外由于 AO 的距离常常不能精确确定,因此求得的 OO' 距离也是近似值,将仪器由 O' 向直线 AB 移动时的方向无法准确把握。为了克服以上困难,实际操作过程中往往采用逐渐趋近的方法多次重复投点改正,直至得到的 O 点满足精度要求为止。

在某些情况下,若设站点至两端点的距离已知,如图 3-12 所示,$AO=a$,$BO=b$,这时只需在 O' 点上安置仪器,测量角度 β,即可计算出仪器偏离方向线 AB 的距离 δ。

$$\delta = \frac{a \times b}{a+b} \times \frac{180-\beta}{\rho} \tag{3-24}$$

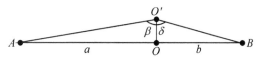

图 3-12 归化法改正点位

3.4.4 构网联测归化法放样

施工控制网的作用在于限制施工放样时测量误差的累积,使整个建筑物的各个部分在平面和高程方向正确衔接。在高精度的施工放样中,控制点通常采用带有强制对中盘的观测墩,通过构网联测平差后,求出各控制点的坐标。放样时同样也可以将控制点与放样点(初步确定其点位)一起构网联测,经平差后,求得各放样点初步位置的归化改正量,再将其归化到设计位置。

3.5 高程放样方法

在道路工程施工中,常常需要放样设计所指定的高程。如路面施工时需要放样路面设计高程,桥梁施工时需要放样各个部位的高程。

3.5.1 水准仪法放样

1. 普通高程放样方法

如图 3-13 所示,地面有水准点 A,其高程已知,设为 H_A;待定点 B 的设计高程为 H_B,要求在 B 点木桩上标定出 H_B 的高度。放样的过程:在点 A、点 B 之间安置水准仪,后视水准点 A 上水准尺的读数,设为 a,待放样点上水准尺的读数 b 可由下式算得

$$b=(H_A+a)-H_B \tag{3-25}$$

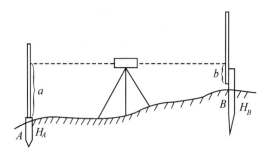

图 3-13 水准仪高程放样

在 B 点地面上打下一木桩,将水准尺紧靠木桩侧面上下移动,直到尺上读数为 b,沿尺底画一道横线,即为高程 H_B 的位置。

2. "倒尺"法放样高程

在施工放样工作中常会遇见待放样的高程 H_B 高于仪器视线的情况,例如,隧道施工中,放样隧道的拱顶高程时。此时应把水准尺底向上倒立在点位处,即用"倒尺"法放样。如图 3-14 所示,A 为水准点,设其已知高程为 H_A;B 为待放样高程的位置,其设计高程为 H_B,这时后视水准尺的读数 b 应按下式计算

$$b=H_B-(H_A+a) \tag{3-26}$$

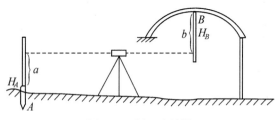

图 3-14 倒尺法放样

将水准尺紧靠木桩侧面上下移动,直到尺上读数为 b 为止,标志尺底的位置。

3. 钢尺传递高程的放样方法

当放样的高程点与水准点之间的高差很大时(例如向深基坑里传递高程),仅靠水准尺已经不能完成高程传递任务了,此时可以用悬挂钢尺代替水准尺。悬挂钢尺时,零刻划端朝下,并在下端挂一个重量相当于钢尺鉴定时拉力的重锤,在地面上和坑内各安置一次水准仪。如图 3-15 所示,设地面安置仪器时对 A 点尺上的读数为 a_1,对钢尺的读数为 b_1;在坑内安置仪器时对钢尺的读数为 a_2,则对 B 点尺上的应有读数 b_2 为

$$b_2=H_A+a_1-(b_1-a_2)-H_B \tag{3-27}$$

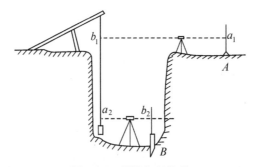

图 3-15 基坑高程传递

将水准尺紧靠 B 点木桩侧面上下移动，直到尺上读数为 b_2 为止，标志尺底的位置。

3.5.2 全站仪无仪器高作业法放样高程

对一些高低起伏较大的工程放样，用水准仪放样就比较困难，这时可以采用全站仪放样高程。采用全站仪三角高程测量的方法放样已知高程时，精度会受仪器高、目标高量取误差、地球曲率、大气折光误差等影响，有时无法满足施工精度的要求。此时可以采用全站仪无仪器高作业法放样高程。

如图 3-16 所示，为了放样 B 目标点的高程，在点 O 处架设全站仪，后视已知点 A（设目标高为 v），测得点 O 与点 A 的平距 S_1 和垂直角 α_1，从而计算 O 点全站仪中心的高程为

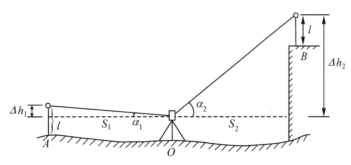

图 3-16 全站仪无仪器高作业法

$$H_O = H_A + v - \Delta h_1 \tag{3-28}$$

然后测得点 O 与点 B 的距离 S_2 和垂直角 α_2，并顾及式（3-28），从而计算 B 点的高程为

$$H_B = H_O + \Delta h_2 - v = H_A - \Delta h_1 + \Delta h_2 \tag{3-29}$$

将测得的 H_B 与设计值比较，指挥并放样出设计高程。从式（3-29）可以看出，该方法不需要测定仪器高，而且将全站仪安置在 A、B 两点之间，从一定程度上减小了大气折光、地球曲率的影响，因而用无仪器高作业法同样具有很高的放样精度。但是，必须指出，当测站与目标点之间的距离超过 150m 时，以上高差就应该考虑大气折光和地球曲率的影响，即

$$\Delta h = S \cdot \tan\alpha + (1 + k)\frac{S^2}{2R} \tag{3-30}$$

式中：S——水平距离；
α——垂直角；
k——大气垂直折光系数；
R——地球曲率半径。

3.5.3 斜坡放样

在道路放样时，经常会有斜坡放样工作。如图 3-17 所示，在 A 点的设计高程为 H_A、欲在实地 A、B、C、D 等点的木桩上放样高程，使其形成坡度为 i 的坡度线，可以采用两种方法。

1. 水准仪法

（1）如图 3-17 所示，根据附近的水准点在 A 点的木桩上放样设计高程 H_A。

（2）在 A 点安置水准仪，量取仪器高度 m，计算视线高程 H_i。

（3）在道路施工中，在一段距离内其坡度是相同的，相邻的等间距的控制桩间的高差是相等的，即 h_1、h_2、h_3……之间是等差关系，先计算 A、B 间的高差 $h_1 = i \times S_{AB}$。

（4）分别在 B、C、D、E 等点靠木桩侧面立水准尺，使尺的读数分别为 $m+h_1$、$m+2h_1$、$m+3h_1$、$m+4h_1$……直至坡度变化点（距离过远时需要换站）。此时各点的尺底连线即为待放样坡度线。

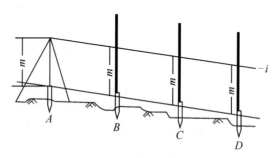

图 3-17 经纬仪放样坡度线

2. 经纬仪法

（1）如图 3-17 所示，根据附近的水准点在 A 点的木桩上放样设计高程 H_A。

（2）在 A 点安置经纬仪，量取仪器高 m，照准线路方向，使经纬仪视线的竖直角等于设计坡度线 i，此时仪器视线与设计坡度线平行。

一般情况下，当坡度较小时，可以认为坡度等于倾角，即 $\tan\delta = i$ 或 $\delta = i \times \rho$。

（3）分别在 B、C、D……各点靠木桩侧面立水准尺，使经纬仪横丝读数均为 m，在尺底部做标记，则标记位置的连线即为待放样坡度线。

（4）为消除经纬仪竖盘指标差，保证放样坡度的准确性，可以倒镜重复步骤(3)，取两次标记的中间位置，定出坡度线。

3.5.4　GPS RTK 法放样高程

GPS RTK 法测量可以直接得到以参考椭球面为起算面的大地高，而我国所采用的高程是相对于(似)大地水准面的正常高。二者的关系为

$$H=h+N \tag{3-31}$$

式中：H——大地高；

　　　h——正常高；

　　　N——大地水准面差距或高程异常。

利用 GPS 定位技术能够简洁而精确地获得所测点位的平面位置和大地高，但由于没有一个具有相应高精度高分辨率的似大地水准面模型，致使 GPS 大地高到 GPS 正常高的转换中精度严重降低。对此就出现如何采用比较简单而实用的数学模型来精化该地区具有厘米级精度的似大地水准面，使 GPS 所测大地高通过数学模型直接转换为具有厘米精度的正常高，来代替传统水准作业模式，以提高工作效率。GPS 技术结合高精度高分辨率大地水准面模型，可以获得正常高，真正实现 GPS 技术对几何和物理意义上的三维定位功能。

利用已有地球重力场或大地水准面模型来估算高程异常，虽然原理简单、应用方便，但由于在局部范围内的估算精度还难以满足工程测量应用的需要，尤其是我国还不具备精确大地水准面模型的情况下，其适用范围受到限制。目前比较通行的做法，是在 GPS 网中用水准测量或三角高程测量的方法施测一定数量的高程控制点，然后利用高程控制点的大地高和正常高求得高程异常值，并据此拟合出局部似大地水准面形状，进而推算出测区内其他 GPS 点的高程异常和正常高。

第 4 章 道路曲线测设

4.1 概 述

公路、铁路工程放样工作主要包括：线路中线放样、路基施工放样、路面施工测量等内容。道路中线是由直线与曲线组成的，直线放样非常简单，本章主要介绍道路曲线测设。曲线包括平面曲线和竖曲线两种。

在平面内连接不同线路方向的曲线，称为平面曲线。平面曲线按其半径的不同分为圆曲线和缓和曲线。圆曲线上任意一点的曲率半径处处相等；缓和曲线是在直线与圆曲线或者圆曲线与圆曲线之间设置的曲率半径连续渐变的一段过渡曲线。当缓和曲线作为直线与圆曲线之间的介曲线时，其半径变化范围自无穷大至圆曲线半径 R；若用以连接半径为 R_1 和 R_2 的两圆曲线时，缓和曲线的半径便自 R_1 逐渐过渡为 R_2。对于平面曲线，不同的曲线连接方式会有不同的形式，常见的平面曲线形式有：

(1)单圆曲线，亦称为圆曲线，即具有单一半径的曲线(见图 4-1 左半部分)；
(2)复曲线，由两个或两个以上同向的单圆曲线连接而成的曲线(见图 4-2)；
(3)反向曲线，由两个方向不同的曲线连接而成的曲线(见图 4-3)；
(4)回头曲线，由于山区线路工程展线的需要，其转向角接近或超过 180°的曲线(见图 4-4)；
(5)螺旋线，线路转向角达 360°的曲线(见图 4-5)。

无论何种形式的平面曲线，都是由圆曲线和缓和曲线组成的。

线路的纵断面是由不同的坡度连接的，当相邻的坡度值的代数差超过一定值时，在变坡点处必须用曲线连接。这种在竖直面上连接不同坡度的曲线称为竖曲线。竖曲线有凸形与凹形两种，顶点在曲线之上的为凸形竖曲线，反之为凹形竖曲线，如图 4-6 所示。

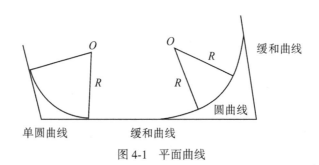

图 4-1 平面曲线

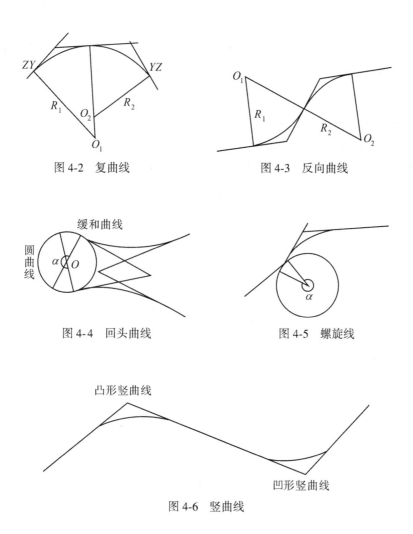

图 4-2 复曲线　　图 4-3 反向曲线

图 4-4 回头曲线　　图 4-5 螺旋线

图 4-6 竖曲线

高速公路上最常见的平面线形是由直线、缓和曲线和圆曲线连接组成的，见图 4-1 的右半部分。一些学者认为：高速公路平面线形应该是一条连续曲线，理想的平面线形是圆曲线占 2/3，缓和曲线占 1/3，从美学的观点看，高速公路的平面线形要像"自由曲线"一样自然弯曲，没有直线和曲线的突然变化，从而行车顺畅、舒适。平、竖曲线最好要一一对应，即要求竖曲线的顶点大致与平曲线的中点相对应，同时平曲线比竖曲线稍长一些，这样的配合有助于视线诱导，且有利于安全行车。

4.2　圆曲线的测设

单圆曲线是最简单的一种曲线，其测设和资料计算都比较容易。在实地测设之前，必须进行曲线要素及主要点的里程计算。

4.2.1 圆曲线要素及里程计算

1. 要素计算

如图4-7所示,圆曲线主要点包括:
(1)ZY点(直圆点):直线与圆曲线的连接点;
(2)QZ点(曲中点):圆曲线的中点;
(3)YZ点(圆直点):圆曲线与直线的连接点。

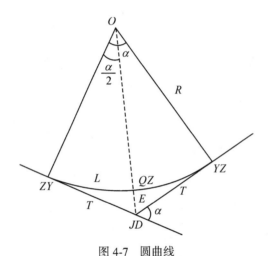

图4-7 圆曲线

圆曲线的要素为:半径R、偏角(即线路转向角)α、切线长T、曲线长L、外矢距E及切曲差q。其中,R及α均为已知数据,R是在设计中按线路等级及地形条件等因素选定的,α是线路定测时测出的。其余要素可以按下列关系式计算

$$T = R \cdot \tan \frac{\alpha}{2} \tag{4-1}$$

$$L = \frac{\pi \cdot \alpha \cdot R}{180} \tag{4-2}$$

$$E = R \cdot \left(\sec \frac{\alpha}{2} - 1\right) \tag{4-3}$$

$$q = 2T - L \tag{4-4}$$

2. 主要点里程计算

如图4-7所示,主要点的里程可以由JD的里程算得:
(1)ZY点的里程=JD的里程-T;
(2)QZ点的里程=ZY的里程+$L/2$;
(3)YZ点的里程=QZ的里程+$L/2$=JD的里程+$T-q$。

例 4.1 已知某圆曲线 $\alpha=10°25'10''$、$R=800\mathrm{m}$，JD 的里程为 $DK11+295.78$，求曲线各要素及主要点的里程。利用前述公式计算得：$T=72.94\mathrm{m}$，$L=145.48\mathrm{m}$，$E=3.32\mathrm{m}$，$q=0.40\mathrm{m}$；ZY 点的里程为 $DK11+222.84$，QZ 点的里程为 $DK11+295.58$，YZ 点的里程为 $DK11+368.32$。

4.2.2 偏角法进行圆曲线的测设

曲线测设的方法有多种，常见的有极坐标法、偏角法、切线支距法等。本节介绍偏角法，偏角法测设单圆曲线分为两步：首先进行主要点测设，然后进行详细测设。

1. 圆曲线的主要点测设

圆曲线主要点（ZY 点、QZ 点、YZ 点）的测设步骤如下：

(1) 将仪器置于交点 JD 上，以线路方向定向。自 JD 起沿两切线方向分别量出切线长 T，即得曲线起点 ZY 及曲线终点 YZ。

(2) 在交点 JD 上后视 ZY，拨 $(180°-\alpha)/2$ 角，得分角线方向，沿此方向自 JD 量出外矢矩 E，即得曲线中点 QZ。

在主要点设置后，还可以用偏角对其进行检核。如图 4-8 所示，曲线的一端对另一端的偏角应为转向角 α 的 $1/2$；曲线的一端对曲线的中点 QZ 的偏角应为转向角 α 的 $1/4$。

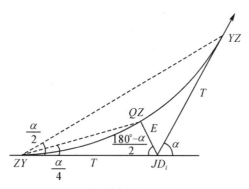

图 4-8 圆曲线的主要点测设与检核

2. 圆曲线上各点的偏角值计算

曲线主要点定出后，为了在地面上比较确切地反映曲线的形状，还要测设加密曲线桩。曲线的详细测设，就是指测设除主要点以外的一切曲线桩，包括一定距离的加密桩、百米桩及其他加桩。所谓偏角就是曲线上各点与 ZY 点（或 YZ 点）的连线对 ZY 点（或 YZ 点）切线所偏转的角度。所谓偏角法，是根据曲线上点 i 的偏角 δ_i 及其与相邻曲线点的间距 c 作方向与定长交会而获得放样点位。

在进行偏角法测设之前，首先要计算曲线上各点的偏角值。如图 4-9 所示，偏角 δ_i 在几何上称为弦切角。根据弦切角等于弧长所对圆心角的一半，则

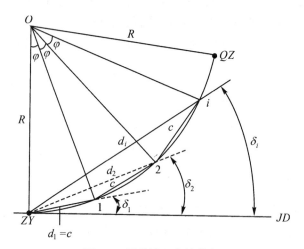

图 4-9 圆曲线上点的偏角

$$\delta_i = \frac{\varphi}{2} = \frac{l}{2R} \times \frac{180°}{\pi} \qquad (4\text{-}5)$$

式中：l——曲线上点 i 至 ZY 点（或 YZ 点）的弧长；

φ——弧长 l 所对应的圆心角。

实际工作中，常常每隔弧长 c 放样一曲线点，c 可为 5m、10m、20m 等。因为道路圆曲线的半径 R 一般都比较大，相对来说，c 值比较小，故认为弦长与弧长均为 c。

实际工作中，有时为了测量与施工的方便，一般要求圆曲线测设点的里程尾数为 00、20、40 等 20 的整倍数（如果 $c=10$m，则为 10m 的整倍数）。但曲线的起点 ZY（或终点 YZ）及曲中点 QZ 的里程经常不是 20m（或 10m）的整倍数，所以在曲线两端就会出现小于 20m 的弦，这样的弦称为分弦。若半条圆曲线首末两端的分弦以 c_1 及 c_n 表示，则其各点对应的偏角公式可写成

$$\delta_1 = \frac{c_1}{2R} \times \frac{180°}{\pi}, \quad \delta_2 = \frac{c_1+c}{2R} \times \frac{180°}{\pi} = \delta_1 + \delta,$$

$$\delta_3 = \delta_1 + 2\delta, \quad \delta_n = \delta_1 + (n-2)\delta + \frac{c_n}{2R} \times \frac{180°}{\pi}$$

计算和放样偏角时，要注意偏角的正拨与反拨。如果曲线在切线的右侧，为正拨；曲线在切线的左侧为反拨。

例 4.2 某圆曲线左偏角 $\alpha = 10°25'10''$，$R = 800$m，已算得 ZY 点的里程为 DK11+222.84、QZ 点为 DK11+295.58、YZ 点为 DK11+368.32，$c=20$m，按前述方法进行计算，得到各曲线点相应的偏角值如表 4-1 所示。

3. 偏角法进行圆曲线详细测设的步骤

在此以图 4-9 和表 4-1 的数据为例，介绍偏角法进行圆曲线详细测设的步骤：

表 4-1　　　　　　　　　　　　　圆曲线上各点偏角值的计算

点名	里程	曲线点间距/m	偏角/(° ′ ″)		
ZY	DK11+222.84		0	00	00
	+240.00	17.16	359	23	10
	+260.00	20.00	358	40	12
	+280.00	20.00	357	57	13
QZ	DK11+295.58	15.58	357	23	44
QZ	DK11+295.58	4.42	2	36	16
	+300.00	20.00	2	26	46
	+320.00	20.00	1	43	48
	+340.00	20.00	1	00	49
	+360.00	8.32	0	17	51
YZ	DK11+368.32		0	00	00

(1) 在 ZY 点置镜,照准切线方向,并使度盘读数设置为零。

(2) 拨偏角 $\delta_1 = 359°23'10''$,沿视线方向自 ZY 点起量取距离 $c_1 = 17.16$m 得曲线上 1 点。

(3) 拨偏角 $\delta_2 = 358°40'12''$,从 1 点起量定长 $c = 20$m 与视线相交得曲线上 2 点。

(4) 同法可测出其余各点,直至 QZ 点,用 QZ 点校核其位置。

(5) 将仪器移至 YZ 点上,用上述方法测设曲线的另一半,此时要注意拨角方向与前半曲线相反。

当从 ZY 点及 YZ 点向曲线中点 QZ 测设曲线时,由于测设误差的影响,半条曲线的最后一点不会落在控制桩 QZ 上,如图 4-10 所示。假设落在 QZ′ 的位置上,则 QZ 至 QZ′ 的距离称为闭合差 f。将闭合差 f 分为纵向(沿线路方向)闭合差 f_x 与横向(沿曲线半径方向)闭合差 f_y,纵向闭合差限差为 1/2000、横向闭合差限差为 10cm。当实际闭合差满足限差要求时,可以根据曲线上各点到 ZY 点(或 YZ 点)的距离,按长度比例进行分配。

用偏角法测设曲线的计算和操作方法都比较简单、灵活,且可以自行闭合、自行检核。

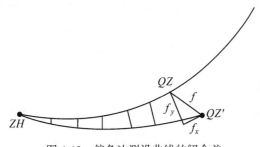

图 4-10　偏角法测设曲线的闭合差

4.3 有缓和曲线的圆曲线

列车在曲线上行驶会产生离心力,所以铁路在曲线段上要用外轨超高的方法来克服离心力,如图 4-11 所示,作用在火车上的两个力(火车的自重 P、轨道对火车的托力 Q)的合力 F 便是火车得到的平衡离心力的向心力。为了使列车预期倾斜,可以通过升高外轨来达到目的,称为超高(h_0)。在图 4-11 中,由相似三角形的关系,有 $\dfrac{h_0}{F} = \dfrac{b}{P}$(其中 b 为轨距,取值 1.5m)。由力学知识可知,$F = m \cdot v^2 / R$,$P = m \cdot g$,故

$$h_0 = \frac{F \cdot b}{P} = 11.8 \frac{v^2}{R} \tag{4-6}$$

式中:R——圆曲线半径,m;
v——通过曲线的列车平均速度,km/h;
g——重力加速度,9.8m/s²。

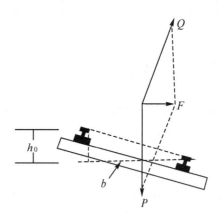

图 4-11 离心率引起的外轨超高

直线的曲率半径为无穷大,故列车在直线上行驶,两侧轨面等高。当列车进入半径为 R 的曲线轨道时,外轨必须突然抬高 h_0(当车速大、半径小时,h_0 的数值比较大,有时能达到 10cm 以上)。这种台阶状的轨面将给火车的安全运行及铁道的使用寿命带来不良的影响。解决的方法是,在直线与圆曲线之间插入一条半径由无穷大渐变至圆曲线半径 R 的过渡曲线(称为缓和曲线),此时超高值由 0 逐渐递增到 h_0。当半径很大,车速较低,超高 h_0 不会很大时,对非国家等级的铁路,就不一定要增设过渡曲线。

4.3.1 缓和曲线的特性

我国道路工程上的缓和曲线一般采用螺旋线的形式。当在直线与圆曲线之间嵌入缓和曲线后,其曲率半径由无穷大(与直线连接处)逐渐变化到圆曲线的半径 R(与圆曲线连接处)。螺旋线具有的特性是:曲线上任意一点的曲率半径 R' 与该点至起点的曲线长 l 成反

比，即

$$R' \propto \frac{1}{l} \tag{4-7}$$

或

$$R' = \frac{c}{l} \tag{4-8}$$

式中：c——常数，称为曲线半径变化率。当 l 等于所采用的缓和曲线长度 l_0 时，缓和曲线的半径 R' 等于圆曲线半径 R，故

$$c = R \cdot l_0 \tag{4-9}$$

缓和曲线除了用以连接直线和圆曲线外，在复曲线测设中，当两相邻圆曲线的曲率半径差超过一定值时，这两个圆曲线必须通过缓和曲线来连接。此时，该缓和曲线的半径由第一圆曲线的 R_1 逐渐变为第二圆曲线的 R_2（设 $R_1 > R_2$），其曲线半径变化率 c 为

$$c = \frac{l_0' \cdot R_1 \cdot R_2}{R_1 - R_2} \tag{4-10}$$

式中：l_0'——连接两圆曲线的缓和曲线长度。

4.3.2 有缓和曲线的圆曲线要素及里程计算

具有缓和曲线的圆曲线，其主要点包括：
(1) ZH 点（直缓点）：直线与缓和曲线的连接点；
(2) HY 点（缓圆点）：缓和曲线和圆曲线的连接点；
(3) QZ 点（曲中点）：曲线的中点；
(4) YH 点（圆缓点）：圆曲线和缓和曲线的连接点；
(5) HZ 点（缓直点）：缓和曲线与直线的连接点。

图 4-12(a) 为单圆曲线的情形。在直线与圆曲线间嵌入缓和曲线后，圆曲线应内移一段距离，方能使缓和曲线与直线、圆曲线衔接。而内移圆曲线，可以采用移动圆心或缩短

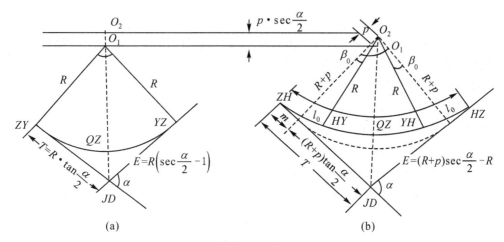

图 4-12 圆曲线的两端加入缓和曲线

半径的办法实现,我国在铁路、公路的曲线测设中,一般采用内移圆心的方法。如图 4-12(b)所示,若圆曲线的圆心 O_1 沿着圆心角的平分线内移至 O_2 (此时 $O_1O_2 = p \cdot \sec\dfrac{\alpha}{2}$,$p$ 值的大小按式 4-16 计算),圆曲线的两端就可以插入缓和曲线,把圆曲线与直线平顺地连接起来。从图 4-12(b)可以看出,加入缓和曲线后,其曲线要素可以用下列公式求得

$$T = m + (R + p) \cdot \tan\frac{\alpha}{2} \qquad (4-11)$$

$$L = \frac{\pi \cdot (\alpha - 2\beta_0) \cdot R}{180°} + 2l_0 \qquad (4-12)$$

$$E = (R + p) \cdot \sec\frac{\alpha}{2} - R \qquad (4-13)$$

$$q = 2T - L \qquad (4-14)$$

式中:α——偏角(线路转向角);

R——圆曲线半径;

l_0——缓和曲线长度;

m——加设缓和曲线后使切线增长的距离;

p——加设缓和曲线后圆曲线相对于切线的内移量;

β_0——HY 点(或 YH 点)的缓和曲线角度。

m、p、β_0 称为缓和曲线参数,可以按下式计算

$$\beta_0 = \frac{l_0}{2R} \cdot \rho \qquad (4-15)$$

$$m = \frac{l_0}{2} - \frac{l_0^3}{240R^2} \qquad (4-16)$$

$$p = \frac{l_0^2}{24R} \qquad (4-17)$$

从图 4-12 及以上公式可以看出,在圆曲线与直线之间插入长度为 l_0 的缓和曲线后,原圆曲线及直线的一部分,被缓和曲线代替。

主要点的里程可以自 JD 的里程算得:

(1)ZH 点的里程=JD 的里程-T;

(2)HY 点的里程=ZH 点的里程+l_0;

(3)QZ 点的里程=ZH 点的里程+L/2;

(4)HZ 点的里程=ZH 点的里程+L=JD 的里程+T-q;

(5)YH 点的里程=HZ 的里程-l_0。

4.3.3 有缓和曲线的圆曲线参数方程

有缓和曲线的圆曲线的参数方程,一般分为缓和曲线及圆曲线两部分讨论。

1. 缓和曲线参数方程

如图 4-13 所示，建立以直缓点 ZH 为原点，过 ZH 点的缓和曲线切线为 x 轴，ZH 点上缓和曲线的半径为 y 轴的直角坐标系。从图 4-13 中不难看出，缓和曲线上任一微分线段 dl 与对应的 dx、dy 之间将有下列关系：

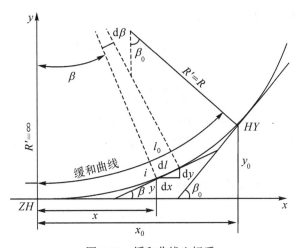

图 4-13　缓和曲线坐标系

$$dx = dl \cdot \cos\beta \tag{4-18}$$
$$dy = dl \cdot \sin\beta \tag{4-19}$$

缓和曲线上任一点的坐标，可以由上式取定积分求得

$$x = \int_0^l \cos\beta \, dl \tag{4-20}$$
$$y = \int_0^l \sin\beta \, dl \tag{4-21}$$

式中，β 为 l 的函数。对于 dl 与 $d\beta$ 而言，根据弧长与半径的关系有 $d\beta = \dfrac{dl}{R'}$，而 $R' = \dfrac{c}{l}$，故

$$d\beta = \frac{l}{c} dl \tag{4-22}$$

对上式两边取定积分，得

$$\beta = \frac{l^2}{2c} \tag{4-23}$$

代入前式得

$$x = \int_0^l \cos\left(\frac{l^2}{2c}\right) dl \tag{4-24}$$
$$y = \int_0^l \sin\left(\frac{l^2}{2c}\right) dl \tag{4-25}$$

对 $\cos\left(\dfrac{l^2}{2c}\right)$ 及 $\sin\left(\dfrac{l^2}{2c}\right)$ 用级数展开，即可得出

$$\cos\left(\frac{l^2}{2c}\right) = 1 - \frac{l^4}{8c^2} + \frac{l^8}{384c^4} - \cdots \tag{4-26}$$

$$\sin\left(\frac{l^2}{2c}\right) = \frac{l^2}{2c} - \frac{l^6}{48c^3} + \frac{l^{10}}{3840c^5} - \cdots \tag{4-27}$$

代入式(4-24)、式(4-25)并进行定积分得

$$x = l - \frac{l^5}{40c^2} + \frac{l^9}{3456c^4} - \cdots \tag{4-28}$$

$$y = \frac{l^3}{6c} - \frac{l^7}{336c^3} + \frac{l^{11}}{42240c^5} - \cdots \tag{4-29}$$

式中，$c = R \times l_0$；l 为所求点到 ZH 点的缓和曲线长度。

实际上应用上式时，一般情况下可以只取前一、二项即可，当 R 比较小、l_0 比较大时或放样精度要求高时，应加上第三项。

缓和曲线上某点的切线与 ZH 点切线的夹角为：

$$\beta = \frac{l_i^2}{2Rl_0} \cdot \rho \tag{4-30}$$

2. 圆曲线参数方程

(1) 单圆曲线的参数方程

对于单圆曲线（如图4-14所示），以曲线起点 ZY(或终点 YZ) 为坐标原点，其切线为 x 轴，过 ZY(或 YZ) 的半径为 y 轴建立直角坐标系。由图4-14中可以看出，圆曲线上任一点 i 的坐标为

$$x = R \cdot \sin\alpha_i \tag{4-31}$$

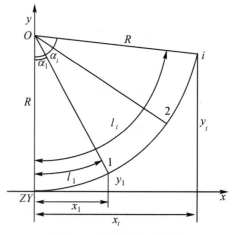

图 4-14 单圆曲线坐标系

$$y = R(1 - \cos\alpha_i) \tag{4-32}$$

以 $\alpha_i = \dfrac{l_i}{R}$ 代入式(4-31)和式(4-32)并用级数展开，可得以曲线长 l_i 为参数的圆曲线参数方程式

$$x_i = l_i - \frac{l_i^3}{6R^2} + \frac{l_i^5}{120R^4} - \cdots \tag{4-33}$$

$$y_i = \frac{l_i^2}{2R} - \frac{l_i^4}{24R^3} + \frac{l_i^6}{720R^5} - \cdots \tag{4-34}$$

式中：l_i——点 i 到 ZY(或 YZ)的曲线长。

(2) 有缓和曲线的圆曲线的参数方程

对于两端设置缓和曲线的圆曲线而言，如图 4-15 所示，仍用以直缓点 ZH 为原点，过 ZH 的缓和曲线切线为 x 轴，半径为 y 轴的直角坐标系。圆曲线上的任意一点 i，其到 ZH 点的曲线长为 l_i。从图 4-15 中可以看出，i 点的坐标为

$$x_i = R \cdot \sin\alpha_i + m \tag{4-35}$$
$$y_i = R(1 - \cos\alpha_i) + p \tag{4-36}$$

式中：$\alpha_i = \dfrac{180°}{\pi R}(l_i - l_0) + \beta_0$；$\beta_0$、$m$、$p$ 为前述的缓和曲线参数。

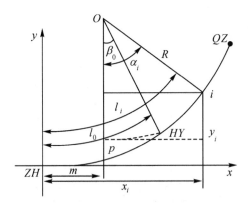

图 4-15　带缓和曲线的圆曲线坐标系

若将 α_i 以弧度表示，则 $\alpha_i = \dfrac{l_i - l_0}{R} + \dfrac{l_0}{2R} = \dfrac{l_i - 0.5l_0}{R}$，将其代入式(4-35)、式(4-36)，并用级数展开略去高次项，化简后即得到以 l_i 为参数的有缓和曲线的圆曲线方程式

$$x_i = l_i - 0.5l_0 - \frac{(l_i - 0.5l_0)^3}{6R^2} + \frac{(l_i - 0.5l_0)^5}{120R^4} - \cdots + m \tag{4-37}$$

$$y_i = \frac{(l_i - 0.5l_0)^2}{2R} - \frac{(l_i - 0.5l_0)^4}{24R^3} + \frac{(l_i - 0.5l_0)^6}{720R^5} - \cdots + p \tag{4-38}$$

该圆曲线上任意一点 i 的切线与 ZH 点切线的夹角为

$$\beta = \frac{l_i - 0.5l_0}{R} \cdot \rho \quad (4\text{-}39)$$

3. 缓和曲线参数的证明

现在我们用缓和曲线方程式来证明式(4-15)~式(4-17)。

(1) 证明 $\beta_0 = \dfrac{l_0}{2R}$

证明：由式(4-23)可知，$\beta = \dfrac{l^2}{2c}$，当 $l = l_0$ 时，顾及 $c = R \cdot l_0$，即得：$\beta_0 = \dfrac{l_0^2}{2Rl_0} = \dfrac{l_0}{2R}$。

(2) 证明 $m = \dfrac{l_0}{2} - \dfrac{l_0^3}{240R^2}$

证明：由图4-16可知：$m = x_0 - b = x_0 - R \cdot \sin\beta_0$。

由式(4-30)，当 $l = l_0$ 时，且略去高次项有：$x_0 = l_0 - \dfrac{l_0^3}{40R^2}$，于是可得：$m = l_0 - \dfrac{l_0^3}{40R^2} - R \cdot \sin\beta_0$

以 $\beta_0 = \dfrac{l_0}{2R}$ 代入，并对 $\sin\left(\dfrac{l_0}{2R}\right)$ 进行级数展开，取前两项整理后即得：$m = \dfrac{l_0}{2} - \dfrac{l_0^3}{240R^2}$。

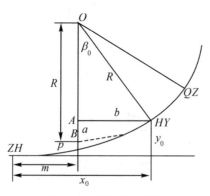

图 4-16　缓和曲线参数

(3) 证明 $p = \dfrac{l_0^2}{24R}$

证明：由图4-16可以看出：$p = y_0 - a = y_0 - R(1 - \cos\beta_0)$。

与求证 m 时的方法相同，利用式(4-31)求得 y_0 的表达式以及 $\cos\beta_0 = \cos\left(\dfrac{l_0}{2R}\right)$ 的级数展开式一同代入上式，经整理即得 $p = \dfrac{l_0^2}{24R}$。

4.4 偏角法测设带缓和曲线的圆曲线

常见道路曲线的线形是按"直线+缓和曲线+圆曲线+缓和曲线+直线"的顺序连接组成的。偏角法测设带缓和曲线的圆曲线通常分两步进行,首先进行主要点测设,然后根据主要点进行曲线详细测设。

4.4.1 有缓和曲线的圆曲线主要点的测设

在测设有缓和曲线的圆曲线主要点之前,应根据圆曲线的半径 R、线路转向角 α 及缓和曲线的长度 l_0,计算曲线要素 T、E、L、q 和主要点里程。在对 HY(或 YH)点进行放样时,通常采用直角坐标法,所以还需要求得 HY(或 YH)点的坐标值 x_0、y_0。

计算出以上数据后,就可以进行主要点测设,如图 4-17 所示,其步骤如下:

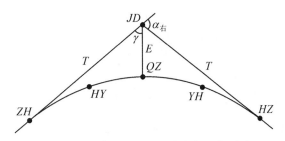

图 4-17 有缓和曲线的圆曲线主要点测设

(1)将仪器置于交点 JD 上以线路方向定向,由 JD 沿两切线方向分别量出切线长 T,即得 ZH 点及 HZ 点;

(2)在交点 JD 上,根据 $\gamma=(180°-\alpha)/2$,设置线路的角平分线方向。在此角平分线上由 JD 点量取外矢距 E,即得曲线的中点 QZ;

(3)根据 x_0 及 y_0 设置 HY 点及 YH 点。在两切线上,自 JD 点起分别向曲线起点、终点量取 $T-x_0$(或自 ZH 点、HZ 点起分别向 JD 点量取 x_0),然后沿其垂直方向量取 y_0,即得 HY 点、YH 点。

4.4.2 带缓和曲线的圆曲线上各点的偏角值计算

有缓和曲线的圆曲线偏角值计算分缓和曲线上的偏角与圆曲线上的偏角两部分进行。

1. 缓和曲线上各点偏角值的计算

如图 4-18 所示,缓和曲线详细测设一般自 ZH 点(或 HZ 点)开始按 10m(或 5m、20m)等间隔测设,曲线上任一点 j 与 ZH 点的连线相对于切线的偏角 i_j 的计算方法如下:

因为 i_j 很小,所以 $i_j=\tan i_j=\dfrac{y_j}{x_j}$。应用式(4-28)、式(4-29)只取第一项,则得

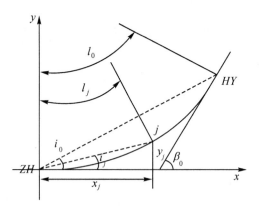

图 4-18 缓和曲线上各点的偏角

$$i_j = \frac{l_j^2}{6Rl_0} \quad (4\text{-}40)$$

由式(4-40)可以推证出各点的偏角有以下关系：

$$i_1 : i_2 = \frac{l_1^2}{6Rl_0} : \frac{l_2^2}{6Rl_0} = l_1^2 : l_2^2$$

即缓和曲线上各点的偏角值与该点距曲线起点的曲线长的平方成正比。

ZH 点与 HY 点的连线对切线的偏角 i_0 为：$i_0 = \frac{l_0}{6R}$，又因为 $\beta_0 = \frac{l_0}{2R}$，所以 $i_0 = \frac{\beta_0}{3}$。

2. 圆曲线上各点偏角值的计算

如图 4-19 所示，通常圆曲线部分是从 HY 点上利用各点与 HY 点的连线相对于 HY 点的切线的偏角进行测设的。所以，圆曲线部分的测设，首先是 HY 点切线的设置。该切线与 ZH 点至 HY 点连线的延长线方向的夹角为 $\beta_0 - i_0$，据此设置 HY 点的切线。HY 点的切线设置好后，圆曲线上各点偏角的计算同前一节一样。

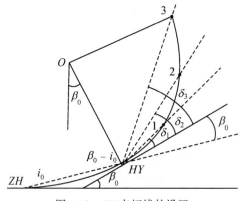

图 4-19 HY 点切线的设置

4.4.3 偏角法详细测设带缓和曲线的圆曲线

在进行偏角法测设曲线之前,要计算出缓和曲线、圆曲线上各点的偏角值。在此以图 4-20 为例,介绍偏角法测设带缓和曲线的圆曲线的步骤:

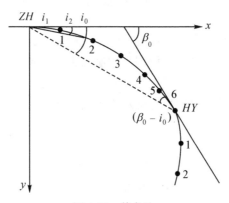

图 4-20 偏角法

(1) 在 ZH 点置镜,照准切线方向,并使度盘读数设置为零。

(2) 拨偏角 i_1,沿视线方向自 ZH 点起量取距离 c 得缓和曲线上 1 点。

(3) 拨偏角 i_2,从 1 点起量定长 c 与视线相交得缓和曲线上 2 点。

(4) 采用同样方法可以测出其余各点,直至 HY 点,用 HY 点校核其位置。

(5) 将仪器移至 HY 点上,后视 ZH 点并使度盘读数设置为零(注意正拨、反拨),再纵转望远镜,这样,当度盘读数为 $(\beta_0 - i_0)$ 时,视线方向即为 HY 点的切线方向。

(6) 继续拨偏角 δ_1,沿视线方向自 HY 点起量取距离 c 得圆曲线上 1 点。

(7) 继续拨偏角 δ_2,从 1 点起量定长 c 与视线相交得圆曲线上 2 点。

(8) 采用同样方法可以测出其余各点,直至 QZ 点。

(9) 半条曲线测设完毕后,将仪器搬至曲线另一端 HZ 点,用上述方法测设曲线另一半,此时要注意拨角方向与前半曲线相反。

(10) 当从 ZH 点及 HZ 点向曲线中点 QZ 测设曲线时,由于测设误差的影响,半条曲线的最后一点不会落在控制桩 QZ 点上,如图 4-21 所示。假设落在 QZ' 点的位置上,则

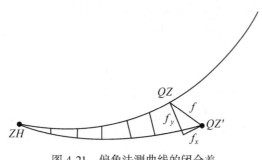

图 4-21 偏角法测曲线的闭合差

第4章 道路曲线测设

QZ 点至 QZ' 点之距离称为闭合差 f。闭合差的允许值是：纵向(沿线路方向)闭合差 f_x 小于 1/2000、横向(沿曲线半径方向)闭合差 f_y 小于 10cm，若闭合差满足要求，可根据曲线上各点到 ZH 点(或 HZ 点)的距离，按长度比例进行分配。

4.5 坐标法放样平面曲线

偏角法测设平面曲线必须先测设主要点，其过程复杂，而且容易造成误差积累。若在测设平面曲线时采用坐标放样法，依据测量控制点来进行测设，将会提高测设工作的灵活性和精度，并且能够把主要点和细部点一并测设，不再分步测设。另外，在线路工程测量中还经常需要放样道路边线，采用坐标法对其进行放样更为方便。

4.5.1 曲线点坐标的计算

利用坐标法测设平面曲线，首先需要计算曲线上各点的坐标。如图 4-22 所示，α 为线路转向角，d 为道路中心线至边线的距离。设计给定的已知条件为：JD 点的坐标(X_{JD}，Y_{JD})，ZH 点与 JD 点连线的方位角 A_0 及 ZH 点的里程 L_0 和曲线单元的左偏、右偏情况(用 cc 表示，$cc=-1$ 表示左偏，$cc=+1$ 表示右偏)，下面介绍曲线上任意点 i(里程为 L_P)的坐标计算方法。

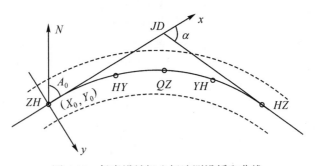

图 4-22 任意设站极坐标法测设缓和曲线

1. $ZH\sim QZ$ 段任意点测量坐标系中坐标的计算

对曲线上 ZH 点到 QZ 点之间的任意一点 i，其在以直缓点 ZH 为原点、过 ZH 点的缓和曲线切线为 x 轴、半径为 y 轴的直角坐标系中的坐标(x_i，y_i)，都可以曲线长 l_i ($l_i = L_P - L_0$)为参数计算得到。

当 $l_i \leq l_0$ 时，该点位于缓和曲线上，利用式(4-28)~式(4-30)计算其坐标及该点的切线与 ZH 点切线的夹角；当 $l_0 \leq l_i \leq L/2$ 时，该点位于圆曲线上，利用式(4-37)~式(4-39)计算其坐标及该点的切线与 ZH 点切线的夹角。

为了利用测量控制点采用坐标法对曲线进行放样，必须将以 ZH 点为原点的切线直角坐标系中的坐标转换到线路控制网平面坐标(称为测量坐标)系中去。转换方法如下：

$$X_i = X_{ZH} + x_i \cos A_0 - cc \cdot y_i \sin A_0 \tag{4-41}$$
$$Y_i = Y_{ZH} + x_i \sin A_0 + cc \cdot y_i \cos A_0 \tag{4-42}$$
$$A_i = A_0 + cc \cdot \beta \tag{4-43}$$

式中：X_{ZH}、Y_{ZH}——ZH 点在测量坐标系中的坐标，$X_{ZH} = X_{JD} + T\cos(A_0 + 180°)$，$Y_{ZH} = Y_{JD} + T\sin(A_0 + 180°)$；

A_0——ZH 点至 JD 点所在直线的测量坐标系的坐标方位角；

A_i——i 点切线方向的测量坐标系的坐标方位角。

2. QZ~HZ 段任意点测量坐标系中坐标的计算

建立以缓直点 HZ 为原点，过 HZ 点的缓和曲线切线为 x 轴、半径为 y 轴的切线直角坐标系，对曲线上 QZ 点至 HZ 点之间的任意一点的坐标以及该点切线与 HZ 点切线的夹角，以曲线长 l_i（$l_i = L_0 + L - L_P$）为参数计算。当 $l_i \leq l_0$ 时，该点位于缓和曲线上，利用式(4-28)~式(4-30)计算其坐标及该点的切线与 HZ 点切线的夹角 β；当 $l_0 \leq l_i \leq L/2$ 时，该点位于圆曲线上，利用式(4-37)~式(4-39)计算其坐标及该点的切线与 HZ 点切线的夹角 β。然后，通过坐标转换统一为测量坐标系中的坐标。

$$X_i = X_{HZ} + x_i \cos A'_0 + cc \cdot y_i \sin A'_0 \tag{4-44}$$
$$Y_i = Y_{HZ} + x_i \sin A'_0 - cc \cdot y_i \cos A'_0 \tag{4-45}$$
$$A_i = A'_0 - cc \cdot \beta \tag{4-46}$$

式中：A_0'——HZ 点至 JD 点所在直线的测量坐标系的坐标方位角；

X_{HZ}、Y_{HZ}——HZ 点在测量坐标系中的坐标；

$A'_0 = A_0 + cc \cdot \alpha + 180°$；

$X_{HZ} = X_{JD} + T\cos(A_0 + cc \cdot \alpha)$；

$Y_{HZ} = Y_{JD} + T\sin(A_0 + cc \cdot \alpha)$。

3. 线路左右两侧边桩测量坐标系中的坐标计算

（1）左边桩

$$\begin{cases} X = X_i + d \cdot \cos(A_i - 90°) \\ Y = Y_i + d \cdot \sin(A_i - 90°) \end{cases} \tag{4-47}$$

（2）右边桩

$$\begin{cases} X = X_i + d \cdot \cos(A_i + 90°) \\ Y = Y_i + d \cdot \sin(A_i + 90°) \end{cases} \tag{4-48}$$

利用上述方法计算出曲线主要点和细部点的坐标后，就可以采用坐标法放样点的平面位置的方法，将主要点和细部点一并测设。

4.5.2 坐标法测设平面曲线

1. 极坐标法

极坐标法测设曲线的一个关键问题是曲线测设资料的计算，按前述方法计算曲线的坐标,并将由直线段、圆曲线段、缓和曲线段组合而成的曲线坐标归算到统一的测量坐标系中,再计算极坐标法放样的数据 S 和 θ。极坐标法放样平面曲线的优点是测量误差不积累,当利用电磁波测距仪或全站仪测设时其精度和效率更高。尤其是测站设置在中线以外任意一点的自由设站极坐标法测设曲线,给现场的曲线测设工作带来极大的方便。利用全站仪坐标法测设曲线不需要事先计算放样数据,只提供曲线的测量坐标就可以测设,过程十分简便。

2. GPS RTK 法

GPS RTK 技术能够实时地提供在任意坐标系中的三维坐标数据,能在彼此不通视条件下远距离传递三维坐标,功效高,且测量误差不积累。在线路测量中,利用 GPS RTK 技术放样线路中线、边线已很普遍。

4.6 不完全缓和曲线的计算

4.6.1 不完全缓和曲线的特性

对于中线为复曲线形式的道路,当相邻两圆曲线的曲率半径差超过一定值时,这两个圆曲线必须通过缓和曲线连接,这种缓和曲线称为不完全缓和曲线。如图 4-23 所示,设第一段圆曲线的半径为 R_1,第二段圆曲线的半径为 $R_2(R_1>R_2)$,YH 点与 HY 点之间为不完全缓和曲线,其长度为 l,则该段不完全缓和曲线的半径变化率为

$$C = \frac{l \times R_1 \times R_2}{R_1 - R_2} \quad (4\text{-}49)$$

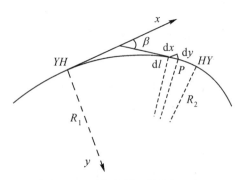

图 4-23 不完全缓和曲线的坐标

前面介绍了完全缓和曲线的特性:曲线上任意一点的曲率半径 R' 与该点至起点的曲线长 l 成反比,其曲线的半径变化率为

$$C = l_0 \times R \quad (4\text{-}50)$$

式中:R——圆曲线的曲率半径;

l_0——直线与圆曲线之间的缓和曲线长。

从本质上讲，不完全缓和曲线是完全缓和曲线的一部分，它们的特性是相同的，即曲线半径变化率相同。假设将不完全缓和曲线从 YH 点向外延伸，使其变成完全缓和曲线，延伸的曲线长度为 Δl，则 $l_0 = l + \Delta l$，利用上述二式可得

$$\Delta l = \frac{l \times R_2}{R_1 - R_2} \tag{4-51}$$

4.6.2 不完全缓和曲线的坐标计算

坐标法放样点位具有既方便快捷又减少误差积累的优点，已经成为目前道路曲线测设最常采用的方法。利用坐标法放样点位必须首先计算出点位的坐标。下面介绍不完全缓和曲线坐标计算的方法。

1. 以 YH 点为原点的相对坐标计算

如图 4-23 所示，建立以 YH 点为原点，该点切线方向为 x 轴，半径方向为 y 轴的坐标系。曲线上任一点 P 至 YH 点的曲线长为 l_i，则 P 点处的曲率半径为

$$R' = \frac{C}{\Delta l + l_i} \tag{4-52}$$

在 P 点处取一微分弧段 $\mathrm{d}l$，其对应的中心角为

$$\mathrm{d}\beta = \frac{1}{R'}\mathrm{d}l = \frac{\Delta l + l_i}{C}\mathrm{d}l \tag{4-53}$$

对上式积分得到 l_i 所对应的偏角为

$$\beta = \int_0^{l_i} \frac{\Delta l + l_i}{C}\mathrm{d}l = \frac{\Delta l \times l_i + \frac{l_i^2}{2}}{C} \tag{4-54}$$

所以有

$$\begin{cases} \mathrm{d}x = \cos\beta \mathrm{d}l = \cos\left(\frac{\Delta l \times l_i + \frac{l_i^2}{2}}{C}\right)\mathrm{d}l \\ \mathrm{d}y = \sin\beta \mathrm{d}l = \sin\left(\frac{\Delta l \times l_i + \frac{l_i^2}{2}}{C}\right)\mathrm{d}l \end{cases} \tag{4-55}$$

将上式中的正弦函数、余弦函数按泰勒级数展开，并取级数展开式的前 3 项进行积分，可得 P 点的坐标表达式

$$\begin{cases} x_P = l_i - l_i^3\left(\frac{\Delta l^2}{3} + \frac{\Delta l \cdot l_i}{4} + \frac{l_i^2}{20}\right)/2C^2 + l_i^5\left(\frac{\Delta l^4}{5} + \frac{\Delta l^3 \cdot l_i}{3} + \frac{3\Delta l^2 \cdot l_i^2}{14} + \frac{\Delta l \cdot l_i^3}{16} + \frac{l_i^4}{144}\right)/24C^4 \\ y_P = l_i^2\left(\Delta l + \frac{l_i}{3}\right)/2C - l_i^4\left(\frac{\Delta l^3}{2} + \frac{3\Delta l^2 \cdot l_i}{5} + \frac{\Delta l \cdot l_i^2}{4} + \frac{l_i^3}{28}\right)/12C^3 + \\ \qquad\quad l_i^6\left(\frac{\Delta l^5}{3} + \frac{5\Delta l^4 \cdot l_i}{7} + \frac{5\Delta l^3 \cdot l_i^2}{8} + \frac{5\Delta l^2 \cdot l_i^3}{18} + \frac{\Delta l \cdot l_i^4}{16} + \frac{l_i^5}{176}\right)/240C^5 \end{cases} \tag{4-56}$$

2. 曲线上任一点测量坐标系下的坐标计算

YH 点测量坐标系下的坐标 (X_{YH}, Y_{YH})、YH 点处的切线在测量坐标系中的坐标方位角 A_0 可以根据设计资料求出，则不完全缓和曲线上任一点测量坐标系下的坐标 (X_P, Y_P) 以及该点切线的坐标方位角 A_P 均可以根据上节介绍的方法计算。

除了上面介绍的方法外，我们还可以按这样的方法计算不完全缓和曲线。既然不完全缓和曲线是完全缓和曲线的一部分，我们可以假想将不完全缓和曲线在 YH 点处向外延伸使其变为完全缓和曲线，在假想的 ZH 点建立切线直角坐标系，求出曲线上各点在这个坐标系下的坐标，然后再通过坐标转换的方法获得各点在测量坐标系下的坐标。基本步骤是：

（1）计算将不完全缓和曲线延伸为完全缓和曲线所补充的长度 Δl 以及完全缓和曲线的长度 l_0。

（2）以 $l_i = l + \Delta l$（l 为曲线点到 YH 点的曲线长）为参数按式 (4-37)~式 (4-39) 计算曲线点的切线坐标系下的坐标及该点的切线与 ZH 点切线的夹角。

（3）根据设计资料求出 YH 点测量坐标系下的坐标以及 YH 点处的切线在测量坐标系中的坐标方位角。

（4）以 $l_i = \Delta l$ 为参数按式 (4-37)~式 (4-39) 计算 YH 点的切线坐标系下的坐标及该点的切线与 ZH 点切线的夹角。

（5）通过坐标转换的方法计算 ZH 点在测量坐标系下的坐标及其切线的坐标方位角。

（6）按式 (4-41)~式 (4-43) 计算各曲线点的测量坐标系下的坐标及该点的切线坐标方位角。

4.7 曲线弦线的偏角和夹角的计算

曲线段道路的线形相对复杂，勘测和施工阶段的测量工作相对较难。在纵横断面测绘、中桩和边桩测设等工作中，如果能够计算出曲线偏角和夹角并加以利用，将会提高工作效率。

4.7.1 圆曲线偏角、夹角的计算方法

如图 4-24 所示，圆曲线的半径为 R，A、B 两点到 ZY 点的曲线长分别为 l_A、l_B，则

$$\theta_1 = \frac{l_B - l_A}{2R} \times \frac{180°}{\pi} \tag{4-57}$$

$$\theta_2 = \frac{l_B}{2R} \times \frac{180°}{\pi} \tag{4-58}$$

$$\theta_4 = \frac{l_A}{R} \times \frac{180°}{\pi} \tag{4-59}$$

$$\theta_3 = \theta_2 - \theta_1 = \frac{l_A}{2R} \times \frac{180°}{\pi} \tag{4-60}$$

4.7 曲线弦线的偏角和夹角的计算

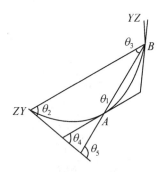

图 4-24 圆曲线偏角、夹角计算示意图

$$\theta_5 = \theta_4 + \theta_1 = \frac{l_A + l_B}{2R} \times \frac{180°}{\pi} \tag{4-61}$$

4.7.2 缓和曲线偏角、夹角的计算方法

1. 缓和曲线偏角的计算方法

如图 4-25 所示，A 点到 ZH 点的曲线长为 l_A。按照式(4-40)可得 A 点的偏角为

$$\theta_1 \approx \frac{l_A^2}{6Rl_0} \times \frac{180°}{\pi} \tag{4-62}$$

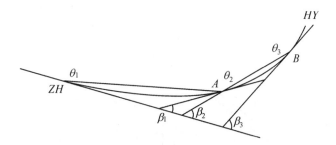

图 4-25 缓和曲线偏角、夹角计算示意图

2. 弦线与切线夹角的计算方法

在图 4-25 中，按式(4-30)可得：

$$\beta_1 = \frac{l_A^2}{2Rl_0} \times \frac{180°}{\pi}, \quad \beta_3 = \frac{l_B^2}{2Rl_0} \times \frac{180°}{\pi}$$

再取 $x_A \approx l_A$，$y_A \approx \dfrac{l_A^3}{6Rl_0}$，$x_B \approx l_B$，$y_B \approx \dfrac{l_B^3}{6Rl_0}$，则

$$\tan\beta_2 = \frac{y_B - y_A}{x_B - x_A} = \frac{l_A^2 + l_A l_B + l_B^2}{6Rl_0} \tag{4-63}$$

β_2 一般比较小,可以近似认为 $\beta_2 \approx \tan\beta_2$,于是可得

$$\beta_2 \approx \frac{l_A^2 + l_A l_B + l_B^2}{6Rl_0} \times \frac{180°}{\pi} \tag{4-64}$$

$$\theta_2 = \beta_2 - \beta_1 = \frac{(l_B - l_A)(2l_A + l_B)}{6Rl_0} \times \frac{180°}{\pi} \tag{4-65}$$

$$\theta_3 = \beta_3 - \beta_2 = \frac{(l_B - l_A)(2l_B + l_A)}{6Rl_0} \times \frac{180°}{\pi} \tag{4-66}$$

4.8 竖 曲 线

道路纵断面是由许多不同坡度的坡段连接成的,坡度变化点称为变坡点。在变坡点处相邻两坡度的代数差称为变坡点的坡度代数差,记为 Δi,坡度代数差对车辆运行的安全平稳性有很大的影响。为了缓和坡度在变坡点处的急剧变化,变坡点的坡度代数差 Δi 不应超过规定限值,若超过限值,则坡段间应以曲线连接。这种在道路纵坡的变换处竖向设置的曲线称为竖曲线。连接两相邻坡度线的竖曲线,可以用圆曲线,也可以用抛物线,我国铁路工程中多采用圆曲线。竖曲线的半径越大对行车越有利,在工作量不过分加大的情况下,为了改进交通条件,竖曲线的半径应当尽可能加大。

下面简要介绍竖曲线的测设。如图 4-26 所示,由于坡度的数值不大,纵断面上的曲折角可以被认为

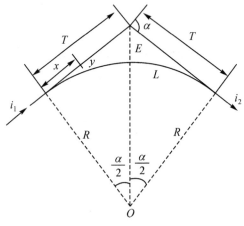

图 4-26 竖曲线

$$\alpha = \Delta i = i_1 - i_2 \tag{4-67}$$

式中:i_1、i_2——两相邻的纵向坡度值;

Δi——变坡点的坡度代数差。

曲线要素除了半径 R 及纵向转折角 α 外,还有以下各要素:

1. 竖曲线切线长度 T

由图 4-26 得, $T = R \cdot \tan \dfrac{\alpha}{2}$。因为 α 很小,故 $\tan \dfrac{\alpha}{2} \approx \dfrac{\alpha}{2} = \dfrac{1}{2}(i_1 - i_2)$,所以

$$T = \frac{1}{2} R \cdot (i_1 - i_2) = \frac{R}{2} \cdot \Delta i \tag{4-68}$$

2. 竖曲线长度 L

由于转折角 α 很小,所以

$$L \approx 2T \tag{4-69}$$

3. 竖曲线上各点高程及外矢距 E

如图 4-26 所示,以竖曲线的起点(或终点)为原点,以坡度线方向为 x 轴、半径方向为 y 轴建立坐标系。由于 α 很小,故可以认为曲线上各点的 y 坐标方向与半径方向一致,也认为各点的 y 坐标是切线上与曲线上的高程差,所以有 $(R+y)^2 = R^2 + x^2$,于是得 $2Ry = x^2 - y^2$。又因为 y^2 与 x^2 相比较,其值甚微,可以略去不计,故有 $2Ry = x^2$。所以

$$y = \frac{x^2}{2R} \tag{4-70}$$

算得高程差 y,即可按坡度线上各点高程,计算各曲线点的高程。

从图 4-26 中还可以看出,y 的最大值为 E,故

$$E = \frac{T^2}{2R} \tag{4-71}$$

例 4.1 某铁路为 I 级线路,某处相邻坡段的坡度分别为 +4‰ 和 −6‰,变坡点的里程为 $DK217+240.00$,变坡点的高程为 418.69m,该坡段以 $R = 10000$m 的凸形竖曲线连接,并在曲线上每相距 10m 设置一曲线点,试计算其放样要素。

解:根据计算公式,该竖曲线的各项要素计算如下:转向角 $\alpha = 0.010$、切线长 $T = 50$m、曲线长 $L = 100$m、外矢距 $E = 0.125$m。根据变坡点的里程可计算曲线上其他各点的里程:竖曲线起点里程 = 变坡点里程 − T = $DK217+190$;竖曲线终点里程 = 起点里程 + T = $DK217+290$。

坡度线上各点的高程 H_i',可以根据变坡点的高程 H_0'、坡段的坡度 i_1、i_2 及曲线点的间距求得。竖曲线上的设计高程 $H_i = H_i' - y_i$,计算结果如表 4-2 所示。

竖曲线上各点的放样,可以根据各点的里程及高程,以附近已放样的桩号为依据,采用量距的方式向前或向后量取相应距离确定各点平面位置,并设置标桩。然后再根据附近已知的高程点按第 3 章中介绍的高程放样方法进行各曲线点设计高程的放样。

表 4-2 竖曲线上各点高程的计算

点号	桩号	x/m	y/m	坡度线高程 H_i'/m	设计高程 H_i/m
起点	$DK217+190$	0	0.00	418.49	418.49
	+200	10	0.00	418.53	418.53
	+210	20	0.02	418.57	418.55
	+220	30	0.04	418.61	418.57
	+230	40	0.08	418.65	418.57
变坡点	$DK217+240$	50	0.12	418.69	418.57
	+250	40	0.08	418.63	418.55
	+260	30	0.04	418.57	418.53
	+270	20	0.02	418.51	418.49
	+280	10	0.00	418.45	418.45
终点	$DK217+290$	0	0.00	418.39	418.39

注：表中 x 值为竖曲线上点与起点或终点的里程之差；y 值可以由式(4-70)求得。

第5章 道路工程勘测设计阶段的测量工作

5.1 道路初测阶段的测量工作

根据批复的《工程项目可行性研究报告》所拟定的修建原则和设计方案，进行现场勘测，并搜集编制初步设计所需的勘察资料。踏勘过程中，应根据不同地形特点和实际情况，进行线路总体方案布设，对初拟的路线方案和比较方案进行调整或修正，确定路线走廊带，标出线路的走向和大致位置，然后进行初测。

初测是为道路工程的初步设计提供带状地形图和相关资料的踏勘测量，初测的任务包括：

(1) 线路沿线的平面控制测量和高程控制测量；
(2) 测量线路沿线的带状地形图；
(3) 收集沿线水文、地质等相关资料。

5.1.1 线路平面控制测量

在交通路线做出规划并且规划路线在实地的基本走向大致确定后，即可进行线路平面控制测量工作。《铁路工程测量规范》(TB 10101—2009)中规定，初测线路平面控制网应在CPⅠ控制网基础上建立，当初测阶段布设CPⅠ控制网困难时，可以沿线路每隔5km左右设置一对相互通视的、边长为500~1000m的GPS点，按四等GPS网技术要求施测，作为初测首级控制网。首级控制网必须与国家大地控制点联测，线路测量采用的坐标系要纳入国家大地测量坐标系，以此为基础进行初测的平面控制测量。初测阶段的平面控制测量常用GPS测量、导线测量的方法。

1. GPS测量

GPS控制网的点位除应满足GPS测量的要求外，尚需考虑有利于后续用全站仪加密布设附合导线或施工放样的需要。GPS线路控制网的点位应选择在沿线路方向离线路中线50~300m、稳固可靠且不易被施工破坏的范围内。利用GPS测量代替常规的线路初测和定测导线测量，其方向和长度应满足相应测量等级网的角度和长度精度要求，并尽可能保持点间通视，在困难情况下，可以降低为每个点上至少有1个通视方向(不一定是所有相邻点)。GPS控制网应按五等GPS网技术要求施测。

2. 导线测量

(1) 导线点的布设要求

导线测量应在 GPS 测量加密的国家大地点或首级平面控制网的基础上进行,首先要选择导线点位。这时应注意:

①导线点宜选择在地势较高的地方,且能前后互相通视。

②导线点应选择在开阔的地方,以便作为图根控制,进行地形测量。

③导线点间的距离要适中,不宜大于 400m 和小于 50m,即使地势平坦、视线清晰时,亦不应大于 500m。若使用测距仪或全站仪时,导线点间的距离可以增至 1000m,且应在不远于 500m 处增设内分点。

④导线点应尽可能接近将来的线路位置,以便为定测时所利用。

⑤桥梁及隧道两端附近,严重地质不良地段以及越岭垭口处应设置导线点。

(2) 导线测量

导线点选定后,即进行导线测量。依据《公路勘测规范》(JTG C10—2007),公路初测导线测量的主要技术要求如表 5-1 所示。

在利用国家控制点或线路首级控制点进行导线检核时,要考虑所用的控制点是否在同一个高斯投影带内,若不在同一投影带内则应进行换带计算。另外,由于国家控制点坐标均为高斯平面上的坐标,因此,在导线检核前必须先将观测的边长按式(2-4)、式(2-5)改化至高斯投影面上,然后用改化后的边长计算坐标增量,进行平差计算。

表 5-1　　　　　　　　　　　　**公路导线测量的技术要求**

等级	公路路线	附合导线长度/km	平均边长/km	测边中误差/mm	测角中误差/(″)	导线全长相对闭合差	方位角闭合差/(″)	测回数 DJ2	测回数 DJ6
一级	高速、一级公路	10	0.5	17	5	1/15000	$\pm 10\sqrt{n}$	2	4
二级	二级及二级以下公路	6	0.3	30	8	1/10000	$\pm 16\sqrt{n}$	1	3

注:表中 n 为测站数。

5.1.2 线路高程控制测量

线路高程控制测量可以采用水准测量或光电三角高程测量。

1. 水准测量

沿线路一般地段每隔约 2km 布设一水准点,在工程复杂地段约 1km 布设一水准点,在 300m 以上的大桥两端以及隧道洞口附近各布设一水准点。水准点的高程采用一组往返或两组单程水准测量的方法测定。表 5-2 为《公路勘测规范》(JTG C10—2007)中规定的各级公路和构造物水准测量的等级要求。

表 5-2　　　　　　　　　　各级公路和构造物水准测量的等级

测量项目	等级	水准路线最大长度/km
4000m 以上特长隧道、2000m 以上特大桥	三等	50
高速公路、一级公路、2000~4000m 长隧道、1000~2000m 特大桥	四等	16
二级及二级以下公路、2000m 以下隧道、1000m 以下桥梁	五等	10

2. 光电三角高程测量

采用光电三角高程测量时，可以与导线测量合并进行。导线点作为高程转点，高程转点间的距离和竖直角必须往返观测，且宜在同一气象条件下完成，斜距应加气象改正。前后视的反射镜应置平与对中，仪器高与反射镜高应读至 mm。光电测距三角高程测量，视距长度不得大于 1km，垂直角不得超过 15°。高程导线的最大长度不应超过相应等级水准路线的最大长度。光电测距三角高程测量的技术要求应符合表 5-3 中的规定。

表 5-3　　　　　　　　　光电测距三角高程测量的技术要求

等级	仪器	测距边测回数	垂直角测回数		指标差较差/(″)	垂直角较差/(″)	对向观测高差较差/mm	附合或环线闭合差/mm
			三丝法	中丝法				
四等	DJ2	往返各一次	—	3	≤7	≤7	$40\sqrt{D}$	$20\sqrt{\sum D}$
五等	DJ2	1	1	2	≤10	≤10	$60\sqrt{D}$	$30\sqrt{\sum D}$

注：D 为光电测距边长度。

对向观测宜在较短时间内进行，计算时应考虑地球曲率和大气折光差的影响。仪器高度、反射镜高度或觇牌高度，应在观测前后各量测一次。对于四等测量应采用量杆量测，其取值精确至 1mm，当较差不大于 2mm 时，取平均值；五等测量取值精确至 1mm，当较差不大于 4mm 时，取平均值。

5.1.3　地形测量

初测中的地形测量是测量沿线带状地形图，地形图的比例尺一般为 1∶2000，地形简单的平坦地区可以采用 1∶5000，困难地区使用 1∶1000。测图带的宽度与测图比例尺、地形的复杂程度有关，表 5-4 为《公路勘测规范》(JTG C10—2007) 中的相关规定。目前初测较多地采用航测方法测绘地形图，对于小范围的或局部的地区也采用地面数字成图法测绘。

表 5-4　　　　　　　　　　　　　带状地形图测图规定

测图比例尺	导线每侧的测绘宽度/m	等高线间距/m		最大视线长度/m	
		一般地段	困难地段	垂直度<12°	垂直度≥12°
1:5000	200~300	2	5	450	350
1:2000	100~150	1	2	400	300
1:1000	按需要	1	1	250	150
1:500	按需要	0.5	1	150	80

采用地面数字测图法时，应尽量以导线点作为测站，必要时可以设置一个支测站点。在地貌、地物复杂处，设置一个支测站点尚不能测出隐蔽的测点时，可以继续设置第二个支测站点。测量的方法与一般地形测量方法相同。

5.2　道路定测阶段的测量工作

定测的任务是根据批准的初步设计文件及确定的修建原则和工程方案，结合自然条件与环境，通过优化设计后进行实地定桩放线，并准确测定路线线位和构造物位置。新线定测阶段的测量工作主要有中线测量、线路纵断面测量、线路横断面测量，在局部地区还要进行大比例尺地形图的测绘，为施工图设计提供资料。高速公路、一级公路采用分离式路基时，应按各自的中线分别进行定测。

5.2.1　中线测量

中线测量是把在带状地形图上设计好的线路中线测设到地面上，并用木桩标定出来。中线测量包括放线和中桩测设两部分工作。所谓放线就是测设线路直线的各交点和直线上的转点，把直线段在地面上标定出来。线路由直线和曲线组成，在没有测设曲线之前，线路是由一系列连续的折线所确定的，其转折点称为交点，通常用 JD 加点号表示。当相邻两交点互相不通视时，或者虽然通视但距离较远时，需要在其连线上测设一点或数点，以便定交点、测量转折角、量距或延长直线时瞄准之用，这样的点称为转点，通常用 ZD 加点号表示。经过放线后再沿线路测设中线桩(千米桩、百米桩和加桩)和曲线桩，这一过程为中桩测设。当利用全站仪、GPS RTK 等设备进行中线测量时，可以一次性的将所有中线控制桩和中线桩放样出来，不必再分步进行。

1. 放线

放线常用的方法有拨角放线法、支距法、极坐标法和 GPS RTK 法。高速公路、一级公路应采用极坐标法或 GPS RTK 法放线；二、三、四级公路根据实际情况可以采用拨角法、支距法或坐标法等放线。随着测绘技术的进步，设计单位和施工单位均普遍采用全站仪极坐标法或 GPS RTK 法进行定线测量和施工复测，铁路工程中勘测、施工放线均使用CPⅠ、CPⅡ控制点或在其基础上加密的控制点，公路工程中也都使用线路控制点或加密控制点。线路中线控制桩已不再作为勘测、施工放线的控制基准,其作用是为了勘测设计阶段专业调查和临时加桩使用以及施工单位在施工清场时对线路走向有所了解。利用全站仪或 GPS RTK 进行勘测和放样,现场放出的交点或副交点对勘测设计和施工测量均没有多大的作用,因此可以只放样中线控制桩和中线桩。由于所有的中线控制桩和中线桩都是依据线路控制点放出的,放线误差不积累,中线控制桩的误差不会影响中线测量的精度,因此没有必要进行线路控制桩的贯通测量。利用这两种方法进行定测的中线测量,可以在放样的同时采集点位的坐标和高程,作为纵断面测量的数据来源,可以极大地提高作业效率。

(1)拨角放线法

拨角放线法是根据在图纸上所量得的设计线路各交点的纵横坐标,计算出每一段(两交点之间)直线的距离和方向,从而计算得交点上的转向角。外业人员按照这些资料,在现场直接拨角量距,从而定出所设计的线路。该方法适用于已有初测导线的任何地区。为减小误差的累积,一般连续放出若干个交点后应与控制点闭合以作检核。其放线步骤为:

①放线资料的内业计算。首先根据图纸上定线量取各个交点的坐标,然后内业计算出各相邻两交点间距离及坐标方位角,进而计算各相邻直线段的转向角。

②放线定交点。首先于初测导线点设站,极坐标法放样第一个交点。再于第一个交点设站,根据计算出的放线资料,拨角并量距放样第二个交点或转点。然后向前逐个交点或转点按拨角量距的方法循序渐进。在测设距离的同时,可以定出直线上的中线桩(千米桩、百米桩、加桩)和曲线主点桩。

③与初测导线联测。为了防止误差累积过大,每放样 5~10km 后应与控制点联测一次,求出闭合差。水平角闭合差限差为 $\pm 25\sqrt{n}$, n 为闭合环中线上置镜和初测导线点数总和;其长度相对闭合差限差为 1/2000。若闭合差在限差以内,则可以不调整闭合差,但下一个交点应重新利用控制点放样,然后按照步骤②继续放样以后的各点。

(2)支距放线法

支距放线法适合于地形不太复杂且初测导线与设计的线路中线相距较近的地区。该方法的基本原理是在设计图上量出初测导线点和线路中线的支距,然后根据实地的初测导线点和支距进行实地放样。支距放线步骤为:

①获取放样数据。如图 5-1 所示,在初测地形图上,过导线点作初测导线的垂线,与初步设计线路中线相交于 ZD_1 点、ZD_2 点,这些点称为中线转点,然后在图上量出导线点到相应转点的支距。转点位置应选择在地势较高且能与相邻转点相互通视的位置上,并且设计线路的每条直线段最好有三个以上的转点。有时为了使转点位于相互通视的位置,转点与导线点的连线并不垂直于初测导线(例如图 5-1 中的 C_3 点~ZD_3 点),此时需量出转点相对于导线点的极坐标的极距和极角。

②实地放样。在现场依据各导线点利用极坐标法放样各转点。若定测后个别转点位置不适合,应现场做适当调整。

③穿线(转点的直线性调整)。由于图解放样数据的误差及各个环节的测量误差的影响,将造成同一直线上各转点放样后不在一条直线上,因此必须对它们进行调整。

④线路交点的确定。当确定了线路中线上两条相邻直线段后,应依据经调整后的两直

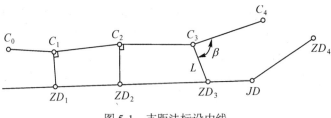

图 5-1 支距法标设中线

线段上的转点,定出两线的交点,如图 5-2 所示。

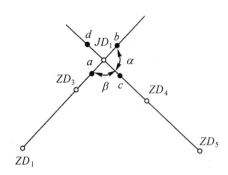

图 5-2 线路交点的确定

⑤交点定出后,应在交点上安置经纬仪实测转角(又称偏角,是线路由一个方向偏转到另一方向时所夹的角度,如图 5-2 中的 α 角)。通常是观测线路的右角 β,按下面方法计算 α:

$\beta < 180°$ 时,$\alpha_右 = 180° - \beta$(右偏角);

$\beta > 180°$ 时,$\alpha_左 = \beta - 180°$(左偏角)。

高速公路、一级公路应使用精度不低于 J6 经纬仪,采用测回法测量右角,观测一测回。两半测回间应变动度盘位置,角值相差要求在 ±20″ 以内取平均值。二级及二级以下公路两半测回角值相差要求在 ±60″ 以内取平均值。

(3)全站仪极坐标法

全站仪具有自动化、数字化、可编程等强大的功能,其极坐标法放样简单灵活,目前,道路地面测量的外业工作与部分内业数据处理几乎都可以利用全站仪完成。中线测量前首先应在室内根据设计数据计算出各放样点的坐标,然后根据线路控制点利用全站仪进行极坐标放样。利用全站仪极坐标法进行定线放样的特点为:

①采用极坐标法放线,可以根据需要不放样交点桩,其桩号、角度和距离均以计算资料为准。放线时,可以一次性放出整桩与加桩,亦可只放直线、曲线上的控制桩,其余用链距法测定。

②供链距法测定中桩的控制桩(公里桩,曲线起点桩、中点桩、终点桩等)应测定两次,其点位差不得大于 2cm,并于桩顶钉小钉以示点位。

③测站转移后,应对前一测站所放桩位重放 1~2 个桩点,以资校核。采用支导线敷设个别中桩,只限于两次传递,并应与控制点闭合。

(4) GPS RTK 法

在道路工程的测量工作中,经常会遇到线路途经丘陵、山地、树林、居民地等复杂的地形地物,此时若采用常规的全站仪极坐标法进行三维坐标放样,将面临较严重的通视困难或频繁地搬站,测量精度也难以保证。利用 GPS RTK 技术能够克服以上困难,而且作业效率较其他方法有很大的提高。用 GPS RTK 技术进行线路中线定测和施工测量时,首先计算出交点、整桩、加桩、曲线主点等所有要放样点的坐标,然后即可进行点位放样。对于个别点位无法利用 GPS RTK 技术进行测量的,应利于其他方法配合进行放样。基本作业流程是:

①收集测区控制点资料,包括控制点的坐标系、投影带、中央子午线、坐标、等级等,另外还需考察控制点的地形和位置是否适合用做 GPS RTK 基准站。

②测段布置和参数设置。道路工程的特点是纵向长而横向短,纵向上有时长达数百千米,横向上不超过数百米。受 GPS RTK 数据链传播距离的限制,在实施放样前,一般将测区分成若干个测段(测段长度一般不超过 10km),尽量使每个测段的控制点较为均匀。在 GPS 高程转换中,若利用所有控制点对整个测区进行拟合,在这个细长的测区内高程异常的变化将十分复杂,拟合的精度也不会太高。将测区进行合理分段,各测段分别确定对应的转换参数,也是保证高程精度的一项有效措施。在实际作业时,根据控制点的分布情况,在每个测段内选用不少于 3 个的公共点(既有 WGS 84 坐标又有 BJ 54 坐标或工程坐标的控制点)解算转换参数。为了得到合格的高程值,还要求出测段较准确的高程异常模型。另外还应设置相应的系统参数,如坐标系统、天线类型、限差、卫星高度角等。

③基准站的设置。一般常选择各测段中部的控制点作为基准站点,另外基准站控制点还要满足坚实稳定、地势较高、临空面广阔、交通方便等要求。在基准站接收机上输入控制点坐标、天线高等参数。

④野外点位放样。实测时在流动站上应正确输入各项参数和设计线路坐标,并做好初始化工作。然后利用机内固有的放样模式直接放样即可,放样过程中随时注意系统的工作状态和质量控制因子的变化情况。

2. 中桩测量及曲线测设

利用拨角放样法或支距放样法时,在道路的交点、转点和转折角测定之后,为标志线路中线的位置,应由线路起点开始,沿中线方向每隔一定距离钉设一个里程桩,并进行曲线测设。里程桩分为整桩和加桩两种:

(1)整桩:是按规定桩距每隔一定距离设置桩号为整数的里程桩,例如千米桩、百米桩。直线段的桩距较大,为 20~50m,而曲线段的桩距较小,为 5~20m,按曲线半径和长度选定。

(2)加桩:分为地形加桩、地物加桩、曲线加桩、关系加桩、工程地质加桩。地形加桩是指沿中线地面起伏突变处、横向坡度变化处、天然河沟处等所设置的里程桩;地物加桩是指沿中线有人工构筑物的地方如桥梁、涵洞、设计道路与其他道路、渠道等的交叉处等所设置的里程桩;曲线加桩是指曲线上的主点桩,如 QZ 点、YZ 点等;关系加桩是指道路上的转点桩和交点桩。

中线上的距离测量应用全站仪往返测量,在限差以内时取平均值。中桩上应注明里程。由于局部地段改线等原因导致里程不连续,出现实际里程与原桩号不一致的现象,称为断链。当桩号里程大于实际里程时,称为短链,反之称为长链。在出现断链时,为了不牵动全线桩号,在局部改线或发生差错的地段仍采用老桩号,并在新老桩号变更处设置断链桩,其写法为:新 K2+100=原 K2+080(长链 20m),等号左边为来向里程(新桩号),等号右边为去向里程(旧桩号),并写明长链或短链及数值。

5.3 道路纵横断面测量

5.3.1 道路纵断面的测绘

表示道路沿线地形起伏情况的纵断面图,是道路纵向坡度、桥面位置、隧道洞口位置等设计的基础资料。道路纵断面的测量,就是利用线路高程控制点测量线路中桩高程。测量前,应对线路高程控制点按原测方法和精度逐一进行检查,符合精度要求时采用原测高程,超出精度时应进一步复测确认并更正,若有丢失或损坏,应恢复或补设。高程控制点距定测中线应尽量控制在 50~200m 范围内,过小或过大时,应予以迁移设置。

高程控制点检测后,以其为依据测出各里程桩、加桩处的高程,中桩高程测量应起闭于沿线的高程控制点,其允许误差:高速公路、一级公路为 $\pm 30\sqrt{L}$ mm;二级及二级以下公路为 $\pm 50\sqrt{L}$ mm。中桩高程检测限差:高速公路、一级公路为 $\pm 5cm$;二级及二级以下公路为 $\pm 10cm$。中桩高程应测量桩位处的地面标高。对沿线需要特殊控制的建筑物、管线、铁路轨顶等,应按规定测出其标高,其检测限差为 $\pm 2cm$。相对高差悬殊的少数中桩高程,可以采用三角高程测量或单程支线水准测量。

在中线测量时,如果采用全站仪极坐标法或 GPS RTK 法,可以在放样中线点的同时利用全站仪三维坐标测量或 GPS RTK 测量的方法测量该中线点的高程,直接获得纵断面测量数据。采用其他中线测量方法时,一般采用水准仪测量方法测量纵断面,如图 5-3 所示,将水准仪安置于①,读取水准点 BM.1 的水准尺读数,作为后视读数。然后依次读取

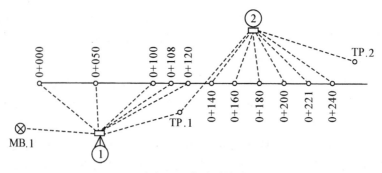

图 5-3 中平测量

各中桩的水准尺读数，由于这些尺读数是独立的，不传递高程，故称为中视读数。最后读取转点 TP.1 的读数，作为前视读数。再将仪器搬至②，后视 TP.1 点，重复上述方法，直至闭合于水准点 BM.2。

根据里程桩号和测得的高程，按一定的比例绘制成表示沿线地面起伏情况的纵断面图。线路纵断面图采用直角坐标法绘制，以中桩的里程为横坐标，以其高程为纵坐标。常用的里程比例尺有 1∶2000 和 1∶1000，为明显表示地形起伏状态，通常使高程比例尺为水平比例尺的 10~20 倍。图 5-4 为线路纵断面图实例。

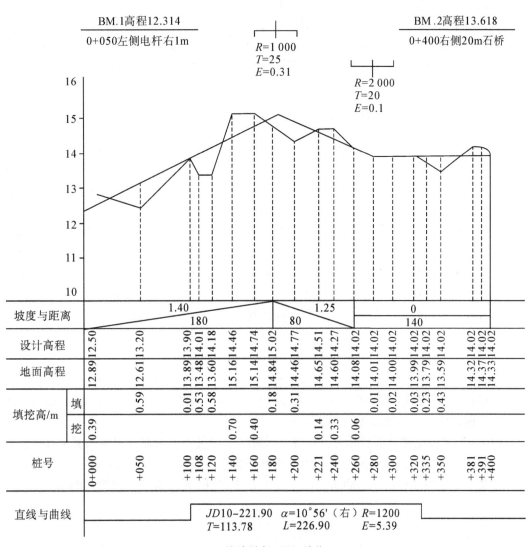

图 5-4 线路纵断面图(单位：m)

纵断面图的下部绘有表格栏，注记有关测量和纵坡设计的资料，一般包括以下几项内容：

(1)坡度与距离：该栏所绘斜线表示设计坡度，从左至右向上斜的表示上坡，下斜的表示下坡，水平线表示坡度为零，在斜线上注明坡度，在斜线下注明坡长。

(2)设计高程：在线路纵坡设计确定后推算得到，如果设计了竖曲线，应考虑竖曲线的影响。

(3)地面高程：按测量的中线桩高程成果填写。

(4)填挖高：是指填高和挖深，其值等于设计高程减地面高程，"+"表示填，"-"表示挖。

(5)桩号或里程：在横坐标轴上依相应比例尺标注各里程桩号。

(6)直线与曲线：表示线路的平面线型，直线段用直线表示，曲线段用带直角的向上或向下凸出的折线表示，线路自左向右前进，上凸的表示曲线右偏，下凹的表示曲线左偏，每一个曲线的起点和终点的位置按它们的里程来确定，并注明交点编号、转折角大小和曲线半径等内容。

5.3.2 线路横断面的测绘

在铁路、公路设计中，若线路的纵断面图还不能满足路基、隧道、桥涵、站场等专业设计以及计算土石方量等方面的要求，还必须测绘横断面图。线路横断面测量的主要任务是在各中桩处测定垂直于线路中线方向的地面起伏，然后绘制横断面图。横断面图是设计路基横断面、计算土石方和施工时确定路基填挖边界的依据。横断面测量的宽度，由路基宽度及地形情况确定，一般在中线两侧各测 15~50m。横断面施测宽度应满足路基及排水设计需要。

在线路上，一般应在曲线控制点、千米桩和线路纵、横向地形明显变化处测绘横断面。在大中桥头、隧道洞口、挡土墙等重点工程地段，应适当加密横断面。横断面的方向，在直线地段与线路方向垂直；在曲线地段与各点的切线方向垂直。

1. 横断面上点位的测定

横断面上中桩的地面高程已在纵断面测量时测出。横断面测量就是测定横断面上各地形特征点相对于中桩的平距和高差，可以采用经纬仪、水准仪+皮尺、全站仪、GPS RTK 等测定。横断面测量的限差如表 5-4 所示。

(1)采用经纬仪测量横断面时，是将仪器置于中线桩上，量取仪器高和目标高，依次将目标置于中线桩两侧横断面方向上的各地形变化点，仪器照准目标测量视距和垂直角，计算各观测点相对中桩的水平距离与高差。该方法宜用于地形起伏变化较大的山区。

表 5-4　　　　　　　　　　横断面测量的限差

线路类型	距离限差/m	高程限差/m
铁路、高速公路、一级公路	$L/100+0.1$	$H/100+L/200+0.1$
二级及二级以下公路	$L/50+0.1$	$H/50+L/100+0.1$

注：H、L 分别为测点至中桩的高差和水平距离，m。

(2)采用水准仪+皮尺法测量横断面时,由方向架确定断面方向,皮尺量距,水准仪测量高差。该方法适用于地形平坦的地区。

(3)采用全站仪测量横断面时,可以将仪器置于中线桩上,照准横断面方向,直接测量中线桩两侧各地形变化点的水平距离与高差。也可以将全站仪置于控制点上进行横断面测量,这种方法可以实现一个测站观测多个横断面,效率非常高,但是测量时需要确定横断面的方向,另外对观测结果需要通过计算才能获得相对于其中桩的平距和高差。

(4)利用 GPS RTK 测量道路的横断面,是效率最高的方法。但是与全站仪任意设站测量横断面的方法相似,采用 GPS RTK 测量横断面时需要确定横断面的方向,对观测结果也需要通过计算才能获得相对于其中桩的平距和高差。

2. 绘制横断面图

绘制横断面图的纵横比例尺相同,一般采用 1∶100 或 1∶200。如图 5-5 所示,在横断面图上应标定中桩位置和里程,并逐一将地面特征点绘制在图上,再连接相邻点,即绘制出横断面图。

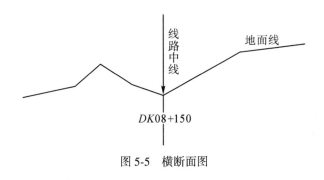

图 5-5 横断面图

5.4 既有线路测量

为了增强铁路、公路的运输能力,除修建新线之外,对既有线路进行技术改造也是一种有效措施。既有线路的勘测设计与新建线路一样,即经过方案研究、初测、初步设计、定测和施工设计。既有线路的勘测工作主要集中在初测阶段,包括线路的平面测绘、纵横断面测绘、地形测绘等;定测的测量工作应尽量利用初测资料,定测与初测的内容基本上相同,主要区别在于:初测中可以做得较为简略,而定测时应作详细的测绘。既有线路勘测的主要特点是:勘测基本上沿着既有线路进行,较之新线勘测减少了大量的选线测量工作。既有线路平面测绘实质上是新线勘测中测设中线的反转过程,新线勘测中是把设计好的中线测设到地面,根据计算好的曲线要素、长度和转角测设曲线。而既有线路平面测绘则是把已经建成的线路详细现状测绘出来,根据测绘的资料反过来求算曲线的转角、半径、长度等曲线要素,以便在此基础上设计新的曲线。

既有线路测量的主要内容有:既有线路里程丈量、线路调绘、高程测量、横断面测量、线路平面测绘、地形测绘、站场测绘、设备调查等。既有线路测量可以采用钢尺丈量、全站仪极坐标法、偏角法等方法。另外，用 GPS RTK 技术进行铁路既有线路测量时，基准站安置在道轨旁的已知点上，流动站安置在能在轨道上开行的任何一种平板车上，随着平板车的运动，RTK 测量系统将实时地得出线路中线各点的三维坐标，一次性完成平面与高程测量。

5.4.1 里程丈量

里程丈量是为了在既有线路上定出千米桩、百米桩和加桩的位置，作为勘测设计和施工的里程依据，也是既有线路平面坐标计算的长度依据。

里程丈量从车站中心或桥梁、隧道建筑物中心的既有里程引出，按原有里程方向连续推算。里程丈量使用钢尺丈量两次，较差在 1/2000 以内时，以第一次丈量的里程为准。同时与既有桥梁、隧道、车站等建筑物的里程核对，并记录其差数。铁路里程丈量，直线地段可以沿左轨轨面丈量；曲线段沿线路中心丈量。里程丈量时，应设千米桩、半千米桩、百米桩和加桩。千米桩和半千米桩写全里程，百米桩和加桩可以不写千米数。

在下列地点设置加桩，并分别规定里程取位：

(1) 曲线地段每 20m 应设置加桩，其里程为 20m 的整倍数。

(2) 桥梁中心、桥台胸墙和台尾、涵洞中心、隧道进出口、车站中心、进站信号机、道岔中心等，取位至厘米。

(3) 涵渠、渡槽、平交道口、跨线桥、坡度桩、跨越铁路的电力线、通信线、地下管道等中心，取位至分米。

(4) 地形变化处、路堤和路堑边坡的最高和最低处、路堤路堑交界处、路基宽度变化处、路基病害地段，取位至米。

5.4.2 线路调绘

线路调绘又称为横向测绘，是对既有线路两侧 30~50m 以内的地物、地貌进行调查和测绘。其目的是作为修改和补充既有线路平面图以及拆迁建筑物、路基加宽、防护、排水系统布置以及第二线左右侧选择等意见的依据。

5.4.3 高程测量

既有线路高程测量的目的是沿线路检测已有水准点和补设新的水准点，测量沿线所有百米桩和加桩处钢轨顶面的高程。测量工作分为水准点高程测量和中桩高程测量。

对既有水准点的编号、地点等进行核实。另外，在必要的地点，如大桥两端、隧道洞口、车站以及连续 2km 以上无既有水准点的地段进行补设。补设或增设的水准点其高程应自邻近水准点引出，并与另一既有水准点联测。水准点高程测量要求进行两次，可以采用一组往返测或两组单程测量，两次测量较差以及与既有水准点高程的闭合差在 $\pm 30\sqrt{K}$ mm (K 为相邻水准点间的线路长度，km) 以内时，采用原有高程；若超过限差并确认既有水准点高程有误，可以更改原有高程。

中桩高程测量应测两次，高程线路应起闭于水准点，当闭合差在 $\pm 30\sqrt{K}$ mm 以内时，按转点个数平差后推算中桩高程，当两次较差在±20mm 以内时，以第一次测量为准。直线地段测左轨轨面，曲线地段测内轨轨面，读数至毫米。

5.4.4 站场测绘

站场平面图的比例尺为 1∶2000 或 1∶1000，其测绘范围根据需要确定，除了要测绘站场及其周围的地形外，还要对站内既有建筑和设备进行测绘，测量的主要内容有：基线测量、高程测量、横断面测量、站场平面测绘、地形测绘、站内股道及线路测量、道岔测量等。

5.4.5 桥涵测量

既有桥涵丈量应在调查和相关资料的基础上进行。丈量的数据必须核对，并查明各部位的建筑材料等相关情况。既有桥涵测量的精度要求如下：

(1) 长度采用钢尺丈量，钢结构物尺寸取至毫米位，其余结构物尺寸取至厘米位。

(2) 大中桥的桥长、跨度、桥墩中心间的长度，两次丈量的较差应不大于 1/2000。

(3) 丈量完后，应根据丈量草图、断面、水文、地质等资料绘制丈量图。丈量图的比例尺为 1∶50~1∶200。

(4) 高程以水准施测，其精度不低于水准点高程测量的精度。

第6章 道路工程施工测量

6.1 路基施工与竣工测量

路基施工测量的主要任务是放样出作为施工依据的桩点。这些桩点是指线路中心位置的中线桩和路基施工边线的边桩。

6.1.1 线路复测

线路中线桩在定测时已在地面标定，但由于施工与定测相隔时间较长，施工时往往桩点已丢失、损坏或移位，在施工之前必须进行中线的恢复工作和对定测资料进行可靠性和完整性检查，这项工作称为线路复测。线路复测工作的内容和方法与定测时基本相同。复测前，施工单位应检核线路测量的相关图表资料，会同设计单位进行现场桩橛交接。主要桩橛有：直线转点、交点、曲线主点、相关的平面和高程控制点等。

线路复测内容包括：全线的 GPS 控制点、导线点、高程控制点、线路转向角测量、直线转点测量和曲线控制桩测量等。其目的是检查定测质量和恢复定测桩点，而不是重新测设，所以要尽量按定测桩点进行。若桩点丢失和损坏，则应予以恢复；若复测和定测成果的误差在允许范围之内，则以定测成果为准；若超出允许范围，应查找原因，确实能证明定测资料错误或桩点移位时，方可采用复测资料。

中桩点在施工中将被填挖掉，因此在线路复测后，路基施工前，对中线的主要控制桩，如交点、直线转点、曲线五大桩(即 ZH 点、HY 点、QZ 点、YH 点、HZ 点)等应设置护桩。护桩位置应选择在施工范围以外不易被破坏的地方。一般设两根交叉的方向线，交角不小于 60°，每一方向上的护桩不少于 3 个。为便于寻找护桩，护桩的位置用草图及文字作详细说明。

6.1.2 路基边线放样

路基的填方称为路堤，挖方称为路堑。修筑路基之前，需要在地面上把路基工程填挖边界线标定出来，这项工作称为路基边线放样。路基边线放样是用木桩标出路堤坡脚线或路堑坡顶线的位置，作为修筑路基填挖方开始的范围。设计横断面与地面实测横断面之间所围的面积就是待施工(填或挖)的区域。根据相邻两个横断面面积和断面的间距，就可以计算出施工土方量。测设边桩可以用下列方法。

1. 从横断面图上求出边桩位置

当所测的横断面图具有足够的精度时,可以在横断面图上根据设计绘制出路基断面,则左右两侧边桩离中线桩的水平距离从图上可以直接量出。根据图上所得距离和实地已放样的中桩,便可以放出边桩,这是测设边桩最简单的方法。

2. 平坦地面路基边桩位置的测设

如图 6-1 所示,在平坦地面,路基边桩到中线桩的水平距离 D_1 和 D_2 可以按下式计算

$$D_1 = D_2 = \frac{b}{2} + m \cdot H \tag{6-1}$$

式中:b——路堤的路基顶面宽度(或路堑的路基顶面宽加侧沟和平台的宽度);
m——边坡的坡度比例系数;
H——中桩的填挖高度,可以从纵断面图或填挖高表上查得。

3. 倾斜地面路基边桩位置的测设

当在倾斜地面上测设路基边桩位置时,不能利用式(6-1)计算路基边桩的水平距离,且路基两侧边桩的距离 D_1 和 D_2 一般也不相等,此时可以用试探法。如图 6-2(a)所示,对于路堤坡下一侧边桩的测设,先估计大致的坡脚位置,假定在 1 点处,然后用水准仪测出 1 点与中桩的高差 h_1,再量出 1 点离中桩的水平距离 D_1'。坡脚位置到中桩的距离应为

$$D_1 = \frac{b}{2} + m(H + h_1) \tag{6-2}$$

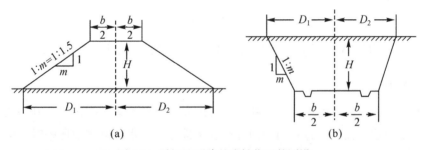

图 6-1 平坦地面路基边桩位置的测设

若计算所得的 D_1 大于 D_1',说明坡脚应位于 1 点之外;若 D_1 小于 D_1',说明坡脚应在 1 点之内。按照差数 $\Delta D_1 = D_1 - D_1'$ 移动水准尺的位置,再次按上述过程重复试测,直至 $\Delta D_1 <$ 0.1m 时,立尺点即可认为是坡脚的位置。从图 6-2(a)上可以看出:计算出的 D_1 是 2 点到中桩的距离,而实际坡脚在 3 点,为减少试测次数,在路堤的坡下一侧,移动尺子的距离应稍大于 $|\Delta D_1|$。这样,一般试测一两次即可找出所需的坡脚点。

在路堤的坡上一侧,D_2 的计算式为

$$D_2 = \frac{b}{2} + m(H - h_2) \tag{6-3}$$

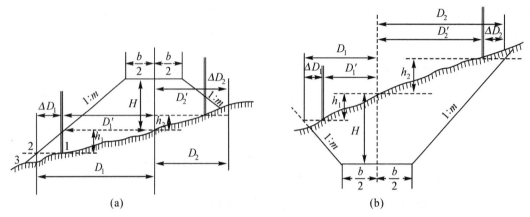

图 6-2 倾斜地面路基边桩位置的测设

实际测得的距离为 D_2'。根据 $\Delta D_2 = D_2 - D_2'$ 来移动尺子,但移动的距离应略小于 $|\Delta D_2|$。

如图 6-2(b)所示,当测设路堑的边桩时,在坡下一侧,D_1 按下式计算:

$$D_1 = \frac{b}{2} + m(H - h_1) \tag{6-4}$$

实际量得为 D_1',根据 $\Delta D_1 = D_1 - D_1'$ 来移动尺子,但移动的距离应略小于 $|\Delta D_1|$。

在路堑的坡上一侧,D_2 按下式计算:

$$D_2 = \frac{b}{2} + m(H + h_2) \tag{6-5}$$

实际量得为 D_2',根据 $\Delta D_2 = D_2 - D_2'$ 来移动尺子,但移动的距离应稍大于 $|\Delta D_2|$。

4. 边坡样板法

施工前按照设计边坡度做好边坡样板,边坡样板形状为直角三角形,其锐角的大小与路基边坡坡度一致,在其一直角边的顶部设置水准器。当水准器气泡居中时,样板的斜边所指示的坡度为设计边坡坡度。当地面斜坡不大时,利用边坡样板来放样路基边桩,非常方便。如图 6-3 所示,对于路堤坡下一侧边桩的测设,先计算水平距离 L 的值($L = H \times m + b/2$),用钢尺从中桩沿法线方向量出距离 L 得到 A 点。然后用水准仪在 A 点的木桩上测出与中桩地面等高的位置,在该位置设置边坡样板,使边坡样板的一直角边靠在 A 点直立的木桩上,则边坡样板斜边所指的方向与地面的交点就是路基边坡点。在路堤的上坡一侧,从中桩沿法线量取距离 $b/2$ 得 B 点,在 B 点竖立木桩,在木桩上测设相应的路基坡顶高程得 B' 点,在 B' 点安置边坡样板,使其一直角边垂直靠在木桩上,则边坡样板斜边所指的方向与地面的交点就是路基边坡点。路堑边桩放样的方法大体相似,此处不再一一叙述。

6.1 路基施工与竣工测量

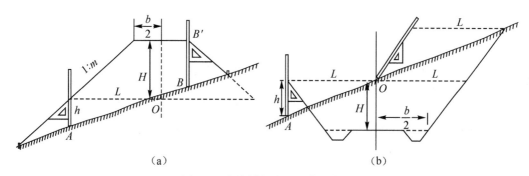

图 6-3 边坡样板法测设路基边桩

6.1.3 路基高程放样

路基高程的放样是通过中桩高程测量，在中桩和路肩边上竖立标杆，标杆上画出标记，表示需要填筑的高度。如果填土高度较大，标杆长度不够时，可以在桩上先画出一标记，再注明填土高度到标记以上若干米。挖土时，在标杆上画一记号，再注明需要下挖的尺寸。待土方接近设计标高时，再用水准仪精确标出最后应达到的标高。对于高填方路堤或深挖路堑施工，应每施工一定的高度，就进行一次施工高度处边桩和高程的放样。

6.1.4 路基边坡的测设

对于高填方或深挖方路基，施工中路基断面的控制非常重要，通常采用下面方法：

1. 路堤边坡与填高的控制方法

路堤填土时，应按铺土厚度及边坡坡度往上填土。每填高 1m，应在填土高度处测设边桩，校对填筑面宽度，并将标杆移至填筑面边上，显示正确的边线位置。填至路堤顶面时，要重新测设一次中桩，检查路堤的宽度、横坡、边坡、纵坡。

2. 路堑边坡及挖深的控制方法

路堑机械开挖过程中，一般都需配合人力同时进行整修边坡工作。每挖深 1~1.5m 应测设边坡，复核路基宽度，并将标杆向下移到挖土面的正确边线位置上。挖至路堑底面时，要重新测设一次中桩，检查路堤的宽度、横坡、边坡、纵坡。

为了保证填挖的边坡达到设计要求，有时还应实地标定设计边坡，以方便施工。可以采用下面方法：

(1) 用竹竿、绳索测设边坡

如图 6-4 所示，O 处为中桩，A、B 处为边桩，O 与 C、D 两点间距为路基宽度的一半。测设时在 C、D 处竖立竹竿，高度等于其相应的填土高度 H，将 A、C'、D'、B 用绳索连接，则设计边坡展现于实地。当路堤填土不高时，可以按上述方法一次挂线。当路堤填土较高时，可以分层挂线，如图 6-5 所示。

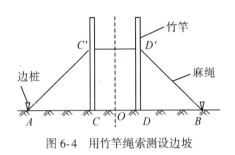
图 6-4 用竹竿绳索测设边坡

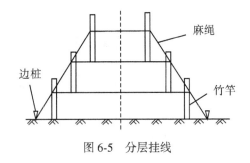
图 6-5 分层挂线

(2) 用边坡样板测设边坡

施工时，利用边坡样板测设与检核路堤或路堑的边坡。如图 6-6 所示，在路堑开挖过程中，在边桩外侧立固定的边坡样板，可以方便控制边坡开挖。

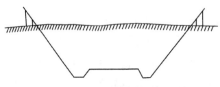
图 6-6 用边坡样板控制路堑边坡

6.1.5 路基竣工测量

在路基土石方工程完工后，应进行竣工测量，其目的是最后确定中线位置，同时检查路基施工质量是否符合设计要求。这项工作的内容包括中线测量、高程测量和横断面测量。

1. 中线测量

首先根据护桩将主要控制点恢复到路基上。在有桥梁、隧道的地段，进行线路中线贯通测量，应检查桥梁、隧道的中线是否与恢复的线路中线相符合。贯通测量后的中线位置应符合路基宽度和建筑物接近限界的要求，同时中线控制桩和交点桩应固桩。

在中线上，直线地段每 50m、曲线地段每 20m 测设一桩。道岔中心、变坡点、桥涵中心等处需钉设加桩。全线里程自起点连续计算，消除由于局部改线或假设起始里程而造成的里程"断链"。

2. 高程测量

竣工时应将水准点引测到稳固建筑物上或埋设永久性混凝土水准点，其间距不应大于 2km，其精度与定测时要求相同，全线高程必须统一，消除因采用不同高程基准而产生的"断高"。然后对线路中桩进行高程测量，实测中桩高程与设计高程之差不应超过 5cm。

3. 横断面测量

横断面测量主要检查路基横坡、宽度、边坡坡度、侧沟与天沟的深度和宽度，与设计值之差不得大于 5cm，路基护道宽度误差不得大于 10cm。若不符合要求且误差超限时，应进行整修。

6.2 公路路面施工测量

公路路面施工是公路施工的最后一个环节，对施工放样的精度要求要比路基施工阶段高。为了保证精度、便于测量，通常在路面施工之前，将线路两侧的平面和高程点引测到路基上，一般设置在桥台上、涵洞的压顶石上等，这样高程点不易被破坏。引测的控制点，要进行附合或闭合测量，精度应满足相关要求。

路面施工阶段的测量工作仍然包含恢复中线、放样高程、测量边线。

6.2.1 路槽放样

如图 6-7 所示为某一高速公路路面结构示意图，上行、下行的路面宽(等于路槽宽)都为 11.25m，中央隔离带宽 2m，两侧路肩宽都为 0.75m，路面横坡为 1.5%。路基竣工后在粗平的顶面上恢复中线，每隔 10m 加密中桩，再沿各中桩的横断面方向向两侧通过距离测量得到路槽边桩、路肩边桩。然后用高程放样的方法使中桩、路槽边桩、路肩边桩的桩顶高程等于将来要铺筑的路面高程。在各路槽边桩的旁边挖一个小坑，在坑中钉桩，然后用高程放样的方法使桩顶高程等于槽底的设计高程，以指导路槽的开挖和修整。低等级公路一般采用挖路槽的路面施工方式，路槽修整完毕，便可以进行路肩和路面施工。高等级公路一般采用路肩的路面施工方式，路槽开挖修整要进行到路肩边缘。各个桩位、高程桩放样时应注意，曲线路段往往设置加宽和超高。

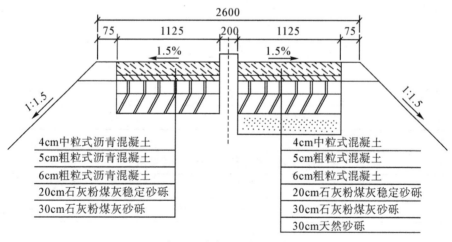

图 6-7 高速公路路面示意图(单位：cm)

机械施工时，木桩不易保存，因此路中心和路槽边的路面高程可以不放样，而在路槽修整后，在路槽底上放置相当于路面加虚方厚度的木块作为路面施工的高程参照。

6.2.2 路面放样

公路路面各结构层的放样仍然是先恢复中线,由其控制边线,再放样各结构层的高程。

公路路面边桩放样可以先放样中线,再根据中线位置和横断面尺寸用钢尺丈量放样边线,各结构层的高程放样可以采用水准测量的方法。在高等级公路路面施工中,常常直接利用全站仪或 GPS RTK 技术根据边桩的设计坐标和高程进行放样。表 6-1、表 6-2、表 6-3 为《公路工程质量检验评定标准》(JTG F80/1—2012)中对公路面层、基层、底基层放样的精度的规定。

表 6-1　　路面面层放样的精度要求

检查项目		水泥混凝土面层		沥青类混凝土面层		沥青灌入式面层	沥青表面处治面层
		高速、一级	其他公路	高速、一级	其他公路		
中线平面偏位/mm		±20		±20		±30	±30
纵断高程/mm		±10	±15	±15	±20	±20	±20
宽度/mm	有侧石	±20		±20	±30	±30	±30
	无侧石			≥设计值	≥设计值	≥设计值	≥设计值
横坡/(%)		±0.15	±0.25	±0.3	±0.5	±0.5	±0.5

表 6-2　　水泥稳定粒料基层和底基层放样的精度要求

检查项目	基层		底基层	
	高速、一级	其他公路	高速、一级	其他公路
中线平面偏位/mm	±50		±50	
纵断高程/mm	−10~5	−15~5	−15~5	−20~5
宽度/mm	≥设计值		≥设计值	
横坡/(%)	±0.3	±0.5	±0.3	±0.5

表 6-3　　石灰土基层和底基层放样的精度要求

检查项目	基层		底基层	
	高速、一级	其他公路	高速、一级	其他公路
中线平面偏位/mm	±50		±50	
纵断高程/mm	−15~5	−15~5	−15~5	−20~5
宽度/mm	≥设计值		≥设计值	
横坡/(%)	±0.5	±0.5	±0.3	±0.5

6.3 铁路轨道施工测量与竣工测量

6.3.1 铁路轨道施工之前的准备工作

线下工程竣工后,在轨道铺设前,应先进行路基、桥涵和隧道等工程的竣工测量,其目的主要是检核线下工程几何现状是否满足铺轨要求,同时贯通全线(段)的实际里程。

铁路轨道施工之前,应先对轨道控制网CPⅢ进行复测。复测时首先进行现场勘查,检查标石的完好性,对丢失和破损的标石应按CPⅢ埋设要求进行补设。复测采用的观测方法、精度指标应与原测相同。当较差满足限差要求时,应采用原测成果;较差超限时,应进行二次复测,查明原因。

铺轨工作开始前,应根据CPⅢ控制点对线路中线、道岔进行定位测量,测量精度应符合下列规定:

(1)中线桩位限差应满足纵向 $S/10000+0.005\mathrm{m}$(S 为相邻中桩间的距离)、横向 $\pm10\mathrm{mm}$ 的要求。

(2)道岔测量值与设计值较差应满足:距离 $\leqslant\pm4\mathrm{mm}$,高差 $\leqslant\pm4\mathrm{mm}$。

6.3.2 铺轨平面测量的方法和要求

(1)直线上应利用CPⅢ控制点进行轨道铺设测量。对于旅客列车设计行车速度200km/h的铁路,点位横向误差的限差为每150m不应超过10mm;旅客列车设计行车速度160km/h及以下铁路,点位横向误差的限差为每100m不应超过10mm。

(2)曲线上应按CPⅢ精度要求,在CPⅢ点间每隔60m左右设置加密基标。曲线控制点、变坡点以及竖曲线起终点处应设置加密基标,并利用CPⅢ控制点和加密基标进行轨道铺设测量。

6.3.3 铺轨高程测量的方法和要求

(1)在竖曲线里程范围内,直线上以左轨、曲线以内轨为基准线在钢轨上每5m标注一个里程点;计算每个里程点的设计高程,曲线外轨应加上设计超高值;竖曲线高程测量精度应符合表6-4中的规定,可以采用水准中视法测量,且宜在一个测站上完成整个竖曲线的测量;竖曲线范围内里程点的高程与设计值之差应小于±3mm。

(2)轨面高程应利用移设于线路附近的水准点为基准,按表6-4中规定的等级进行测量。

表6-4　　　　　　　　　轨面高程水准测量精度要求

旅客列车设计行车速度/(km/h)	水准测量等级
200	四等
160	五等

6.3.4 轨道铺设后的竣工测量

线路竣工测量应包括线路中线竣工测量、线路纵断面竣工测量、轨道铺设竣工测量和线路竣工地形图测量。

(1) 线路中线竣工测量应利用CPⅢ控制点对轨道中线进行测量。中线桩的设置应满足：直线地段宜每25m设置1个桩，曲线上宜每10m设置1个桩。另外在曲线五大桩、变坡点、竖曲线起终点、立交桥中心、桥涵中心、大中桥台前及台尾、每跨梁的端部、隧道进出口、隧道内断面变化处、车站中心、道岔中心、支挡工程的起点终点和中间变化点等处均应设置加桩。测量精度与铺轨平面测量的精度要求一致。

(2) 线路纵断面竣工测量应利用线路水准点，按表6-4中规定的精度对各中线桩对应的轨道顶面高程进行测量。

(3) 在线路锁定后，应采用轨道尺对轨道与CPⅢ的几何关系和轨距进行测量。直线段应测量右股钢轨至CPⅢ的距离、右股钢轨的高程以及两股钢轨间的轨距和水平；曲线段还应测量两股钢轨的加宽量和外轨对内轨的超高量。

(4) 道岔区的竣工测量应以CPⅢ为依据分别测量轨道的位置、距离和高程，并测量轨距。道岔岔心里程允许偏差不应大于±15mm，轨顶全长范围内高低差应小于4mm。

(5) 线路竣工地形图测量范围应为铁路用地界外50m，地形图比例尺为1∶2000，宜采用线路施工平面图进行修测。

6.4 道路工程变形监测概述

为了保证路基、桥梁、隧道等工程的施工和运营安全，常常需要进行变形监测。通过变形监测可以监视工程建筑物的变形状态，进而对变形结果进行分析，以便及时发现问题并采取有效的应对措施。道路工程的变形监测工作，需要确定这样几个问题：监测内容、监测的精度、监测的周期、基准点的布设、监测点的布设、测量方法和组织、监测结果的处理和分析。

6.4.1 变形监测的精度和周期

确定合理的测量精度十分重要，过高的精度要求会使测量工作过于复杂，导致时间和费用的增加；而精度定得太低又会使得到的变形值可靠性降低，甚至使结果不正确。变形监测精度的确定取决于变形的大小、速率、仪器和方法所能达到的实际精度以及监测的目的等。一般来说，如果变形监测的目的是为了使变形值不超过某一允许的数值，以确保建筑物的安全，则其观测的误差应小于允许变形值的1/10~1/20。表6-5列出了《建筑变形测量规范》(JGJ 8—2007)中对各等级变形测量精度的规定。

通过重复的变形监测，可以获得同一点不同时间的坐标值或高程值，而某点坐标值或高程值的变化量就是该点的水平位移或垂直位移量。重复监测的周期取决于变形的大小、速度、监测对象以及监测的目的等因素。一般来说，在工程建筑物建成初期，变形的速度比较快，变形监测的频率要大一些。经过一段时间后，建筑物变形逐渐缓慢并最终趋于稳

表 6-5　　　　　　　　　　　建筑物变形测量等级及精度

变形测量等级	沉降监测 监测点测站高差中误差/mm	位移监测 监测点坐标中误差/mm	适用范围
特级	0.05	0.3	特高精度要求的特种精密工程、重要科研项目变形监测
一级	0.15	1.0	高精度要求的大型建筑物和科研项目变形监测
二级	0.50	3.0	中等精度要求的建筑物和科研项目变形监测；重要建筑物主体倾斜监测、场地滑坡监测
三级	1.50	10.0	低精度要求的建筑物变形监测；一般建筑物主体倾斜监测、场地滑坡监测

定，此时可以根据实际情况逐渐减少监测次数，但要坚持定期监测。及时地进行首期监测具有重要意义，因为延误初始测量就可能测不到已经发生的变形。以后各周期的测量成果都是与第一期相比较的，因此还应特别重视第一次监测的质量。

6.4.2 垂直位移监测网(点)布设

一般而言，工程建筑物的变形包括垂直位移和水平位移两种。道路路基、桥梁等工程的垂直位移测量通常采用水准测量的方法，多次重复测定埋设在变形体上的观测点(监测点)相对于稳定的基准点的高差，可以获得沉降值随时间的变化情况。垂直位移测量的监测路线相对固定，监测工作重复进行，监测精度要求高，视距短，有时一次安置仪器可以监测多个前视点。为了减少测量系统误差的影响，一般考虑采取以下措施：

(1)监测观测点的垂直位移时，设置固定的安置仪器点和立尺点，保证往、返测量和复测是同一水准路线；

(2)监测工作中使用固定仪器和水准标尺；

(3)有条件时最好固定人员进行监测。垂直位移监测的水准路线应组成附合水准路线、闭合水准路线或者水准网，以便对监测成果有可靠的检核和平差计算。

1. 水准基点标志的结构和埋设

水准基点是沉陷监测的基准点，因此其构造与埋设必须保证稳定不变和长久保存。标志的结构和埋设形式应根据监测目标所处的地质情况、重要性和使用年限等条件选择。为了检查水准基点本身是否稳定不动，可以将其成组埋设，常每组设 3 个点，形成一个边长约 100m 的等边三角形。在三角形的中心与三点等距的地方设置固定测站，在此测站上可以经常监测三点间的高差，由此便可以判断出水准基点的高程有无变动。

为了保证水准基点稳固可靠，往往采用深埋的标志，并应尽量使标志的底部埋到岩石上。当基岩较深时，可以采用钻孔穿过土层和风化岩层达到基岩的钢管标志。当工程的规模不大、地质条件好、沉降时间短时，可以在工程周边地质稳定的位置埋设普通水准标石作为基准点，但必须保证其在整个监测期间稳定。有时还可以将标志埋设在稳固的永久建筑物上，设立墙脚水准点标志。

当监测目标附近不易找到埋设稳定水准基点的位置时，为了保证水准基点的稳定，一般在较远的稳定位置设置水准基点。这时，由于水准路线长度加大了，测量误差的积累也随之加大，所测得的变形值的可靠程度就小。为了解决这一矛盾，可以考虑在监测目标附近较稳定地区设置工作基点，在远离监测目标的稳定地区设置基准点，利用工作基点对沉降监测点进行监测，而工作基点本身的稳定性则定期地由水准基点来检查与测定。工作基点应选择相对较为稳定的位置，并尽可能靠近监测对象，工作基点的标志可以采用浅埋混凝土标等形式。工作基点与水准基点之间可以采用闭合水准路线或复测水准路线的形式进行联测。

2. 沉陷监测点标志的结构和埋设

监测点应布设在监测目标上最有代表性的位置。监测点应有足够的数量、有代表性，同时还应根据建(构)筑物的形状大小、使用性质、结构特征，以及建(构)筑物场地的地质条件等情况选择监测点的布设方式和监测点标志。监测点应牢固地与监测目标结合在一起，使得监测点的变化能真正反映监测目标的变形情况，且尽量保证在整个沉陷监测期间不受损害。

3. 垂直位移监测

基准点与工作基点之间一般组成水准环线，分段进行监测，测量的等级应高于工作基点与监测点之间的水准测量等级。外业监测后计算各段往、返测高差较差和环线闭合差。合格后，由水准基点的高程推算工作基点和沿线各水准点的高程，再与各点的首次监测高程相比较，可以得到工作基点和沿线各水准点高程的变化值。由水准基点到工作基点联测的周期应根据实际情况而定，一般每年进行1次(或2次)，并尽可能固定监测的月份，即选择外界条件相近的情况进行监测，以减少外界条件对监测成果的影响。

工作基点与监测点之间的水准路线大多敷设成闭合路线或附合路线。按照设计方案监测后，计算往、返测高差较差和闭合差，然后根据工作基点的高程推算各沉陷监测点的高程，最后计算各监测点的沉陷量。水准路线上一测站高差中数的中误差可以按下式计算

$$\mu_{站} = \pm\sqrt{\frac{[pdd]}{4n}} \tag{6-6}$$

式中：p——各测段的权值，$p_i = \frac{1}{N_i}(i = 1, 2, 3, \cdots, n)$；

N_i——各测段的测站数；

δ_i——各测段往返测高差较差，mm；

n——附合或闭合水准路线的测段数。

按式(6-6)也可以计算每千米水准测量高差中数的中误差,此时,各测段的权值 $p_i = \frac{1}{R_i}(i = 1, 2, 3, \cdots, n)$,$R_i$ 为各测段的水准线路长度。

离工作基点最远的监测点,其高程的精度最低。最弱点相对于工作基点的高程中误差按下式计算:

$$m = \mu_{站}\sqrt{K} \tag{6-7}$$

式中:$K = \frac{K_1 \times K_2}{K_1 + K_2}$,$K_1$、$K_2$ 为由两工作基点分别测到最弱点的测站数或路线长度。

沉陷量是两次监测高程之差,因此,最弱点沉陷量的中误差为 $\sqrt{2}\,m$。

6.4.3 水平位移测量控制网

为了测定监测对象的水平位移,需设置水平位移监测点或目标点和稳定的基准点。有时为了方便监测,在离监测点较近的地方设置相对稳定的工作基点,在工作基点上直接对监测点进行监测。基准点与工作基点要定期联测,当基准点不能直接测定工作基点时可以通过连接点进行坐标的传递。由基准点形成的网(称为基准网)也需要定期重复监测,以检查基准点的稳定性。

在基准点和工作基点的平面标志上,不仅要安放供瞄准用的目标,而且还要安放仪器、反光镜等,要求标志要有较高的平面复位精度(即要求这些仪器和工具在互换位置过程中不应产生显著的对中误差),基准点标志还需要较高的稳定性。这些点位的标志上常常设置强制对中装置,例如用混凝土或钢材制成的观测墩。用于水平位移测量的监测标志,除要求加工简单、便于埋设,使用和保存方便、外形美观等外,还要求标志有较高的复位精度。

路基、桥梁的水平位移测量的方法一般采用地面监测方法,主要用高精度经纬仪、测距仪、全站仪、GPS 等测量仪器测量角度、边长、坐标的变化来获得水平位移。常用的地面监测方法主要有:两方向(或三方向)前方交会法、双边距离交会法、极坐标法、自由设站法、视准线法、小角法、测距法、三角网法、导线法、边角网法、GPS 静态相对定位法等。在地面监测自动化系统中,测量机器人正逐渐成为首选和主要的仪器,测量机器人实际上是一种能代替人进行自动搜索、跟踪、辨识和精确照准目标并获取角度、距离以及三维坐标等信息的智能型电子全站仪。基准线法也是变形监测的常用方法,该方法只能用于测量某一方向上点位的相对变化,包括活动觇牌法、测小角法、激光准直法、引张线法、激光铅直仪法等。

6.5 路基的变形监测

特殊地区、特殊地质条件或高等级的道路对路基和边坡的稳定性要求极高,在路基填筑过程和道路使用过程中需要进行变形监测。路基变形监测工作主要包括沉降监测和边坡位移监测。

每个独立的监测网应设置不少于 3 个稳固可靠的基准点以便互相检核。大型工程的变形监测,水平位移监测基准点应设立强制归心观测墩,垂直位移监测基准点宜采用双金属标或钢管标。变形监测工作应尽量利用基准点直接对监测点实施监测,当基准点距离监测点过远或其他特殊情况时,可以设置工作基点。工作基点应选择在相对稳定的位置,需要定期利用基准点检查其稳定性。水平位移监测的测站点宜采用有强制对中装置的观测墩,监测点可埋设安置反光镜或觇牌的强制对中装置或其他固定照准标志。表6-6为《铁路工程测量规范》(TB 10101—2009)中规定的变形监测的等级。

表6-6　　　　　　　　　铁路变形监测的等级和精度要求

变形监测等级	垂直位移监测		水平位移监测
	变形监测点的高程中误差/mm	相邻监测点的高差中误差/mm	变形监测点的点位中误差/mm
一级	±0.3	±0.1	±1.5
二级	±0.5	±0.3	±3.0
三级	±1.0	±0.5	±6.0
四级	±2.0	±1.0	±12.0

监测点安置并稳固后,应及时进行首次观测。每个监测点的首次坐标或高程测量应在同期观测两次,较差满足要求时取平均值。每次变形监测时,应采用相同的图形(观测路线、站位、尺位、镜位等)和监测方法、固定观测仪器和设备、固定观测人员、且在基本相同的环境和观测条件下进行。在整个监测周期内,应根据控制点的稳定性和实际需要对基准点和工作基点的稳定性进行检测。

6.5.1　路基沉降监测

1. 沉降监测基准点的布设

沉降监测基准网应布设成闭合环状、附合水准路线或结点水准网等形式,且应按二等水准测量的技术要求进行施测。在软土地基施工区,水准点应设置于土质坚硬的地点或已稳定的老建筑物上,且距离路基坡脚不宜小于50m,并应按二等水准点的标志埋设混凝土标石。当所有水准点埋设完成并稳定后,应对其进行联测。

为了减小因转点过多而对监测成果的影响,应根据需要在沉降监测的断面附近布设工作基点,工作基点一般埋设混凝土标石。当路基施工到一定高度时,应将工作基点转移到有灌注桩基础的桥面上,并距桥头伸缩缝2m左右,作为路基完工后的沉降监测工作基点。这样不但监测方便,而且点位稳定,便于长期保存。

2. 路基沉降监测板的埋设

路基沉降监测标志由沉降板底座、测杆和保护测杆的钢管组成,随着填土的增高,测杆及保护管亦应加长,每节长度不超过50cm或100cm,应保证接高后的测杆顶面高出保护管上口。在沉降监测标志安装前应先将地面整平,应保持底板的水平及测杆的垂直度。沉降板的构造如图 6-8 所示,底座是一块 50cm×50cm 的钢板,测杆是直径为 20mm 的圆钢,钢管护套内径为 40mm。

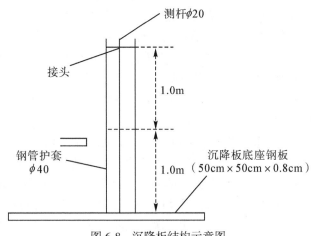

图 6-8 沉降板结构示意图

对于测杆及护管的长度不但应便于施工,而且应便于监测。在施工时,每填筑一层路基增加一节连接杆和套管,防止因连接杆和套管露出路基过高而导致在路基碾压时被破坏。沉降板及位移边桩应根据设计要求布设在有软土的地方,其数量及具体位置应符合设计要求,通常布置时应考虑以下几点:

(1)有地基处理的段落内都应布设沉降监测点,且应在路堤高度较大处增加监测点。

(2)河塘路段的前后和中间应布设沉降监测断面,而且应在每个通道内至少设置一个沉降监测点。

(3)对于路中的沉降板应埋设在中线偏右 1.1~1.2m 处,其位置应严格控制、以免与防撞护栏或路缘石位置冲突。

(4)对于无中间分隔带的单车道通常设置于两侧路肩上,超高路段设置于超高侧的路肩上。对于中间有分隔带的双车道应布置在路中线处。

(5)桥头(桥台侧)、箱头(通道或箱涵侧)、管涵侧以及沿河渠布置的左、右监测点,埋设时应顺应桥台、通道、涵洞以及河渠的伸展方向埋设,如图 6-9 所示。桥梁过渡段和

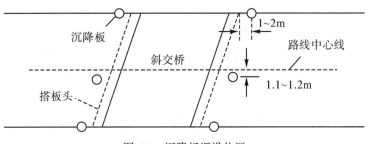

图 6-9 沉降板埋设位置

一般路段的左、右点应按桩号埋设,即在左、右点垂直于路线方向。

3. 软土地基沉降监测

根据《建筑变形测量规范》(JGJ 8—2007)中的规定,软土地基的沉降监测应按国家二等水准测量或二级建筑变形测量精度要求进行。监测过程中应注意以下问题:

(1)为了监测到路基各部位的总沉降量,应在路基填筑开始前完成首次监测。

(2)由于沉降监测标志的埋设与施工同步进行,因此路基填筑要与标志的埋设做好协调,做到互不干扰。监测设施的埋设及沉降监测工作的进行不得影响路基填筑的均匀性。

(3)在沉降板埋设基本不影响施工的条件下,路基的施工应做到碾压均匀,使沉降监测资料具有良好的代表性。

(4)为了分析施工期间沉降和竣工后沉降,施工期沉降与总沉降的关系以及验证推算竣工后沉降方法的准确性,对部分试验段应进行运营期间的长期沉降监测。

路基沉降监测频率:在施工期间,每填筑一层监测一次;在填筑间歇期间,对于重点路段(如临界高度以及高路堤段)每3天监测一次;当填筑间歇时间较长时,每3天监测一次,连续监测三次,然后每隔一周监测一次;当路堤填筑完毕进入预压期后,每1个月监测一次,直至预压期结束,将多余填料卸除为止。道路基层沉降监测频率:底基层和基层分两次辗压,一般每碾压半层或一层监测一次。若一个层次二次碾压时间相隔很短,则可合并成一次监测。

4. 路基沉降评估方法

(1)沉降监测资料整理

必须做好沉降监测数据的记录与整理,绘制每个监测点的荷载—时间—沉降曲线。对沉降监测资料应及时分析,尤其是在预压期和放置期,应对路基沉降的发展趋势进行分析,以便在必要时采取补救措施。

(2)路基沉降评估方法

路基沉降预测一般采用曲线回归法,常用的方法有双曲线法、指数曲线法、沉降速率法及灰色预测法等。路基沉降预测曲线回归法应满足以下要求:

①应根据路基填筑完成或堆载预压后3个月以上的实测数据作回归分析,确定沉降变形的趋势,曲线回归的相关系数不低于0.92。

②沉降预测的可靠性应经过验证,间隔3个月以上的两次预测最终沉降量的差值不得大于8mm。

③路基填筑完成或堆载预压后,最终的沉降预测时间应满足:$S(t) \geq 0.75 \times S(t \to \infty)$。式中,$S(t)$为预测时的沉降监测值;$S(t \to \infty)$为预测的最终沉降值。

④设计沉降计算的总沉降量与通过实测资料预算的总沉降量之差,原则上不宜大于10mm。

⑤路基填筑完成或经预压荷载后应有不少于6个月的监测和调整期,持续沉降监测应不少于6个月,并根据监测资料绘制沉降曲线,按实测沉降数据分析并推算总沉降量、工后沉降值,初步确定路面施工时间。监测数据不足以评估或工后沉降评估不能满足设计要

求时，应继续监测或采取必要的加速或控制沉降的措施。

⑥在 3 个月后进行第一次预测，根据 3 个月的监测数据，绘制时间—沉降量曲线，并预测 6 个月的沉降量及剩余沉降量，从而决定路面施工时间。当推算的工后沉降量满足评估标准时，方可进行路面施工；当沉降分析结果表明不能在计划的工期内施工时，则应研究确定是延长路基沉降时间，还是采取调整预压土高度，调整预压时间、增加地基加固等工程措施。

6.5.2 路基边坡位移监测

1. 位移监测控制网的布设

(1) 控制网形式

路基边坡位移监测的控制网应结合具体条件布设成 GPS 网、边角网、导线网等形式。控制点应布设在路基边坡位移监测断面的延长线上，并应使其与最外侧边桩的距离不小于 30m，且位于路基边坡位移影响范围以外的坚固地面上。布网时还应考虑控制网的图形强度，基准点、工作基点、连接点、检核点应相互联测。

(2) 位移监测控制网的精度要求

平面控制网的精度应符合以下要求：

①测角网、测边网或边角网的最弱边边长中误差，不应大于所选等级的监测点坐标中误差。

②工作基点相对于临近基准点的点位中误差，不应大于相应等级的监测点点位中误差。

③导线网或单一导线的最弱点点位中误差，不应大于所选等级的监测点点位中误差。

④基准线法的偏角值测定中误差，不应大于利用所选等级的监测点点位中误差计算的偏角精度。

2. 路基边桩位移监测

在路基边桩的位移监测中，常常采用视准线法、角度交会法、测边交会法和极坐标法等。利用交会法进行监测时，宜采用三点交会法，交会角应控制在 60°~120°；用极坐标法进行监测时，宜采用双测站极坐标法，边长测量采用符合精度要求的电磁波测距仪；用视准线法监测时，可以选用活动觇牌法或测小角法，视准线两端的延长线外宜设立校核基准点，监测时视准线应离开障碍物 1m 以上。不论选择何种监测方法，监测之前都应进行精度估算，当估算的监测精度不满足要求时，应进行调整。

6.5.3 软土地基变形监测数据处理

所有监测数据应及时记录、计算、检核及汇总，并整理分析，各种曲线应当天绘制，以便从图纸上直观地看出各点变化趋势，为全面了解分析土体情况做出正确判断。若发现问题，应及时检查或进行复测。应定期提供的资料有：

(1) 所有沉降监测点的沉降量；

(2) 水平位移及变化速率;
(3) 荷载—时间—沉降过程曲线;
(4) 路基横向沉降图;
(5) 路基竣工后的沉降量估值。

沉降监测报告有月沉降报告、阶段沉降报告及总结报告三种,在每个月底应编写月沉降监测报告;在路基的各阶段施工完毕后,编写相应的阶段沉降监测报告;当路面施工完成后应编写总结报告,对全线的沉降状况进行分析。

在每一工程变形监测结束后,应提交以下资料:
(1) 施测方案和技术设计书;
(2) 控制点及监测点平面位置图;
(3) 标石、标志规格及埋设图;
(4) 仪器检验及校正资料;
(5) 各种监测记录手簿;
(6) 平差计算、成果质量评定资料及测量成果表;
(7) 变形过程及变形分布图表;
(8) 变形分析成果资料;
(9) 技术总结报告。

第7章 桥梁施工测量

7.1 概 述

我国的桥梁建设有着悠久的历史,从古至今,人们建设了许多规模不同、形式各异的桥梁。尤其是中华人民共和国成立后,我国的桥梁建设步入一个新阶段。例如:20 世纪 50 年代建造的武汉长江大桥、20 世纪 80 年代之后建造的上海杨浦大桥、江阴长江大桥、润扬长江大桥、九江长江大桥等,21 世纪以来建造的东海跨海大桥、杭州湾跨海大桥等,开创了我国桥梁建设的新时代。

桥梁的建设施工中,对各个部分之间的相对位置关系要求非常精确,因此,测量工作发挥着不可或缺的作用。特别是在各类大型桥梁的建设中,复杂的环境、新工艺、新技术、高精度等都给测量工作提出了新的要求。在桥梁工程施工开始之先,应根据桥梁的形式、跨度及施工精度要求,在其桥址区域建立统一的施工控制网。在桥梁施工期间,应做好各部位的施工放样工作。当桥梁结构各分项工程结束后,应随时利用工程测量的方法对其进行检查,以确保各结构的准确性。整个桥梁工程完工后,应对其进行竣工验收测量,以检查是否满足设计要求。同时,对于大型桥梁的施工过程应进行监控,并在施工结束后对其进行荷载试验和健康运营检测,从而确保大桥在运营期间的稳定性和安全性。施工测量的内容随桥梁形状、大小、结构形式、施工方法等因素的不同而不同,图 7-1 为某桥梁施工过程中各细部测量工作的流程。

桥梁施工测量人员应同该项工程的其他专业人员密切配合,了解工程的用途、结构和特点、施工方法和施工进度等,以便合理的安排测量工作。在施工测量开始前,应熟悉设计图纸,了解工程总体和局部测量工作的要求,制定具体的测量实施方案,必要时应进行技术论证。测量工作进行中,所有放样的点和线均应有检核条件,确保结果无误后方能交付使用。

桥梁施工测量应首先结合桥梁形式、跨径及设计要求的施工精度,建立施工控制网。对于特大跨径桥梁的施工控制网,其精度指标、点位布设及密度等还应进行专门的设计,平面控制网可以采用任意边角网(包括测角网、测边网、边角网三种类型)或 GPS 测量的方式,控制网的等级宜采用二等控制网作为首级控制网,三等控制网作为加密网。首级平面控制点应埋设混凝土观测墩,加密控制点可以根据实际情况埋设观测墩或半永久性标志。高程控制网的建立,一般采用水准测量的方式,特殊情况下可以采用精密电磁波测距三角高程测量方式和精密跨河高程测量方式。首级高程控制网宜采用二等水准建立,加密高程测量可以采用三等或四等水准测量建立。首级高程控制网应布设成环形网,加密时宜

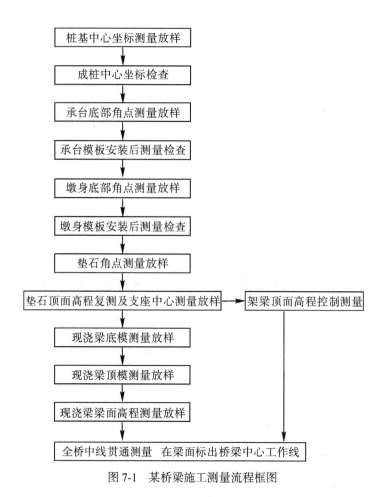

图 7-1 某桥梁施工测量流程框图

布设成附合路线或结点网。水准点的选点和埋设工作一般与平面控制点的选点和埋设工作同步进行，在满足要求的前提下水准点宜选择在平面控制点上，不满足条件时可以单独埋设。施工期间的控制网应定期复测，通常情况下至少每年复测 1~2 次。若遇到大规模基坑开挖、大量排水、工序转换等情况，必须进行一次复测。若使用过程中发现部分控制点有位移迹象时，应及时进行复测或局部复测。

进行点位放样工作前，应先根据放样点位的精度要求、现场的作业条件和仪器设备情况，选择合适的放样方法，并且对要放样点位的中误差进行估算。平面位置的放样方法常选用光电测距极坐标法、角度交会法、距离交会法、轴线交会法等，当工程部位放样的精度要求较低且常规方法难以实施时，亦可以采用 GPS RTK 法放样。高程放样方法的选择，主要根据放样点高程精度要求和现场条件，分别采用水准测量法、光电测距三角高程法、悬挂钢尺传递高程法、全站仪精密传递高程法等。对于桥梁基础部分的高程放样，一般采用水准测量法；对于较高基础部分或水中建筑物可采用光电测距三角高程放样，此时应注意地球曲率改正和大气折光改正；对于墩柱等较高构筑物的高程传递，可以采用光电测距三角高程法或钢尺传递高程法进行放样。

对于承台、墩柱、现浇混凝土梁等结构物，施工前需要放样模板位置，其测量内容包括：测设各种结构物的立模轮廓点，对已安装好的模板、预埋件进行形体和位置的检查。立模放样点可以直接由等级控制点测设，也可以由测设的建筑物纵横轴线点测设，对于高空结构物的放样宜采用三维坐标法。

桥梁工程施工中会有金属结构安装测量工作，如索道管、索鞍底座等，其测量工作应包括下列内容：测设安装轴线和高程工作基点、进行安装点的放样、安装竣工测量等。金属结构安装轴线点和高程工作基点应组成相对严密的局部控制网，并作为安装点的测设基准，安装轴线点和高程工作基点应埋设稳定的金属标志，一经确定，在整个施工过程中不宜变动。安装轴线的测设精度，应满足设计和相关规范中的要求。安装部位高程工作基点的测设应注意两点：

(1) 一个安装部位应测设两个或两个以上的高程基点；

(2) 测设安装工程的高程基点宜采用水准测量方法，当高程基点布设在高塔柱上时，宜采用全站仪精密传高法。

安装点的误差，均以相对于安装轴线和高程基点而言，即相对精度。安装点的平面位置测设一般采用直角坐标法或极坐标法，距离测量以钢带尺为主，丈量结果中应加尺长、温度、倾斜、拉力及悬链等改正。安装点的高程放样，应采用水准测量法。对已测设的安装点，必须按下列要求进行检查：

(1) 检查工作应采用与测设时不同的方法；

(2) 对构成一定几何图形的一组安装点，应检核其非直接量测点之间的关系。

(3) 对铅垂投影的一组点，必须检查各投影点间边长的几何关系。

(4) 由一个高程基点测放安装高程点或高程线后，应从另一个高程基点进行检查，或用变更仪器高法重复测定。

(5) 所有平面与高程安装点的检测值与设计值的较差，不应大于放样点中误差的$\sqrt{2}$倍。

在桥梁竣工后应进行竣工测量，其内容如下：

(1) 测量桥梁工程的中轴线位置、桥梁纵坡度、桥梁的跨径、桥梁与道路的连接等。

(2) 测量桥梁墩、台(或塔、柱、锚)的各结构部分的位置、尺寸、顶面高程及倾斜度。

(3) 测量桥面标高、宽度、横坡度、平整度等。

(4) 检查测量同跨对称点的高程差、锚固点高程、系梁高程、孔道位置等。

7.2 桥梁施工控制网的建立

桥梁施工开始前，必须在桥址区域建立统一的施工控制网，桥梁施工控制网分为平面控制网和高程控制网两部分。小型桥涵的施工控制网可以直接根据勘测设计的控制资料为起始数据来建立。大型桥梁由于规模大、精度要求高、环境条件复杂，其控制网往往需要进行专门的设计。表 7-1 为《铁路工程测量规范》(TB 10101—2009)中对桥梁控制网等级的规定。

表 7-1　　　　　　　　桥梁平面控制和高程控制测量等级

跨河桥长/m	>3000	1000~3000	<1000
平面控制测量	二等	三等	四等
高程控制测量	二等	三等	四等

7.2.1　桥梁施工平面控制网

1. 桥梁施工平面控制网的要求

桥梁施工平面控制网的作用主要用于放样桥墩、桥台的位置和跨越结构的各个部分，因此，必须结合桥梁的桥长、桥型、跨度，以及工程的结构、形状和施工精度要求布设合理的施工控制网。在建立控制网时，既要考虑控制网本身的精度，又要考虑以后施工的需要，所以在布网之前应对桥梁的设计方案、施工方法、施工机具及场地布置、桥址地形及周边的环境条件、精度要求等方面进行研究，然后在桥址地形图上拟定布网方案，再于现场选定点位。控制网应力求满足下列要求：

(1)图形应具有足够的强度，使测得的桥轴线长度的精度能满足施工要求，并能利用这些控制点以足够的精度放样细部位置。当主网的控制点数量不能满足施工需要时，能够方便地增设插点。在满足精度和施工要求的前提下，图形应力求简单。

(2)尽量使控制网与桥轴线连接起来，在河流两岸的桥轴线上应各设一个控制点，控制点距桥台的设计位置也不应太远，以保证桥台的放样精度。放样桥墩和桥台时，仪器可以安置在桥轴线上的控制点上进行交汇，以减少横向误差。

(3)控制网的边长一般在0.5~1.5倍河宽的范围内变动。

(4)控制点均应选择在地势较高、土质坚实稳定、便于长期保存的地方。

桥梁平面控制网布网时除了考虑有利的网形以及一般工程控制网的基本要求外，还需要注意以下几点：

(1)根据桥轴线的不同精度要求，确定控制网的测边、测角精度，并进而确定选用合适精度的测量仪器、测回数等。

(2)对于桥梁三角网而言，为了保证桥轴线有足够的精度，应该使基线的精度比轴线精度高出2~3倍。对于边角网和测边网而言，由于测定的边长不受角度影响而产生误差积累，测边的精度只要与桥轴线的精度相当即可。

(3)布网时应对桥轴线精度、墩台测设、图形强度、点位保存、施工方便等因素进行综合考虑。

(4)当采用传统控制测量方式建网时，还要避免旁折光、地面折光、建筑物散热、建筑物电磁场干扰等因素对测角、测距的影响。

2. 平面控制网的坐标系统的选择

(1)国家坐标系

桥梁建设要考虑与周边道路的衔接，因此，平面控制网应首先考虑选用国家统一坐标系，但在大型和特大型桥梁建设中，选用国家统一坐标系时应具备的条件是：桥轴线位于国家3°带高斯正形投影平面直角坐标系的中央子午线附近，并且桥址平均高程面应接近于国家参考椭球面或平均海平面。

（2）抵偿坐标系

当桥址区的平均高程过大或其平面位置离开统一的3°带中央子午线东西方向的距离（即横坐标）过大时，国家控制网的长度投影变形值过大。此时，对于大型或特大型桥梁施工来说，通常采用抵偿坐标系。可以采用抵偿投影面的3°带高斯平面坐标系、任意带高斯平面坐标系或具有高程抵偿面的任意带高斯平面坐标系。

（3）独立坐标系

在特大型桥梁的主桥施工中，尤其是桥面钢构件的施工，坐标系统定位精度要求很高，一般小于5mm，选用国家统一坐标系和抵偿坐标系都不适宜，此时通常采用基于国家坐标系统或线路坐标系统的桥梁施工独立坐标系：以施工控制网中一个稳定的控制点（宜为桥轴线点）的国家坐标或线路坐标作为起算坐标，以该点至另一点（宜为桥轴线点）在国家坐标系或线路坐标系中的坐标方位角为起始方向，取桥梁墩顶或梁顶平均高程平面为投影面。桥梁施工独立坐标系的尺度基准可以按下述方法建立：

（1）采用精密光电测距方法测量网中的一条边长，建立平面控制网的尺度基准；

（2）采用卫星定位测量方法测定的长度作为控制网的尺度基准，此时宜采用精密光电测距的方法进行校核。

3. 桥梁施工平面控制网的形式

桥梁施工平面控制网目前常用GPS网、边角网、精密导线网的形式建立。对于大型和特大型的桥梁施工平面控制网，目前已广泛采用边角网或GPS网形式，建网时应与国家控制网进行有效联测，并充分考虑投影面、投影带带来的边长投影误差以及坐标系转换带来的误差。对于一些中小型桥梁，也可以采用GPS静态测量技术建立首级平面控制网，再利用全站仪进行加密。桥梁边角网中，不一定观测所有的角度（或方向）和边长，可以在测角网的基础上按需要加测若干条边长，或者在测边网的基础上加测若干个角度，使其充分发挥测角有利于控制方向误差（即横向误差）、测边有利于控制尺度误差（即纵向误差）的优点。桥梁施工控制导线应组成附合导线或闭合导线，导线环的边数宜为4~6条，导线边的长度应根据桥式、地形和仪器确定。根据施工放样的需要，加密的控制点可以选择在地面上，也可以设置在已经建好的桥墩、桥台上。

利用GPS建立桥梁施工平面控制网，首先需要解决控制网的基准问题。大型桥梁GPS平面控制网的基准包括：位置基准、方位基准和尺度基准。位置基准一般由给定的起算点坐标确定；方位基准一般由给定的起算方位确定，或由GPS基线向量的方位作为方位基准；尺度基准可以由两个以上的起算点间的距离确定，也可以由GPS基线向量的长度或精密电磁波测距边的长度确定。由于大型桥梁GPS平面控制网的边长投影变形不容忽略，所以通常采用工程独立坐标系，这时应明确这样一些基本参数：

（1）工程所采用的参考椭球；

(2) 坐标系的中央子午线及高斯投影带的宽度；
(3) 纵横坐标的加常数；
(4) 坐标系的投影面高程及测区平均高程异常值；
(5) 起算点的三维坐标。

另外，应加强大型桥梁 GPS 控制网的优化设计工作，通过观测方案的优化，利用精度、可靠性、灵敏度和费用等四个质量准则评价 GPS 控制网的质量。

7.2.2 桥梁高程控制网的建立

桥梁高程控制网的作用有两个：
(1) 统一本桥高程基准面；
(2) 满足施工中高程放样和监测桥梁墩台垂直变形的需要。

建立高程控制网的常用方法是水准测量和三角高程测量。桥梁施工的高程控制点即水准点，每岸至少埋设三个，并与国家水准点联测。水准点应采用永久性的固定标石，也可以利用平面控制点的标石。同岸的三个水准点，两个应埋设在施工范围以外，以免受到破坏，另一个应埋设在施工区内，以便直接将高程传递到所需要的地方。同时还应在每一个桥台、桥墩附近设立一个临时施工水准点，施工水准点可以布设成附和水准路线。一般来说，特大型或大型桥梁的水准基点之间应采用一等或二等水准测量，施工水准点与水准基点之间可以采用三等、四等水准测量联测。施工高程控制点在精度要求低于三等时，也可以用三角高程方法建立。

进行水准测量时，对于河面宽度较小或者处于枯水期的河流，可以按照测量规范要求进行。但是对于大多数的河流来说，由于河面较宽，造成跨河时水准视线较长，使照准标尺读数精度太低，同时由于前、后视距相差悬殊，使得水准仪的 i 角误差、地球曲率和大气折光的影响增大，这时需要采用跨河高程测量的方法来解决。

跨河高程测量场地应尽量选择在桥体附近水面最窄处，可以使跨越视线减至最短，对测量精度有益；为了使往返观测视线受相同折光的影响，应尽量选择在两岸地形相似、高度相差不大的地点，且尽量避开草丛、沙滩、芦苇等对大气温度影响较大的地区。跨河的两台仪器作对向观测时，要确保同步进行，尤其是两岸间的跨河视线观测，应做到同时开始，同时结束。

7.2.3 控制网的复测

大型桥梁施工工期一般都较长，限于桥址地区的条件，大多数控制点多位于江河堤岸附近，其地基基础并不十分稳定，随着时间的变化，点位有可能发生变化。此外，桥墩钻孔桩施工、降水等也会引起控制点下沉和位移。因此，在施工期间，无论是首级网点还是加密点，必须进行定期复测。控制网复测周期应根据控制网的等级、测区地质条件、工程施工进度等情况综合确定，首级控制网及其加密网一年不少于 1~2 次复测。

复测的精度等级应与原测相同，复测方法及技术要求宜与原测保持一致。复测控制网的起算点应与原网一致,当原网的起算点发生明显移动时,可以改用其他稳定可靠的起算控制点,但必须保持位置基准、方向基准、尺度基准和高程基准不变。由于加密点是施工的常用控制点,在复测时通常将加密点纳入首级控制网中观测,整体平差,以提高加密点的精度。

桥梁施工中,还应对控制网进行定期或不定期的检测,当发现下列问题时,应立即进行局部或全面复测:

(1)当控制网中仅个别控制点位移或沉陷,而周围其他控制点仍然可靠时,可以进行局部复测,将已产生位移的控制点与周围的稳定点联网观测。

(2)当控制网中少量控制点发生明显位移,而其他控制点的稳定性难以判断时,或者当控制网中较多控制点发生位移时,均应进行全面复测。

对于施工控制网复测成果的使用情况,应根据施工进度和控制点稳定性等情况综合分析后确定。对于开工前的复测,或当控制点的位移量不影响已施工工程的质量时,应全部采用复测后的成果。对于开工后的复测,当控制点位移量影响到已施工工程的质量时,对稳定点应采用原测成果,必要时可以在稳定点下进行插点加密,且应对不稳定点的已放样成果进行检测和分析,根据需要采取相应的补救措施。

7.2.4 工程实例①

某长江铁路大桥跨宽约 2km 的长江江面,全长约 3km,其中跨河主桥为双塔双索面斜拉桥,主跨 580m,边跨约 300m,主塔高 200m,属于特大型复杂铁路桥梁。图 7-2 为采用 GPS 静态相对定位技术建立的桥梁施工平面控制网示意图,全网由 13 个 GPS 点构成,其中 K_1、K_2 为已知控制点。控制网平均边长约为 900m,最长边约为 2100m,最短边不足 200m,长短边相差悬殊,整网呈细长型。长江两岸主桥控制点 $G_1 \sim G_6$ 埋置强制归心观测墩,其余控制点均埋设普通混凝土标石,其中 G_8、G_{10}、G_{11} 建于稳固的楼房顶面。

结合设计要求、控制网形式、桥型结构特点等估算控制网的必要精度指标为:最弱点点位中误差≤10mm,桥轴线边边长相对中误差≤1/250000,最弱边边长相对中误差≤1/150000。根据相关规范,该网按铁路 B 级 GPS 精度施测,主要技术要求如表 7-2 所示。

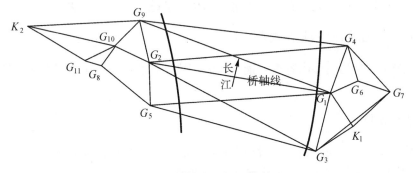

图 7-2 桥梁施工 GPS 控制网

---

① 熊伟等:《GPS 桥梁施工平面控制网的设计与实践》,载《地理空间信息》2009 年第 1 期,第 51 页。

表 7-2　　　　　　　　　　　　GPS 测量主要技术要求

卫星截止高度角	同时观测有效卫星数	观测时段长度	每点观测时段数	数据采样间隔	异步环构成边数	时段中任一卫星有效观测时间
15°	≥6	≥120min	≥2	15s	≤5	≥30min

外业观测结束后，采用 GPS 随机软件解算基线向量，使用专用软件进行网平差。GPS网平差时，先在 WGS 84 坐标系下对基线向量网进行三维无约束平差，再在桥梁施工坐标系中进行二维约束平差，求得各点在施工坐标系下的坐标。本桥的施工坐标系是一种基于1954 年北京坐标系的工程独立坐标系，取墩顶平均高程面作为边长投影面。控制网平差后的精度指标为：最弱点点位中误差 2.8mm，桥轴线边边长相对中误差≤1/290000，最弱边边长相对中误差≤1/173000，可见建立的 GPS 控制网精度优于估算要求。为进一步检核 GPS 控制测量成果，采用高精度全站仪按二等精度测量了网中的两条边长。表 7-3 为 GPS 边长和全站仪边长的比对结果，表 7-3 中限差项是根据 GPS 网平差精度和全站仪标称精度，按两倍中误差估算的。由表 7-3 可见，边长较差均在允许误差内，说明 GPS 控制网成果质量可靠。

表 7-3　　　　　　　　GPS 控制网边长和全站仪测量边长的比对

边名	全站仪边长/m	GPS 边长/m	较差/mm	限差/mm
$G_5 \sim G_6$	831.2934	831.2954	2.0	7.0
$K_1 \sim G_8$	447.5345	447.5398	5.3	7.0

7.3　桥梁基础施工测量

桥梁基础的类型很多，施工环境也复杂多样，桥梁基础施工测量的内容随基础类型和施工环境的不同而不同。此处介绍几种常见的桥梁基础施工测量方法。

7.3.1　钻孔灌注桩施工测量

桩基础施工测量的主要内容有：钢护筒的定位、孔底标高测定、成孔倾斜度测定及水封测量。

1. 钢护筒定位

为了固定桩位，导向钻头，一般均在钻孔桩孔口设置护筒，此时常需放样护筒中心位置，钢护筒定位测量的方法可以根据施工方法而定。

2. 孔底标高及倾斜度测量

钢护筒安装完毕后，即可依据护筒的位置和高程进行钻孔。当钻孔桩的孔底标高达到设计要求后,应进行钻孔检验测量,为推算桩底位置,必须进行钻孔的倾斜度测量。一般钻孔桩可以采用简易测孔器来检测成孔的孔径和孔的实际倾斜度,大型钻孔桩可以采用超声波孔径测斜仪来检测。在钻孔桩成孔并清理完孔底余渣后,应测定孔底标高,用经过与钢尺比长的测绳和测锤实测,一般测孔底的前、后、左、右及中五个测点,精度应达到±5cm。

3. 水封测量

水下混凝土灌注中的测量称为水封测量。水下混凝土灌注一般采用直升导管法灌注,导管应插至离孔底0.3~0.5m处,灌注开始前,在导管上口放一直径稍微小于管口的砂球,使其卡在管口不致滑落;当漏斗中聚集一定量混凝土时,砂球下滑挤出管内的水,最后挤出管口,混凝土也快速涌出管口,向四周流动,将管口埋没。在此后的灌注过程中,随着混凝土上升,应逐节提升导管,但应保证下端管口埋于混凝土中2~6m,从而使新灌入的混凝土与水隔离,保证桩的质量。在此过程中,应及时准确地提供导管底口和混凝土面的标高,保证导管不至于提空。其具体测量方法是用测绳或皮尺加锤球测定混凝土表面标高,并与通过计算导管长度而确定的管底口高程进行比较。

灌注混凝土后应测定桩中心(以钢筋笼中心为准)位置,并应在桩侧按桩头设计高程测定高程线,做出标志。

7.3.2 沉井施工测量

岸上墩台的沉井(原地或筑岛)测量工作主要包括:

1. 沉井制造测量:地坪或岛面符合要求后,按设计坐标放样沉井平面点位。放样时应使沉井刃脚模板十字线与桥墩中心纵横十字线重合,并使沉井刃脚在同一高度平面上。若为高低刃脚,应使刃脚各部位处于同一起算高度。

2. 沉井下沉前,应在内外壁混凝土面上用红油漆或墨线标注出纵向、横向轴线。在沉井顶面纵、横轴线两端标注出以基本刃脚为起算零点的四个高度点。

3. 沉井接高时,井顶十字线的引伸及高度基准面的传递,均应按沉井倾斜值向上推算顺接。每次接高前应尽量纠偏,接高完成后,应标注出沉井顶面十字线和高度基准面。

4. 沉井下沉过程中,应定时测量并推算沉井的顶(底)位置和高程。

5. 沉井下沉到设计高程后,应检查并调整沉井顶部十字线和基准面,推算沉井的顶(底)位置和高程。

7.3.3 管桩施工测量

管桩施工测量应符合下列规定:

1. 打入管桩测量应符合下列规定:

(1)借助钢卷尺,在每根桩上自桩尖起沿桩身方向每隔10cm标注一个长度值,并标出分米位置。

(2)桩位应依据桥墩中心十字线与桩的相对位置设放,设放限差为2cm。

(3)每根桩打完后应测定倾斜度和桩顶高程,并推算桩尖高程及承台底处的桩顶位置，决定是否补桩。

2. 水上管桩施工测量应符合下列规定：

（1）设有导向架时，应先进行导向架的定位测量；不设导向架时，宜用设立测量平台方法放样桩位，不具备此条件时，可以采用单桩直接定位方法。

（2）用光电测距极坐标法定出桩位控制点，用直量法放出桩位进行检核，其位置与光电测距极坐标法测得的坐标比较纵、横向互差的限值为 2 cm。

目前桥梁工程的施工测量中，尤其是大中型桥梁，大多都要使用全站仪，而且有时还要用全站仪三维坐标放样法测量。对于水上桥梁的施工测量，有时会遇到控制点距离放样点较远、折光误差大、施工干扰大等因素的影响，给测量工作增加了难度。这就要求我们在进行施工测量方案设计时，针对各种影响因素研究相应的解决措施，以保证测量工作在精度、速度等方面都能满足施工要求。

7.4 桥梁墩、台及高塔柱施工测量

7.4.1 墩台的放样

1. 一般墩台的放样

岸上墩台中心点定位可以直接利用控制点按光电测距极坐标法、方向交会法、距离交会法等进行。并应符合下列规定：

（1）使用光电测距极坐标法在不同控制点进行放样，同一点位两次放样不符值不应大于 2 cm，取两个放样点连线之中点作为墩台中心点。

（2）用光电测距仪或钢卷尺按直接丈量法测设时，应自一端向另一端依次设放，距离和方向应起闭于桥头控制点。跨距丈量精度不得低于设计跨距的 1/5000，应与桥轴线另一端的控制点闭合，其闭合差应分配于各垮距内。

（3）桥跨短、跨数多的曲线桥宜采用偏角法测设，首先测设出墩位的线路中心，然后从线路中心向曲线外测量偏心距 E 值定出墩位中心。桥跨长、跨数少的曲线桥宜采用导线法确定墩位中心。

水中桥墩中心点定位应符合下列规定：

（1）水中桥墩基础采用水上作业平台施工时，常用全站仪极坐标法或交会法进行墩中心点定位。

（2）水中桥墩基础施工采用单侧（或双侧）栈桥时，则沿栈桥布设控制点，利用控制点放样墩中心点，并利用岸上控制点采用交会法进行检核，坐标差的限值为 2 cm。

2. 曲线桥墩、台中心放样

在直线桥上，桥梁和线路的中线都是直的，两者完全重合。但在曲线桥上则不然，有些曲线桥的中线是曲线，而每跨梁却是直的，此时线路中心与梁的中线不能完全吻合。桥梁在曲线上的布置，是将各梁的中线连接起来，构成基本与线路中线相符合的一条折线，

这种折线称为桥梁工作线，如图 7-3 所示。墩、台中心即位于折线的交点上，曲线桥的墩、台中心放样，就是放样工作线的交点。

设计桥梁时，为使列车运行时梁的两侧受力均匀，桥梁工作线应尽量接近线路中线，所以梁的布置应使工作线的转折点向线路中线外侧移动一段距离 E，这段距离称为"桥墩偏距"。偏距 E 一般等于以梁长为弦线中矢的一半。相邻梁跨工作线构成的偏角 α 称为"桥梁偏角"；每段折线的长度 L 称为"桥墩中心距"。E、α、L 在设计图中都明确给出，根据给出的 E、α、L 即可计算墩位中心坐标，进而放样墩位。曲线桥梁墩、台的放样一般采用极坐标法或交会法。

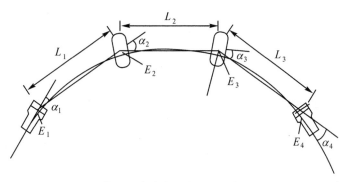

图 7-3　曲线桥线路中心线与梁的中线的关系

3. 细部放样

桥梁墩、台中心位置放样后，还应放样出墩、台的纵、横控制轴线。所谓纵轴线是指过墩、台中心平行于线路方向的轴线，而横轴线是指过墩、台中心垂直于线路方向的轴线。墩台细部放样是在中心定位和标定纵、横轴线的基础上进行的，墩、台细部测量主要是控制模板上、下口的位置和混凝土浇筑顶面的标高。模板上口位置通常采用坐标进行控制，其实测坐标与设计坐标差值控制在允许范围内时方可浇筑混凝土。

在桥梁墩、台、柱的施工过程中，还应控制其垂直度或倾斜度。一般是在模板上、下口的立面相同的位置上各设一个监测标志，其高差为 h，然后用经纬仪或全站仪测量两个标志的偏离值，便可计算其倾斜度。有时也可以利用全站仪测出模板上口标志的平面坐标，与设计坐标进行比较得出实际的偏斜方向和偏斜距离。桥墩倾斜度测定最简单的方法是悬挂锤球，根据其偏差值可以直接确定其倾斜度，但该方法有时受各种因素的影响无法实施。如图 7-4 所示，根据设计，桥墩上的 A、B 两点位于同一竖直线上，墩柱高为 h，若墩柱倾斜时，A 点相对于 B 点沿水平方向偏离某一距离 a，则该墩柱的倾斜度为

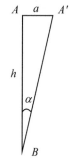

图 7-4　墩柱倾斜测量

$$i = \tan\alpha = \frac{a}{h} \qquad (7\text{-}1)$$

因此，为了确定墩柱倾斜度，必须测出 a 的数值。将经纬仪安置在离墩柱较远的地方（距离最好在 1.5 倍 h 以上），将墩柱顶部的 A' 投影到 B 点的水平面内，再通过量距即可得到 a 的值。

架梁前，在墩台顶设放钢梁架设的标志线、墩台中心十字线、支座十字线等。桥中线方向的放样应在无风、视线清晰、成像稳定时进行。在墩台顶设置水准标志并进行高程测定，其测量精度应与施工高程控制网复测精度相同。当墩跨较大时，应按跨河水准测量或对向观测精密三角高程测量方法施测。由地面水准点传递高程至墩顶时，应以水准仪测量（高差较小时）或光电测距三角高程测量方法往返测定（高差较大时），并用悬挂钢卷尺复核。

7.4.2 高塔柱施工测量

高塔柱施工测量的重点是确定塔柱各部分的空间位置，其主要任务是塔柱各节段的轴线放样，劲性骨架与劲性柱的定位、检查，模板定位与检查，高程传递测量等。

由于斜拉桥或悬索桥的主塔相对高度较大，且大部分都位于江河之上主航道附近，距离岸边较远，要直接利用岸上的控制点来进行施工放样，无论是放样精度和速度都不能满足施工的要求。因此，根据塔柱的结构特点，结合施工现场情况，在不同的施工阶段和不同的施工部位，应建立相应的施工控制网以满足施工放样要求。为避免日照、风力等因素引起索塔变形，测量时间宜选择在日照、风力影响较小的时段进行，如在夜间或气温变化较小的时段。

1. 高塔桩施工控制网建立

斜拉桥主塔塔座竣工后，应在其上建立高塔柱施工控制点，建立的方法和要求：如图 7-5 所示，在塔柱基础承台或塔座上建立控制点，并作为下塔桩及下横梁施工放样的依据。其中 A 为墩中心点，将来需要作为整个塔柱的平面控制基准，上投到下横梁和上横梁上。A 点位置确定是整个塔柱控制的基础，可以采用测边测角交汇法、边角后方交汇法或 GPS 静态相对测量技术，精密测放主塔墩墩中心点，其点位误差为 5mm。在 A 点上、下游墩中心线方向上隔一定距离 d_1 布设平面控制点 B、C 作为检核与备用点。

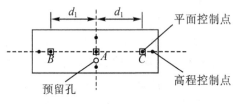

图 7-5 塔柱施工控制点

在承台或塔座上桥中线和墩中心线方向上的前、后、左、右共布设 4 个高程控制点，高程测量可以采用二等水准测量与相邻墩墩顶水准标联测，也可以采用电磁波测距三角高程法由岸上精密传递。它们除了作为高程控制外，还可以用来观测墩台的沉降和倾斜情况。

2. 塔柱施工测量基准传递

整个塔柱施工测量的平面基准为基础承台或塔座平面的墩中心点，高程基准为该平台上的 4 个水准点。根据主塔施工的阶段性，在下横梁竣工后，将平面基准和高程基准向上传递，在其顶面建立如图 7-5 所示的控制点，并作为中塔柱及横梁施工放样的依据。A 为墩中心点，B、C 在墩中线上且距离 A 点均为 d_1。高程控制点也布设前、后、左、右 4 个点，为了便于基准点的上传，结合下横梁结构，在桥轴线上适当位置布设预留孔。在上横梁竣工后，根据上塔柱的具体外形及上塔柱索道管定位的特殊要求，为施工方便，在其顶面布设如图 7-6 所示的控制点。A 为墩中心点，J 为预留孔，供传递中心基点用。另设 I、K 两孔，它们在墩中心线上且距墩中心点 A 为 d_1，I、K 可以用于投点检核，同时可以作为塔柱日照扭转变形观测和梁体施工时塔柱变形监控的预留孔。矩形控制网点 M、N、L、P 建立在上塔柱 H 形断面内，可以直接用来控制上塔柱和索道管的施工。

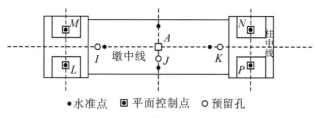

图 7-6 主塔上部结构施工控制点分布图

（1）平面基准传递

平面基准传递分为两步，第一步是在下横梁竣工后，利用预留孔将承台顶面的墩中心点垂直地投到下横梁顶面，并在该面建立平面控制点，如图 7-5 所示；第二步是当上横梁竣工后，将墩中心点再次垂直上投到上横梁顶面，建立上塔柱及索道管定位平面控制网点，如图 7-6 所示。墩中心点上传是整个塔柱施工测量的关键，其上传的精度直接影响施工的质量，基点上传方法较多，常用的方法是采用激光准直法、精密天顶基准法等，基准点投影位置的偏距不得超过 3mm。然后再以传递的基准点为基础，放样出塔柱基本控制点（柱中心线和墩中心线）。

（2）高程基准传递

高程基准可以使用水准仪借助检定合格的钢尺，沿塔柱方向逐次向上传递。也可以采用全站仪精密三角高程法观测，此时需要利用悬挂钢尺复核。如图 7-7 所示，在高程基准传递时，必须同时设置两台水准仪、两把水准尺和一把经过检定的钢尺。首先将钢尺悬挂于固定架上，零点向下并挂一与钢尺检定时的拉力同重的重锤。然后利用下面水准仪在起始水准点上的水准尺上读取 a，在钢尺上读取 r_1，上面水准仪同时在钢尺上读取 r_2，在待定点的水准尺上读取 b，并同时测定温度。则待测点高程为

$$H_B = H_A + a + [(r_2 - r_1) + \Delta l_t + \Delta l] - b \tag{7-2}$$

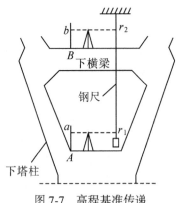

图 7-7　高程基准传递

式中：Δl_t——钢尺的温度改正；

Δl——尺长改正。

为了检核，后视应在其他几个水准点上变换，并取其均值作为最终结果。

对于 100m 以上高塔柱的高程传递，宜采用全站仪精密传高法测量。方法如下：如图 7-8 所示，全站仪安置于地面上，棱镜安置于全站仪的天顶方向并且使镜面朝下，全站仪通过测定 A 点水准尺的读数从而将高程传递到仪器中心，然后用全站仪对准天顶测出仪器中心到棱镜的距离，从而将高程传递到棱镜位置，再利用水准仪将棱镜位置的高程传递到 B 点。全站仪铅垂方向测距时，应同时精确测定各气象元素并对测距结果进行改正。

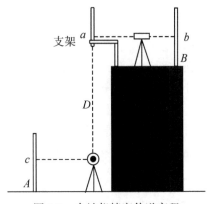

图 7-8　全站仪精密传递高程

3. 高塔柱施工放样

在塔柱的施工放样中，劲性骨架的放样与塔柱中心十字线的放样方法基本相同，下面介绍塔柱中心十字线的放样。

由于下、中塔柱均为倾斜的柱体，因此其放样方法也基本相同。下、中塔柱的横桥向中心线与桥墩中心线一致，放样时可以将全站仪安置于桥墩中心点，后视轴线方向，旋转90°，即可直接投放不同高度上的横向中心线(当高度较大时可以利用折角目镜投放)。但下、中塔柱的顺桥向中心线将因高度不同使其到桥轴线的距离各异，其实际距离可以根据设计图纸上尺寸计算出不同高度的放样数据(计算方法应根据桥梁塔柱形式而定)。其具体放样方法是：在桥墩中心安置全站仪，后视桥的轴线方向，利用折角目镜来建立一个过桥轴线的铅垂面，以便确定不同高度上的桥轴线位置，从而通过测距或直接测量中心点坐标来放样塔柱不同高度的中心点位置。

高塔柱施工中，其垂直度的控制是关键环节，垂直度控制的常用方法有两种。方法一为激光垂准仪法：利用激光垂准仪将底层的基准点投到施工高程面上，再利用投点检查模板的位置。方法二为全站仪检查模板法：将棱镜置于模板上口各角点上，用全站仪测出其实际坐标，求出设计坐标与实测坐标差值 Δx 和 Δy，依 x 轴、y 轴与纵横桥轴线夹角，把测量结果换算成纵横向偏差值，依据标准判定模板安装是否合格。

7.5 桥梁架设施工测量

因桥梁上部构造和施工工艺的不同，其施工测量的内容及方法也各异，但无论采用何种方法，架梁过程中细部放样的重点是要精确控制梁的中线位置和标高，使最终成桥的线形和梁体受力满足设计要求。

架梁前，应精密测定墩(台)顶水准点的高程、桥中线方向及中心里程。墩顶水准标志高程测定应符合下列规定：

(1)墩顶水准标高程精度应与施工水准网复测精度相同。墩跨较大时，应使用水准仪或全站仪按跨河水准测量方法测定。

(2)由地面水准点传递高程至墩顶时，应以水准仪测读接高，并用悬挂钢卷尺复核。高差较大不易传递时，可以用光电测距三角高程测量方法往返测定高差，并用悬挂钢卷尺复核。

(3)墩顶水准标应与两岸基本水准点直接逐跨高程联测(1~2次)，全桥贯通。墩(台)中心十字线测定应符合下列规定：

①桥中线方向应在无风、成像清晰稳定时直接测定。

②精密测定墩(台)中心里程及跨距，可以采用钢卷尺直接丈量法、全站仪组合测距法或坐标法。

③设放钢梁架设的标志线、支座十字线，其距离与垂直度限差为1mm。

7.5.1 普通桥梁架设施工测量

现以预应力混凝土简支梁的架设施工测量为例作介绍。

1. 架梁前的检测

架梁之前应通过桥墩的中心放样出桥墩顶面十字线及支座与桥中线间距平行线，然后放样出支座的精确位置。由于施工、制造和测量均有误差，使得梁跨、墩跨的误差大小各不相同,所以,在架梁前应对号将梁架在相应墩的跨距中,使误差合理分配,使梁缝均匀。

(1)梁的跨度及全长检查

梁的全长检测通常与梁跨复测同步进行,由于混凝土与钢尺的温胀系数相近,故检测时不必考虑温差改正。检测一般是在梁台座上进行,先丈量梁底两侧支座板中心翼缘上的跨度冲孔点,然后用小钢尺从该跨度点量至梁端边缘。梁顶面长度也必须同时量出,以检查梁体顶部、底部是否等长。方法是从上述两侧的跨度冲孔点用弦线作延长线,再用线绳投影至梁顶,得出梁顶的跨度线点,从该点各向梁端边缘量出短距,即可得出梁顶的全长,如图7-9所示。

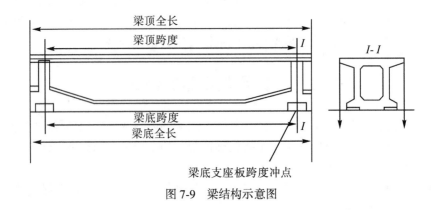

图7-9 梁结构示意图

(2)梁体顶宽及底宽检查

梁体顶宽及底宽的检查,一般检查两个梁端、跨中及1/4、3/4跨距处,共5个断面。除梁端可以用钢尺直接丈量读数外,其他3个断面读数时要尽量保证检测断面与梁中线垂直。

(3)梁体高度检查

检查的位置与检查梁宽的位置相同,同样需测5个断面,一般采用水准仪正尺、倒尺读数法求得。如图7-10所示,梁高 $h = a_1 + a_2$,其中,a_1 为零端置于梁体底板面上的水准尺的读数,a_2 为零端置于梁顶面时的水准尺读数。

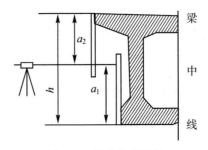

图7-10 梁体高度测量

当然，在底板的底面平整时，也可以采用在所测断面处贴底紧靠一根刚性水平尺，从梁顶悬垂钢尺来直接量取 h 值求得梁高。

2. 架梁后的支座调整测算

(1) 确定梁的允许误差

按《铁路桥涵施工规范》(TB 10203—2002) 中对梁的实测全长 L 和梁的实测跨度 L_P 要求，应满足

$$\left. \begin{array}{l} L = l \pm \Delta_1, \\ L_P = l_P \pm \Delta_2 \end{array} \right\} \tag{7-3}$$

式中：l——两墩中心间距的设计值；

Δ_1——两墩实测中心间距与设计间距的差值，当实测值小于设计值时，Δ_1 取负号，反之取正号；

l_P——梁的设计跨度；

Δ_2——架设前箱梁跨度实测值与设计值的差值，当实测值大于设计值时，取负号，反之取正号。

(2) 下摆和坐板安装测量

下摆是指固定支座的下摆，坐板是指活动支座的坐板。在安装铸钢固定支座前，应在砂浆抹平的支承垫石上放样出支座中心的十字线位置，同时也应将坐板或支座下摆的中心首先进行分中，并用冲钉冲成小孔，以便对接安装。设计规定，固定支座应设置在箱梁下坡的一端，活动支座安装在箱梁上坡的一端，如图 7-11 所示。

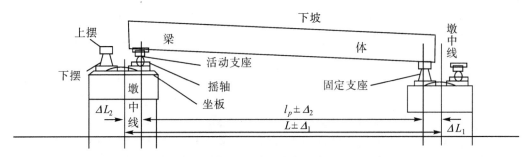

图 7-11 支座安装方法

(3) 固定支座调整值 ΔL_1 计算

由于固定支座调整值是以墩中心线为准来放样的，因此有

$$\Delta L_1 = L_0 \pm \frac{\Delta_1}{2} \pm \frac{\Delta_2}{2} + \frac{\delta_{n1}}{2} + \frac{\delta_{n2}}{2} + \Delta_3 + \frac{\delta_t}{2} \tag{7-4}$$

式中：L_0——墩中心至支座下摆中心的设计值(一般为 550mm)；

Δ_1、Δ_2 含义同前；

δ_{n1}——梁体混凝土收缩引起的支座调整值；

δ_{n2}——梁体混凝土徐变引起的支座调整值；

Δ_3——曲线区段增加的支座调整值；

δ_t——架梁时的温度与当地平均温度的温差引起的支座位移改正数。

3. 桥面中线和高程测量

对于箱梁的上拱度的终极值要在3~5年后方能达到，因此，设计规定桥面承轨台的混凝土应尽可能放在后期浇筑。这样则可以消除全部近期上拱度和大部分远期上拱度的影响。要求将预应力梁全部架设完成后进行一次按路线设计坡度的高程放样，再立模浇筑承轨台混凝土，以便更好地保证工程质量。当墩、台发生沉降时，则可以在支座上设法抬高梁体，确保桥面坡度。

7.5.2 斜拉桥或悬索桥的主梁施工测量

1. 主梁施工测量的任务及要求

主梁施工测量是大型斜拉桥或悬索桥施工测量的重要组成部分。目前，大型斜拉桥的主梁有预应力混凝土梁、钢箱梁和钢桁梁三种基本形式，主梁架设一般分为现场浇筑和预制标准构件拼装。无论何种形式的主梁或采用何种方法施工，其共同特点是采用悬臂法施工，即在索塔下双向对称悬臂架设，跨中合拢，其施工方法复杂，而且都是动态的。施工测量的任务就是要保证主梁的成桥线符合设计要求。具体的施工测量的内容和要求如下：

(1) 主梁施工控制网建立在主梁施工前，必须复测全桥平面和高程控制网，在此基础上建立统一的主梁施工控制网，且应具有足够的精度，以确保主梁线形尺寸符合设计要求，边跨、中跨按设计预定的主梁中心和高程正确合拢。

(2) 挂篮定位测量。牵索挂篮和钢构梁施工挂篮的定位测量，在施工中，每当浇筑完成一节后，都要重新对三脚架走道和挂篮后端挂钩走道的安装进行定位，当挂篮到位后，还应对其进行三维实时相对定位测量。

(3) 块体模板安装检查及竣工测量。主梁的块件模板支架一般采用可调式顶拉支撑，外模与支架固定于挂篮平台上，并随挂篮整体移动到位，且模板上部尺寸及箱梁顶标高必须进行检查调整。当节段浇筑及养护后，应对块件混凝土主梁进行竣工测量。

(4) 主梁索道管安装定位测量及竣工测量。在采用悬臂浇筑法施工钢筋混凝土主梁时，索道管的安装定位测量非常关键，必须结合动态施工的实际情况，分析索道管的竣工资料，总结影响其定位质量的各种因素，并适时地改进和调整定位元素，从而确定索道管定位精度。

(5) 施工过程监测。在斜拉桥主梁的施工中，应对主梁线型、主梁中心及塔柱变形进行跟踪测量，从而为工程控制提供所需的线型信息。监控测量应在模板、钢筋安装完成及挂篮标高设定之前进行，并要求全部监控测量内容应在日温度变化较小、气温稳定的时间进行。

(6) 挂篮标高的设定。当主梁架设采用牵索挂篮悬臂浇筑法施工时，应在节段灌注之前进行挂篮标高设定，以便控制主梁线型按设计位置向前延伸。控制主梁线型的实质就是预定现浇段挂篮前端的绝对标高。然而，由于主梁受大气温度变化的影响，主梁标高是时间的函数,因此,要求设定标高的时间应尽可能在日温变化较小的时间段(一般为晚10点至次日早8点)进行。

(7)混凝土灌注过程监控测量。由于主梁施工是从索塔向两侧对称的一块块向前延伸,每浇筑一块,挂索一块,整个梁体全靠缆索牵挂。因此,梁体在塔柱两侧处于动态平衡状态,为了确保工程质量和塔柱安全,应及时对挂篮平台前端在灌注过程中的变化进行控制和调整,以便保持梁体两侧始终处于平衡状态。

(8)全桥成桥线型测量。斜拉段主梁边跨、中跨合拢后,应进行全桥调索和线型测量,以便实现全桥索力和全桥线型达到设计的预期目标。全桥线型测量数据也是设计全桥桥面铺装线型的依据,而铺装线型又是踢脚、缘后、人行道板及栏杆等一系列装饰工程的线型依据。在进行桥面铺装之前,为了便于全桥线型测量,还应将梁顶面上全部的水准点传递到相应的门型架上。在桥面铺装完成后,则应进行全桥的线型测量,其成果作为全桥竣工的重要档案资料。

2. 主梁线型测量

主梁线型是指主梁梁底的线型,如图7-12所示,每一节段(节段长8m)均由该节段匹配前端梁底1、2、3、4四个测点的标高来表示,每当增加一个节段,则加劲梁的线型长度也增加一节段。在现场作业中,无法直接测量梁底4个测点的高程,而是测定其对应的梁顶面上两个高程点A、B。因此,线型测量就是直接测量梁顶面上高程点的瞬时绝对高程,然后根据梁顶面高程点与梁底测点的相对高差,推算出梁底测点的瞬时绝对高程。

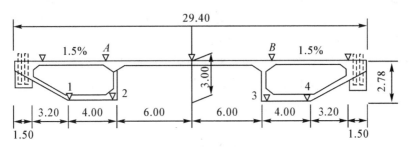

图7-12 混凝土主梁梁顶面水准点与梁底高程测点位置(单位:m)

主梁线型测量应在规定的时间段内按几何水准测量方法进行。观测时应在梁体较稳定的状态下进行,仪器安置应尽量使前后视距相等,以消除i角误差的影响,并从一个施工水准点符合到另一个水准点。整个测量过程力求在最短的时间内完成,以减少大气条件及荷载变化的影响,确保观测成果的质量。当主梁长度较长且观测水准点的数目较多时,可以采用两台水准仪同时进行观测,以缩短观测时间。

主梁施工高程控制是以主塔下横梁顶面经复测后的水准点高程为起始数据,引测至中塔柱外侧的水准点,它们是全桥主梁施工的高程起算点,如图7-12所示,高程线型点布设在主梁每一悬拼段的前端。高程线型测量时,以塔柱上的水准点为基点,按二等水准测量的方法测定梁面各线型点高程,然后依据各节段竣工时梁面线型点与梁底线型点高差,计算出梁底在观测时间段的实际线型，高程线型观测应在大气温度变化小，气温稳定时进行。

主梁线型测量成果是包括全部已浇段主梁梁面高程点的瞬时绝对高程值，并通过相对高差传递，最终提供梁底4个测点的瞬时绝对高程值。

3. 主梁中线测量

主梁中线是指由节段匹配前端埋设在梁顶面上的主梁中心点所构成的线，由于梁体受钢筋混凝土收缩徐变、现浇段超重、施工偏差及塔柱扭转等因素的影响，将使梁体发生局部变形或引起整个梁体偏离桥梁中心线方向。为了控制主梁中心线偏差在±10mm以内，保证边跨、中跨在中心线方向上正确合拢，必须进行中线测量。

中线测量的方法是将经纬仪安置于0号块主梁中心点上，以另外一墩柱中心线定向。对于与后视方向同向的主梁中心线测量，可以采用视准线法，直接利用小钢尺测量每一块主梁中心线的偏离值；对于与后视方向异向的主梁中心线测量，可以采用正镜、倒镜观测法，依次测量每一块主梁中心点的偏离值，并取两次结果的平均值作为该块主梁中心点的偏离值。

主梁施工测量的控制一般以主塔中心点连接为基准方向（桥轴线），两塔柱中线方向应在主梁0号梁段拼装之前将其投至两中塔柱内侧壁上，轴线方向投至上横梁及边跨墩上，并作永久标记。在现浇主梁0号块桥面板之前，应在索塔中心位置埋设中心点预埋铁板，待0号、1号及2号梁段拼接完，河侧及岸侧的1号索亦张拉完成后，将塔柱中心点恢复至主梁顶索塔中心预埋板上，并作永久性标记，两塔柱中心点的连线即可构成主梁中心线的控制方向。为了防止梁段拼接、索的张拉使梁顶面索塔中心位置发生偏移，应定时利用塔中线和桥轴线来恢复梁顶面索塔的中心点。

应在每个梁段的桥轴线及主梁距拉索轴线的适当位置设置平面标志，随着主梁悬拼施工的延伸，这些平面标志也相应地向前布设，并作为平面控制的主线、副线，以控制梁体轴线偏差和整体位置。具体布置如图7-13所示。

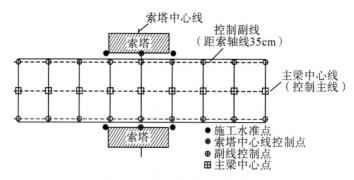

图7-13 主梁轴线控制点布设

根据主梁架设的实际情况，主梁中线测量也可以采用测小角法直接以经纬仪测其偏角，具体做法是：将仪器架设在主塔墩中心，后视另一主塔墩的中心其视线作为基准线，然后观测各已架设节段前端标志相对于基准线的偏角 α_i，然后计算其偏移值 $L_i = \dfrac{\alpha_i}{\rho} S_i$。这一过程应进行周期性观测，具体应在混凝土现浇过程中、顶推过程中、斜拉索的每次张拉前后，拆除临时支墩的前后以及施加二期恒载前后对其进行中线测量。

7.6 桥梁施工和运营期间的变形监测

7.6.1 桥梁变形监测的内容和方法

桥梁工程变形监测的主要内容和精度决定于结构形式、规模、地质条件等具体情况，表 7-4 为《铁路工程测量规范》（TB 10101—2009）中的相关规定。一般来说，特大型桥梁的监测精度不应低于二级，大型桥梁不应低于三级，中小型桥梁不应低于四级。

表 7-4　　　　　　　　　　　　桥梁变形监测项目

类型	施工期主要监测内容	运营期主要监测内容
梁式桥	墩台沉降观测 悬臂法施工的梁体水平、垂直位移 支架法施工的梁体水平、垂直位移	桥墩沉降观测 桥面水平、垂直位移
拱桥	墩台沉降观测 装配式拱圈水平、垂直位移	桥墩沉降观测 桥面水平、垂直位移
悬索桥 斜拉桥	索塔倾斜、塔顶水平位移监测、塔基沉降 主缆线性形变（拉伸变形） 索架滑动位移 梁体水平、垂直位移 索鞍相对转动 锚锭水平、垂直位移	索塔倾斜、垂直位移 桥面水平、垂直位移

桥梁变形监测点应设置在能反映变形特征的位置上，布设原则如下：
(1) 每个承台应设置 2~4 个沉降观测点，分设于底层承台左侧（或右侧）小里程角（或大里程角）上，呈对角形式布置，以便研究非均匀沉陷。
(2) 每个墩台身上应埋设 2~4 个沉降观测点，分设于桥墩、台身底部高出地面或常水位面 0.5m 左右的位置，点位宜布置成对角形式。
(3) 梁体变形观测点应设置在支点和跨中截面，每孔梁的测点数量不应少于 6 个，重点桥跨中部应布置徐变监测点。
(4) 水平位移观测点宜设置在墩台中心位置，也可以设置在桥轴线或墩中心线上。
对于大型斜拉桥，其施工监测工作应满足以下要求：

(1)上、下游塔柱梁体附近应各设置一个沉降监测点标志,采用精密水准测量的方法利用岸上基准点进行沉降监测。

(2)每个塔的塔顶上设置一个水平位移监测标志。在主梁架设前应进行全天 24h 不间断监测,并绘制塔柱初始状态日照变形曲线。位移监测可以采用 GPS 快速静态法或精密全站仪测定,监测误差应不大于 5mm。

(3)斜拉桥钢桁梁架设过程中,在桥梁中心线上设置测点,监测施工中各阶段钢梁中心线的水平位移和垂直位移,水平位移监测常采用精密全站仪测定,垂直位移监测常采用精密水准法测定。

桥梁墩台的空间位置变化和桥跨结构的挠度变化情况,可以通过对变形监测网的监测来实现。观测点布设在桥梁墩台选定的位置上,根据观测点在垂直方向和水平方向的位移值即可得出桥梁的变形情况。基准点位于桥梁承压范围之外的稳定位置,工作基点位于承压区之内。桥梁变形监测的频率通常要求既能反映出变化的过程,又不遗漏变化的时刻。一般在建造初期,变形速度比较快,监测频率要大一些;经过一段时间后,变形逐步稳定,监测次数可以逐步减少;在掌握了一定的规律或变形稳定后,可以固定其监测周期;在桥梁遇到特殊情况时,如遇洪水、船只碰撞时,应及时监测。

从对变形监测的分析中可以归纳出桥梁变形的过程、变形的规律和幅度,分析变形的原因,判断变形是否异常。若属异常,应采取措施,防止事故发生。另外,还可以验证地基与基础的计算方法,桥梁结构的设计方法,对不同的地基与工程结构规定合理的允许变形值,为桥梁设计、施工、管理和科学研究工作提供资料。

7.6.2 桥梁垂直位移监测

1. 垂直位移监测网

在布设桥梁垂直位移基准网时,为了使选定的基准点稳定牢固,应尽量选择在桥梁承压区之外,但又不宜离桥梁墩台太远,以免加大测量工作量及增大测量的累积误差,一般来说,与桥梁墩台的距离不超过 1~2km 为宜。工作基点一般选择在桥台上,以便于监测布设在桥墩上的监测点,测定各桥墩相对于桥台的变形,而工作基点的垂直变形可以由基准点测定。

监测点的布设应遵循既要均匀又要有重点的原则。均匀布设是指在每个墩台上都要布设监测点,以便全面判断桥梁的稳定性;重点布设是指对于那些受力不均匀、地基基础不良或结构重要的部分,应加密监测点,主桥桥墩尤应如此。

2. 垂直位移监测

基准点监测应每年定期进行一次或两次,各次监测的条件应尽可能相同,以减少外界条件对成果的影响。基准点测量的等级依据变形监测的精度要求而定,一般来说大型桥梁应按一等水准测量施测。

监测点监测包括陆上墩台沉降监测和水中桥墩沉降监测,陆上墩台沉降监测可以按等级水准测量方法进行。这里主要说明水中桥墩沉降监测方法,对水中监测点的监测如果采用跨河水准测量，其工作量较大，而且施测难度大。故常采用跨墩水准测量，即把仪器设置于一墩上，监测后、前视两个相邻的桥墩，形成跨墩水准测量。考虑到测量时照准误差、大气折光误差等随视线长度的增加而急剧增加，因而必须对跨墩水准测量的作业采取一定的措施来提高监测精度。这些措施有：

（1）选用 i 角变化小的仪器，这样在前、后视等距时可以抵消其影响。

（2）监测时注意保持仪器和标尺的稳定。

（3）增加监测测回数，测回间变动仪器高，测回间互差严于跨河水准测量的规定。

跨墩水准测量的方法无规范可循，实际经验表明，在长视距测量中，以前、后视等距的跨墩水准测量代替跨河水准测量是可行的。

在主桥墩面上，由于其使用空间有限，变形监测点应遵循一点多用的原则，既是沉降监测点，也是横向、纵向位移及倾斜监测点。监测点可以采用监测墩及强制归心装置。

7.6.3 桥梁水平位移监测

1. 工作基点的测定

水平位移监测的基准点建立在两岸稳定区域，工作基点一般处于桥台上或附近不远处。基准点与工作基点组成适宜的网形，采用边角网、后方边角交会法、GPS 测量等方式，定期测定工作基点的位移。有时也可以采用检核基准线法，即在墩台面上所布设的基准线的延长线上，选择地基稳定处设置监测墩，利用该方向线来检核工作基点在垂直于基准线方向的位移。

2. 水平位移监测

水平位移监测的方法常常与桥梁的形状有关。对于直线形桥梁，一般采用基准线法、测小角法等测定桥墩台的横向位移，而纵向位移可以采用高精度测距仪直接测定；对于曲线形桥梁，一般采用极坐标法、前方交汇法、导线测量法等，将监测点不同周期测定的坐标之差投影到桥梁纵、横方向线上，即可获得纵、横向位移量。

7.6.4 桥梁挠度监测

桥梁建成后，由于承受外界荷载作用，必然会产生挠曲变形。桥梁挠度监测分为静荷载挠度监测和动荷载挠度监测。前者是指测定桥梁自重和构件安装误差引起的桥梁的下垂量；后者是指测定在车辆通过时的重量和冲量作用下桥梁产生的挠曲变形。

挠度监测通常是在桥面上布设一系列监测点，利用基准点监测各测点在加载前和加载后的高程差，或定期对各测点进行高程测量以求得其高程变化，进而计算挠度变化。目前，挠度监测的常用方法有精密水准法、全站仪监测法、GPS 监测法、液体静力水准监测法、专用挠度仪监测法等。不同的仪器和方法其监测的精度和速度有一定的差异，应根据监测要求选择适当的方法和仪器。全站仪监测法的实质是光电测距三角高程测量，在测量中大气折光是一项非常重要的误差来源，但桥梁挠度监测一般在夜里，这时的大气状态较稳定，该项误差相对较小。另外，在实际工程中，由于受各种条件的影响，全站仪实际监测精度一般要比标称精度低，通常通过增加监测测回数或缩短监测距离来提高精度。GPS监测法主要有三种模式：静态、准动态和动态，通常情况下，静态测量的精度最高，一般可达毫米级的精度，但其监测时间一般要1小时以上；准动态和动态测量所用监测时间短但精度一般较低，大量的实测资料表明，在监测条件较好的情况下，其监测精度为厘米级，在大挠度的桥梁中还是可以考虑的。液体静力水准监测法的测程一般在20cm以内，其精度可达±0.1mm以上。在专用挠度仪监测法中，以激光挠度仪最为常见，该仪器的主要原理为：在被检测点上设置一个光学标志点，在远离桥梁的适当位置安置检测仪器，当桥上有荷载通过时，靶标随梁体振动的信息通过红外线传回检测头的成像面上，通过分析将其位移分量记录下来。该方法的主要优点是可以全天候工作，受外界条件的影响较小。

第8章 隧道工程施工测量

8.1 概 述

8.1.1 隧道施工测量的内容和特点

铁路和公路的山岭隧道、城市地铁隧道等都属于地下隧道工程。由于地下隧道的用途、地质条件和地层特性、距离地表的深度不同，施工的方法也不尽相同。一般常用的方法有明挖法、凿岩爆破法、盾构法等。

地下隧道施工中，测量工作尤为重要，隧道工程中测量工作起着导向作用。地下隧道施工测量的任务是：

(1)隧道开挖时标定出开挖的洞口位置和高度；

(2)隧道挖掘过程中在工作面处放样设计中线的位置及高程(坡度)，以指导隧道按设计正确开挖；

(3)标定地下洞室的空间位置、形状和大小，放样衬砌的位置，保证按设计要求进行开挖和支护衬砌。

为了完成隧道施工测量任务，在施工前要进行地面控制测量，在施工中进行地下控制测量和施工测量，施工完成后需要进行竣工验收测量。如果地下隧道有通过竖井或斜井与地面相通时，还必须进行竖井、斜井联系测量。

隧道施工测量同样要遵循"先控制后碎部、由高级控制低级"的程序进行。但是，由于地下施工环境和测量对象与地面不同，隧道工程测量具有以下特点：

(1)受地下隧道的空间条件限制，地下平面控制测量形式只适合布设导线。

(2)地下隧道施工是随掘进逐渐向前延伸的，因此，地下的平面和高程控制不能预先一次全面布设，只能随隧道的开挖不断向前延伸。

(3)为了在地下开挖面处及时的放样开挖方向，需先布设低等级导线指示隧道掘进方向，待掘进到一定距离后，再重新布设高等级导线作为控制，并以此作为指示后面隧道继续掘进的低等级导线测量的依据。

(4)由于地下施工条件和环境的限制，地下测量的测点标志常常设置在隧道的顶板上，测量时需点下对中，观测时需要照明，当地下导线边长较短时，测量误差积累会越来越大。

(5)地下施工照明暗、灰尘多、噪声大、地下潮湿、施工机械和运输车辆来往频繁，对测量工作干扰大，给测量工作增加了难度。

8.1.2 贯通测量与贯通误差

隧道施工中,为加快施工速度,改善工作条件,常常在不同地点以两个或两个以上的工作面分段掘进,最后按设计要求彼此贯通。地下隧道贯通有3种情形:

(1)两个工作面间相向掘进贯通,称为相向贯通;

(2)两个工作面同向掘进贯通,称为同向贯通;

(3)由一个工作面向另一个指定的地点掘进贯通,称为单向贯通。

为了保证所掘地下隧道能按设计要求正确贯通而进行的各种测量工作统称贯通测量。贯通测量工作者所担负的责任是重大的,如果贯通测量工作中发生差错,造成隧道未能贯通或贯通偏差值太大,将在人力、物力、财力等方面造成很大损失。为了保证贯通工程的质量,贯通测量应遵循以下两个原则:一是贯通测量的总体测量方案和各个环节的测量方法都能保证隧道正确贯通所必需的精度;二是对所完成的测量和计算工作都应有客观的检查,确保其正确无误。

由于测量过程中不可避免地带有误差,因此隧道贯通总会出现贯通偏差。贯通偏差可能发生在空间的3个方向上,即水平面内沿隧道中线方向的长度偏差(称为纵向贯通偏差)、垂直于隧道中线方向的左右偏差(称为横向贯通偏差)和垂直面内的高程偏差。纵向贯通偏差只在距离上对贯通有影响,对隧道质量没有影响。横向贯通偏差和高程偏差对隧道质量有直接影响,所以又称为贯通重要方向的偏差。贯通测量的主要作用是将贯通偏差严格控制在允许偏差范围内,使出现的贯通偏差不影响隧道的正常使用。贯通允许偏差也是针对贯通重要方向规定的,表8-1为《铁路工程测量规范》(TB 10101—2009)中规定的铁路隧道的贯通误差的限差值。表8-2为《公路勘测规范》(JTJ 061—99)中规定的公路隧道贯通误差的限差值。表8-3为近几年我国建设的有代表性的铁路隧道和公路隧道的实际贯通误差。

表8-1　　　　　　　　　　　铁路隧道贯通偏差的限值

项　目	横向贯通偏差							高程贯通偏差
两开挖洞口间的长度/km	<4	4~7	7~10	10~13	13~16	16~19	19~20	
洞外贯通中误差/mm	30	40	45	55	65	75	80	18
洞内贯通中误差/mm	40	50	65	80	105	135	160	17
洞内外综合贯通中误差/mm	50	65	80	100	125	160	180	25
横向贯通允许偏差/mm	100	130	160	200	250	320	360	50

表8-2　　　　　　　　　　　公路隧道贯通偏差的限值

两开挖洞口间的长度/km	<3	3~6	>6
横向贯通允许偏差/mm	150	200	300
高程贯通允许误差/mm	70		

表 8-3　近几年我国建设的部分铁路和公路隧道的实际贯通误差

线路名	隧道名	隧道长度/m	横向贯通误差/mm	高程贯通误差/mm
西康铁路	秦岭特长隧道	18448	12	1
朔黄铁路	长梁山隧道	12800	36	35
西南铁路	东秦岭隧道	12286	6	5
西康铁路	终南山公路隧道下行线	18000	8	
渝怀线	沙坝隧道	7972	36	1
兰武复线	乌鞘岭隧道	20050	378	4
台缙高速公路	苍岭隧道	7536	16	

注：表中数据来源于《高速铁路工程测量规范》(TB 10601—2009)。

贯通测量一般包括地面控制测量、地下控制测量和施工放样。当通过竖井或斜井进行开挖时，还需要进行竖井、斜井联系测量。影响隧道贯通误差的主要因素有：地面控制测量误差、地下控制测量误差、竖井或斜井的联系测量误差。施工放样没有误差积累，而且放样距离较近，其误差对隧道贯通误差的影响很小。

目前许多长隧道都采取长隧短打方式进行，这些隧道大多增设有斜井、横洞或竖井，实际增加了作业面，8km 以上的隧道真正两头独打的不多。另外，真正相向开挖长度超过 20km 的铁路隧道还没有相应的贯通误差值可以参考。因此，规定相向开挖长度超过 20km 的长大隧道的贯通误差需作专门设计。

8.1.3　贯通测量的工作步骤

(1) 根据贯通隧道的种类和允许偏差，选择合理的测量方案。重要贯通工程，要进行贯通测量误差预计，其预计误差采用中误差的两倍。

(2) 根据所选定的测量方案进行各项测量工作的施测和计算，各种测量和计算都必须有可靠的检核。

(3) 对地面、地下控制测量及联系测量的施测成果及精度等进行必要的分析，并与误差估算时所采用的相关参数进行比较。若施测精度偏低，则应重测。

(4) 根据求得的相关数据，计算隧道的标定几何要素，并实地标定隧道的中线和腰线。

(5) 根据掘进工作的需要，及时延长隧道的中线和腰线，定期进行检查测量。

(6) 隧道贯通后，立即测量实际贯通偏差值，并将两边导线连接起来，计算各项闭合差。还应对最后一段隧道的中线、腰线进行调整。

(7) 重要贯通工程完成后，应对测量工作进行精度分析，作出技术总结。

8.2　隧道地面控制测量

隧道的地面控制测量应在隧道开挖以前完成，地面控制测量包括平面控制测量和高程控制测量，其作用是放样隧道的开挖洞口位置、方向和高度，并为洞内导线提供已知坐标、方位角和高程。平面控制测量应根据隧道的长度和平面形状以及线路通过地区的地形情况和施工方法进行设计，控制测量的方法有三角测量（边角测量）、导线测量、GPS 测量。对于长度大于 4km 的隧道应优先考虑 GPS 控制测量的方式，这在保证隧道贯通精度、提高测量效率等方面都非常有效。高程控制测量通常采用水准测量方法，只有在斜井和地形陡峻的山区地段可以考虑采用全站仪三角高程测量。

8.2.1 地面平面控制网的布设

地面平面控制测量的作用是放样洞口点的坐标和进洞开挖的方向，并为洞内导线、竖井或斜井的联系测量提供起始坐标和起始方向。为此，隧道线路上各洞口的进口、出口应布设不少于 3 个平面控制点，其中 1 个为洞口控制点，其余为定向控制点；竖井附近也应布设 1 个近井控制点和 2 个以上的定向控制点。各洞口点、竖井的近井点要和相应的定向点通视，并且定向边长不宜小于 300m，以便于与洞外控制点联测及向洞内布设导线；洞口控制点的布设位置还应便于施工中线的放样和向洞内引测导线。如果有桥隧紧密相连或隧道紧密相连的情况时，要布设统一的地面测量控制网。对于曲线隧道，曲线的起点、终点以及曲线切线方向上的定向点都应包括在导线或导线网中。

地面控制网的布设应满足下列要求：
(1) 选点应结合隧道平面线形及施工时放样洞口（包括辅助坑道口）投点的需要布设；
(2) 结合地形、地物，力求图形简单坚强；
(3) 在确保精度的前提下，充分考虑观测条件，测站稳固，交通方便等因素；
(4) 采用插点方式与主网联系时，选点应考虑洞口投点能组成较佳的插网图形。

特长隧道及长隧道应预先作控制网的贯通测量设计，应先在地形图上选点，用若干种网形作比较，并估算其贯通误差，经实地校核落实后，选用合理图形。平面控制网宜选用独立坐标系，且用网的一条边与路线控制点联测，并作为控制网的数据起算边。控制网的数据运算及平差计算的基准平面，宜采用隧道内线路的平均高程面。

隧道地面控制网的布设过程同其他地面控制网的布设一样，都要经过收集所需图纸资料和测区已有的测量控制点资料，现场踏勘、选点、埋点等环节。表 8-4 为《铁路工程测量规范》(TB 10101—2009) 中规定的铁路隧道地面平面控制网设计要素。

表 8-4 铁路隧道地面平面控制网设计要素

测量方法	测量等级	适用长度/km	洞口联系边方向中误差/(″)	测角中误差/(″)	边长相对中误差
GPS 测量	一等	6~20	1.0		1/250000
	二等	4~6	1.3		1/180000
	三等	<4	1.7		1/100000
导线测量	二等	8~20		1.0	1/200000
		6~8		1.0	1/100000
	三等	4~6		1.8	1/80000
	四等	1.5~4		2.5	1/50000

1. 地面导线测量

全站仪导线是隧道施工地面平面控制测量的一种主要布网方式，该方式可以作为独立的地面控制，也可以用来进行 GPS 网点的加密。隧道地面导线的布设形式有附合导线、闭合导线、直伸形多环导线锁和环形导线网等。

导线进洞联系边最大仰角不宜大于 15°。导线或导线网应尽量沿着隧道的中线方向延伸布设，尽可能加大导线边长，减少导线转折角数（即敷设成直伸形长边导线），以减少测角误差对横向贯通偏差的影响。普遍认同，两开挖洞口间长度在 4km 以下的隧道导线边长不宜短于 300m，4~6km 的不宜短于 600m，6~20km 的不宜短于 1000m。表 8-5 为《工程测量规范》（GB 50026—2007）中对地面导线测量的技术要求。

表 8-5　　　　　　　　　　　导线测量的主要技术要求

等级	导线长度/km	平均边长/km	测角中误差/(")	测距中误差/mm	测距相对中误差	测回数 DJ1	测回数 DJ2	测回数 DJ6	方位角闭合差/(")	相对闭合差
三等	14	3	1.8	20	1/150000	6	10		$3.6\sqrt{n}$	1/55000
四等	9	1.5	2.5	18	1/80000	4	6		$5\sqrt{n}$	1/35000
一级	4	0.5	5	15	1/30000		2	4	$10\sqrt{n}$	1/15000
二级	2.4	0.25	8	15	1/14000		1	3	$16\sqrt{n}$	1/1000
三级	1.2	0.1	12	15	1/7000		1	2	$24\sqrt{n}$	1/5000

导线的观测应选择在成像清晰稳定的时间内进行。地形和地面条件复杂、旁折光影响较大的地方，应选择最有利的时间进行观测。由于洞外控制数据是通过隧道进洞联系边向洞内导线传递的，进洞联系边的观测质量直接影响隧道横向贯通精度，洞口站由于处于洞外与洞内交接处，白天测量时，洞外与洞内的光线明暗强度、温度及气象条件各不相同，很难保证观测质量，因此该站的测角工作应尽量选择在阴天或晚上进行为宜。如果洞口段为曲线隧道，尤其应当注意折光和气差影响。

2. GPS 地面控制测量

采用 GPS 定位技术建立隧道地面控制网，由于无需通视，不需要中间连接点，故不受地形限制，只需考虑在隧道沿线的洞口和井口附近选择几个控制点，选点环境适合于 GPS 观测，因此选点布网灵活，减少了工作量，提高了观测速度，降低了工程费用。考虑 GPS 的布网特点和 GPS 测量对隧道贯通误差的影响因素，对 GPS 隧道地面控制测量施加一些技术手段，例如延长时段接收时间、改善洞口定向边的观测条件、增加联系边长度等，可以提高洞口定向联系边的方向精度。据相关资料统计，经严格控制的 GPS 测量洞口定向联系边的方向精度在 1″~2″以内，特别适合于长大隧道的洞外控制测量。因此建议长度大于 4km 的隧道优先采用 GPS 洞外控制测量，定向边的方向精度一般不宜大于 1.7″。

布设隧道 GPS 控制网时，应考虑以下要求：

(1)控制网由隧道各开挖洞口和井口附近的控制点组构成,每组应布设1个洞口控制点(或近井点)和2个以上的定向点,GPS网进洞联系边最大仰角不宜大于5°。整个GPS控制网应由一个或若干个独立观测环组成,每个独立观测环的边数应尽可能减少(最多不能超过12个)。

(2)网的边长最长不宜超过30km,最短不宜小于300m,对于短边控制点上应尽量设置强制对中装置。

(3)每个控制点至少应有3条边与其连接,极个别的点才允许有2条边连接。

(4)对于洞口或井口附近的控制点,考虑到需采用其他测量方法进行加密、检测或恢复,应当使同一洞口或井口附近的几个控制点相互通视。GPS隧道施工控制网除洞口子网控制点之间要求通视外,主网控制点之间无通视要求。

(5)选择的控制点的环境适合于GPS观测。

(6)隧道洞口布设GPS点特别困难时,可以只布设一条GPS定向联系边,用于向洞内传递地面控制测量成果。此时为了满足施工测量需要(即洞口不能少于三个平面控制点),可以增设两个导线点,与GPS定向联系边一起构成洞口施工控制网。

GPS控制网应同附近等级高的国家平面控制网联测,联测点数应不少于3个。隧道路线附近有高等级的GPS点时,应予以联测。若同一隧道工程的GPS控制网分为两个投影带时,在分带交界附近的点应有两个投影带的坐标。

GPS测量的一个特点是对长基线测量精度很高,但在边长较短时,由于受固定误差的影响,方位角的精度就大大下降了。GPS测量基线边长与角度之间的匹配关系不像导线、边角网等形式。由于这些原因,在隧道的地面控制测量中,当采用GPS测量时,为保证横向贯通的精度,应格外注意GPS网的方向中误差。

3. 隧道地面控制网的工程实例

这里以秦岭隧道工程(张项铎等,2000)为例,介绍长隧道地面平面控制网的布测方法及相关问题。秦岭隧道全长18.5km,位于西安至安康铁路北段,穿越秦岭山脉中段,进口、出口分别位于陕西省长安县和柞水县,越岭地段高程2800m,两端洞口高差154m。隧道所经过地段山陡林密、地形复杂,通视和交通条件极差,气候变化无常,昼夜温差悬殊。

该隧道两端独头掘进近10km,贯通距离长,测量误差大,要求的贯通精度高。若仍沿用常规方法布设地面测量控制网,不仅测量工作量大、周期长,而且精度难以保障。因此,洞外平面控制测量用GPS网布设,这样不但可以克服隧道地形险陡、树木茂密、通视条件差等不利因素,而且能够保证精度、提高工作速度、降低费用。

地面GPS控制网按B级网的要求进行施测,控制网的布设如图8-1所示。隧道进口处设置5个点:J2、J1、J4、QL02、QL03,其中QL02、QL03位于高山上,J2、J1、J4为洞口点和定向点。出口处设置7个点:QL05、QL06、QL07、A、C2、C3、C4,其中QL06、QL07位于山上,C2、C3为定向点,位于较低的山坡上,QL05、A、C4距离洞口不远。为了确保向洞内引测的精度,减少照准误差,进口、出口段的定向边长均大于500m。QL02、QL03、QL06、QL07等点既不是洞口点,也不是定向点,它们的作用主要是增强 GPS 网的整体图形的坚固性,并检查控制点的稳定性。

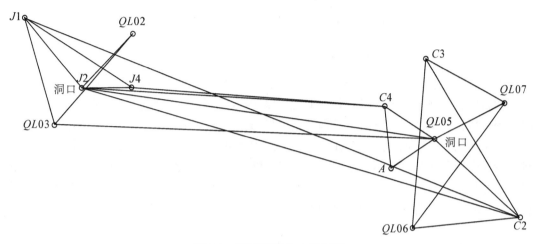

图 8-1　秦岭隧道 GPS 控制网

控制网的观测采用三台 Trimble 4000SSI 双频 GPS 接收机,仪器的标称精度为 5mm+1ppm。按 B 级网的相关技术要求观测,每一时段短边(<1km)观测不少于 40min(实际的时间为 60min),长边(1~20km)观测不少于 90min(实际的时间为 150min)。观测时,QL02、QL03、QL06、QL07 等位于山顶上的点,除至少观测两个时段外,还应有足够长的观测时间,其余点则至少观测三个时段。另外还应特别注意加强进口、出口之间的长边数量,保证同步观测时间,以及两端局部网间联测的质量。外业观测时首先集中三台接收机在出口端作业,观测了 6 个时段。然后两台接收机到进口端,留一台在出口端,同步观测了一天半,出口端的接收机每次连续观测时间均在 150min 左右,进口端两台仪器中,一台设站时间较长,另一台设站时间较短,但一般都不少于 60min。

外业观测结束后进行了基线解算、同步环和异步环闭合差检验,均满足要求。GPS 网平差采用了 LIP 和 GDPS 两种平差软件。先进行三位无约束平差,以验证基线向量解算结果的内部符合精度情况,同时可以得到各个点的 GPS 大地高,为研究两端洞口的大地水准面提供基础。二维约束平差是先将三维 GPS 基线向量投影到工程椭球面然后投影到高斯平面上并转化至隧道施工坐标系。该工程椭球的球心和扁率与 WGS 84 参考椭球相同,但长半轴考虑了秦岭隧道的平均高程以及大地水准面与椭球的差距,计算时取测区平均高程面和自定义的中央子午线进行高斯投影。二维约束平差取隧道中线上两个点 J2 和 QL05 为约束点,通过平差计算,该次 GPS 网的精度和可靠性均满足工程施工要求,且精度远优于常规地面测量控制网的精度,其主要精度指标统计如下:

(1)点位精度方面,最弱点的点位中误差为 4mm,平均点位中误差为 2.2mm;

(2)边长精度方面,边长中误差全部在 0.3~3.8mm 范围内,平均值为 2mm,相对误差 1/29000~1/59540000,平均相对误差为 1/4770000,最弱边边长中误差为 1.9mm;

(3)外部符合精度方面,本次 GPS 测量与首次控制测量有 7 个公共点,比较两次测量结果,x 坐标差最大为 3.2mm,平均相差 1.5mm,y 坐标相差最大为 6.3mm,平均相差

3mm；

(4)隧道的实际贯通精度，依据洞外 GPS 网的成果引测进洞，通过洞内光电测距导线网传递坐标和方位直至贯通面，实测的横向贯通误差为 12mm，远远小于限差值。

8.2.2 地面高程控制测量

地面高程控制测量的任务是在各洞口(或井口)附近设立 2~3 个水准点，测量各水准点间的高差。其作用是由洞口(或井口)点向洞内或井下传递高程，建立地面和地下统一的高程系统，以保证在贯通面上高程的正确贯通。高程控制测量的方法，一般在平坦地区及微丘陵地区用等级水准测量，在地形复杂的山区可以采用全站仪三角高程测量与地面导线测量联合作业代替三、四等水准测量。对于隧道工程的水准测量等级的确定，一般应根据隧道的长度和隧道所经地区地形起伏情况而定。表 8-6 为《铁路工程测量规范》(TB 10101—2009)中对各等级水准测量的规定。

表 8-6　　　　　　　　　地面水准测量等级及使用仪器要求

等级	两洞口间水准线路长度/km	每公里高差偶然中误差	水准仪型号	标尺类型
二等	>36	1.0	S0.5、S1	线条式因瓦水准尺
三等	13~36	3.0	S1	线条式因瓦水准尺
三等	13~36	3.0	S3	区格式木质水准尺
四等	5~13	5.0	S3	区格式木质水准尺
五等	<5	7.5	S3	区格式木质水准尺

进行地面水准测量时，利用线路定测水准点的高程作为起始高程，水准线路应形成闭合环线，或者敷设两条相互独立的水准线路，由起始水准点从一端洞口测至另一端的洞口。

8.3　隧道地下控制测量

隧道地下控制测量包括地下平面控制测量和地下高程控制测量。受隧道形状的影响，地下平面控制测量只能布设成导线的形式，而且地下导线是随着隧道向前开挖而逐步布设的，遵循"分级布设，高级控制低级"的原则。地下高程控制测量方法有水准测量和三角高程测量两种，一般也分级布设，高级控制低级。

8.3.1 地下导线测量

地下导线测量的任务是以必要的精度，建立隧道的地下平面控制系统。根据地下导线点可以放样出隧道设计中线及其衬砌位置，从而指示隧道的掘进及衬砌施工、地下构筑物的施工放样和竣工测量。

8.3 隧道地下控制测量

地下导线的起始点通常设置在隧道洞口、斜井或竖井的井口，通过地面控制测量(利用斜井或竖井开挖的还要进行联系测量)测定地下导线起始点的坐标和起始边的坐标方位角。地下导线布设等级和测量精度要求取决于地下工程的类型、用途、延伸的范围大小、施工方法和设计提出的限差要求等。表8-7为《铁路工程测量规范》(TB 10101—2009)中对各级地下导线测量的规定，其中的等级是指主要导线的等级。

地下导线的形状和布设形式取决于隧道的形状，应尽量沿着线路中线(或边线)布设，边长应大致相等，尽量避免长短边相接。导线点应尽量布设在施工干扰小、通视良好且稳固的安全地段，两点间视线与坑道边的距离应大于0.2m。导线点经常布设在隧道顶板上，在断面较大的隧道里，导线点也常布设在底板或侧壁上。

表8-7 铁路隧道地下导线测量的规定

控制网名称	测量等级	测角精度/(″)	适用长度/km	边长相对中误差
隧道地下导线	二等	±1.0	直线：7~20 曲线：3.5~20	1/5000 1/10000
	三等	±1.8	直线：3.5~7 曲线：2.5~3.5	1/5000 1/10000
	四等	±2.5	直线：2.5~3.5 曲线：1.5~2.5	1/5000 1/10000
	五等	±4.0	直线：<2.5 曲线：<1.5	1/5000 1/10000

由于地下条件的限制，地下导线并不是一次布设而成，而是随着隧洞的掘进及时地、逐步地不断向前延伸、分级布设。地下导线通常分施工导线、基本导线和主要导线3种：

(1)施工导线，边长一般为20~50m；
(2)基本导线，边长一般为50~100m；
(3)主要导线，边长一般为150~800m。

隧洞每向前掘进20~50m，为了方便放样开挖面的位置和方向，需向前布设一个施工导线点。施工导线边短、点多，测量误差累积较大，为了保证后面的施工放样的精度，每当向前掘进100~300m，需向前布设精度较高的基本导线作为后面施工导线的起算点。基本导线点可以直接利用一部分施工导线点，不再专门设点。当继续向前掘进，距离上一主要导线超过1km时，为了保证贯通精度，还需向前布设精度更高的主要导线点作为后面基本导线的起算点，主要导线点可以直接利用一部分基本导线点的标志。对于逐步向前延伸、分级布设的地下导线，后续低一级的导线要在高一级导线点的基础上向前延伸。同时，无论哪一级的导线当隧道掘进一段距离布设一个新点后，都要从起点开始进行一遍全面的复测。在直线地段只作角度检测，在曲线地段还要同时作边长检核测量。这样做一方面可以提高精度、发现错误，另外还可以检查点位是否变动。在有些情况下可以舍去基本导线这一级，直接在施工导线的基础上布设长边导线（主要导线）；在不具备长边通视条件的情况下也可以只布设基本导线，而不布设主要导线，如图8-2所示。

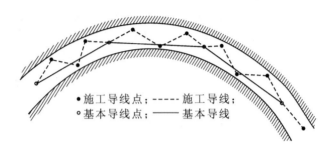

图8-2 地下导线的分级布设

受地形条件限制，隧道洞口的地面控制点之间一般边长较短，且仰角、俯角较大，为提高向洞内传递方向的精度，观测前应选择边长合适、仰角、俯角不大的方向作为起始方向。在观测过程中，测回间改变对中器的对中方向重新对中整平仪器和觇标，以减小仪器和觇标的对中误差对测角的影响。地下导线水平角测量应注意：

(1) 洞口站测角宜在夜晚或阴天进行；

(2) 洞内的目标应有足够的亮度、受光均匀、目标清晰，避免光线从旁侧照射目标；

(3) 由于地下导线边长较短，因此，测角时应注意尽可能减小仪器对中和目标偏心误差的影响，遇到短边时在测回间仪器和觇标应重新对中。

地下导线边长测量宜采用测距仪测距，并应注意：

(1) 充分通风，避免尘雾环境下测距；

(2) 测距时仪器和反光镜面无水雾；

(3) 反光镜的照明要适度。

对不具备测距仪测距条件的也可用钢尺量距。钢尺量距应悬空丈量，计算边长时应加入尺长、温度、倾斜、垂曲等项改正。另外，对于特长隧道，单口掘进5km左右时，应加测不低于6″级精度的陀螺定向边。

地下导线当用陀螺经纬仪测定了起始边、最终边或中间边的方位角时，这种导线就称为方向附合导线。其角度闭合差的计算、分配方法与附合导线相同。对于方向附合导线，考虑陀螺经纬仪的定向误差 $m_{α0}$，则允许的角度闭合差应为

$$f_{β允} = ± 2\sqrt{2m_{α0}^2 + n × m_{β}^2} \tag{8-1}$$

式中：n——参与计算闭合差的测量角度的个数；

$m_β$——相应级别导线的测角中误差。

对于大断面的长隧道或城市地铁工程中，地下导线可以布设成主辅点菱形导线、主辅点四边形导线、环形导线等形式，如图8-3所示；有时还可以布设为全导线网或交叉双导线网形式，如图8-4所示，以便于增加导线的闭合检核条件，提高网的精度和可靠性。

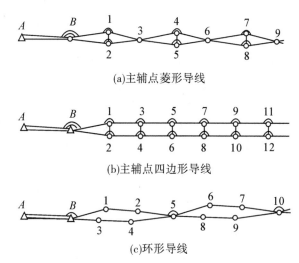

(a)主辅点菱形导线

(b)主辅点四边形导线

(c)环形导线

图 8-3 大断面隧道的洞内导线形式

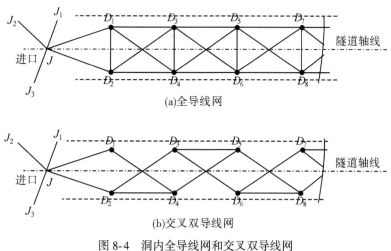

(a)全导线网

(b)交叉双导线网

图 8-4 洞内全导线网和交叉双导线网

8.3.2 地下高程控制测量

地下高程控制测量的任务是测定隧道中高程控制点的高程,建立一个与地面统一的地下高程控制系统,作为隧道掘进中坡度的控制和竖直面内施工放样的依据。地下高程控制测量可以采用水准测量或三角高程测量,其主要特点为:

(1)地下高程测量线路一般与地下导线测量的线路相同,通常利用地下导线点作为高程点。高程点可以埋设在隧道的顶板、底板或侧壁上。

(2)高程点布设在顶板时,观测时水准尺应倒立在测点上。

(3)地下高程测量线路在贯通前均为支水准路线,因此需要进行往返观测或多次观测,以资检核,防止出现差错。

(4)在施工中为满足施工放样的需要,一般是先用低等级高程测量给出隧道在竖直面内的掘进方向,然后再用高等级的高程测量进行检测,并建立永久高程点。永久高程点的间距以300~500m为宜。

地下水准测量的等级,主要根据两开挖洞口间洞外水准路线的长度确定,表8-8为《铁路工程测量规范》(TB 10101—2009)的相关规定。

表8-8　　　　　　　　　　地下水准测量等级及使用仪器要求

测量等级	每千米高差中数的偶然误差/mm	两开挖洞口间水准路线长度/km
二等	≤1.0	>32
三等	≤3.0	11~32
四等	≤5.0	5~11
五等	≤7.5	<5

注:两开挖洞口间水准路线长度短于5km的,可以按五等水准测量要求进行。

地下水准测量所用的仪器、工具、测量路线的布设形式、施测方法与地面水准测量基本相同。由于隧道中的水准点设置位置不同,有时设置在顶板上,有时设置在底板上,无论立尺点位于顶板还是底板,测站高差都等于后视读数减前视读数,只是在水准尺倒立时,其读数之前应冠以负号。例如图8-5所示的四种情况,各测站高差:$h_1 = a_1 - b_1$,$h_2 = a_2 - (-b_2) = a_2 + b_2$,$h_3 = (-a_3) - (-b_3) = -a_3 + b_3$,$h_4 = (-a_4) - b_4 = -a_4 - b_4$。

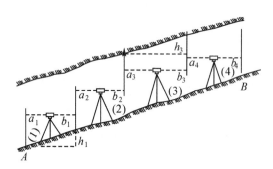

图8-5　隧道的地下水准测量

地下三角高程测量,通常是在倾角较大、水准测量难以进行的隧道或斜井中与导线测量同时进行的。如图8-6所示,安置经纬仪于A点,瞄准B点的标志,测出倾角δ、斜距L,量取仪器高i与觇标高v。一般情况下地下三角高程测量受大气折光的影响可以忽略,但应注意地球曲率的影响,则A、B两点间的高差为

$$h_{AB} = L\sin\delta + i - v + \frac{(L\cos\delta)^2}{2R} \tag{8-2}$$

由于地下测点可以布设在顶板或底板上,因此在应用上式计算高差时,应注意在i和v的数值之前冠以相应正、负号。

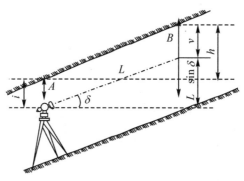

图 8-6　地下三角高程测量

8.4　竖井联系测量的方法和精度分析

8.4.1　联系测量概述

为了使地面、地下能采用统一的坐标系统和高程系统而进行的测量工作称为联系测量。联系测量包括平面联系测量与高程联系测量两部分，前者称为定向，后者称为导入高程。联系测量的目的是统一地面、地下的坐标系统和高程系统。竖井联系测量的任务是：

(1) 测定井下导线起始边的方位角；
(2) 测定井下导线起始点的平面坐标；
(3) 测定井下高程基点的高程。前两项任务是用定向测量来完成的，第三项任务是用导入高程测量完成的。

平面联系测量的结果中包含两项误差：井下导线起点坐标的误差和起始边方位角的误差，其中最关键的是控制起始边方位角的精度。如图 8-7 中，1、2、3、4、5 点为井下导线点，由于平面联系测量误差将使起点 1 产生坐标误差 e 而偏至点 $1'$，起始边 1—2 产生方位角误差 ε 而偏至 1—$2'$。对于起点 1 坐标的误差 e，若不考虑其他误差影响，则其他各导线点也同样偏离正确位置一段距离 e，即起始点坐标误差对其余各点的影响，不随导线的伸长而增加。而起始边方位角误差的影响却不同，若不考虑其他误差，则误差 ε 使整个导线绕 1 点转了一个 ε 角而处于 1、$2'$、$3'$、$4'$、$5'$ 点的位置。由于起始边方位角误差 ε 引起的导线点 i 的位置误差为：

$$e_i = \frac{S_i \times \varepsilon}{\rho} \tag{8-3}$$

式中：S_i——导线点 i 至点 1 的距离。

可见起始边方位角的误差所引起的各导线点位置误差，与该导线点离起始点距离成正比。至于起点坐标误差，最大也不过是 10~20mm，比方位角误差影响小得多。由此可见，在平面联系测量过程中，精确地传递方位角是最重要的。

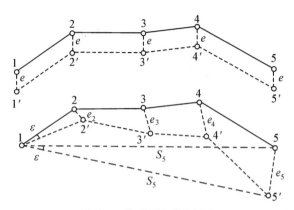

图 8-7 联系测量误差影响

平面联系测量的方法常用下列几种：
(1)通过平硐或斜井的几何定向；
(2)通过一个竖井的几何定向(即一井定向)；
(3)通过两个竖井的几何定向(即两井定向)；
(4)陀螺经纬仪定向；
(5)用精密磁性仪器定向。

通过一般平硐或斜井的几何定向，只要通过斜井或平硐敷设导线即可，高程连测可以通过在斜井或平硐中进行水准测量或三角高程测量。本节讲述一井定向、两井定向、高程联系测量的方法。

在竖井定向前，必须在地面井口附近建立近井点和井口高程基点，并将其包括在地面控制网内或与地面控制网联测。井口控制点应满足下列要求：
(1)尽可能埋设在便于观测、易于保存和不受施工影响的地点。
(2)近井点至井口的连测导线边数不能超过三条。
(3)井口高程基点不得少于两个(近井点亦可作为井口高程基点用)。

除在地面设立近井点和连接点外，还应在地下设立井下导线测量永久点和水准基点。永久导线点和水准基点应成组设置，每组应有三个永久导线点和两个水准基点，一般可以设 1~2 组。永久导线点亦可以作为水准基点。通过联系测量将地面平面坐标、方位角及高程传递到这些点上，作为井下控制测量起始数据。

8.4.2 一井定向

通过一个竖直井筒进行的几何定向称为一井定向。一井定向必须在竖井井筒内悬挂两根钢丝，钢丝的一端固定在井口地面，下端系上定向专用垂球，钢丝在井筒内应自由悬挂，称钢丝为"垂球线"。在地面由井口控制点或近井点与两垂球线连测，求出两垂球线的平面坐标及其连线的方位角；在井下定向水平则将两垂球线与井下永久点予以连测，这样便将地面的坐标和方位角传递给井下控制点。一井定向外业工作分为两个部分：

(1) 由地面向定向水平进行投点。

(2) 在地面和井下定向水平分别与垂球线进行连测,这部分工作简称为"连接测量"。

1. 投点

常用的投点方法有单重稳定投点和单重摆动投点两种。前一种方法是将垂球放在盛有某种液体的桶内,使其稳定后进行连接测量;后一种方法是让垂球线自由摆动,通过观测求出垂球的静止位置并加以固定,然后按照固定的垂球线进行连测。稳定投点法只有当垂球摆动的振幅不超过0.4mm时才能运用;否则,必须采用摆动投点。

从地面向定向水平投点时,由于井筒内气流、滴水和其他因素的影响,将使垂球线投到定向水平时发生偏离,一般称这种偏差 e 为"投点误差"。由于投点误差所引起的两垂球线连线的方向误差 θ,称为投向误差。投向误差按下式计算

$$\theta = \pm \frac{e}{c}\rho \tag{8-4}$$

式中:c——两吊垂线的间距。

上式说明,投向误差 θ 与投点误差 e 成正比,而与两垂球线间距离 c 成反比。因此,要减小投向误差,就必须加大两垂球线间的距离 c 或减小投点误差 e。

投点所需的设备和安装如图8-8所示,图8-8中1为缠绕钢丝用的手摇绞车,2为导向滑轮,3为定点板,4为井架横梁,5为垂球,6为有稳定液的水桶。投点时,首先在钢丝上挂上小重锤,用绞车下放钢丝,小重锤到达定向水平后,换上作业重锤。必须确保垂球线(包括钢丝与重锤)自由悬挂于井筒内,不与井壁和井筒内其他物体接触。

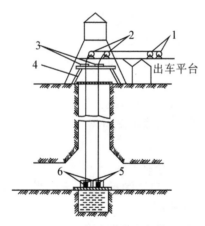

图8-8 投点设备和安装

2. 连接测量

投点工作完成以后,应立即进行井上、下的连接测量工作。连接测量的方法很多,如连接三角形法、瞄直法、对称读数连接法、连接四边形法等。我国常用连接三角形法,下面介绍该方法。

(1) 连接三角形组成

如图8-9(a)所示,由悬挂在井筒内的两根垂球线 A 和 B,与井上的连接点 C 组成井上三角形 ABC,与井下连接点 C' 组成井下三角形 ABC',此即所谓的连接三角形。图8-9(b)为井上、下连接三角形的平面投影。

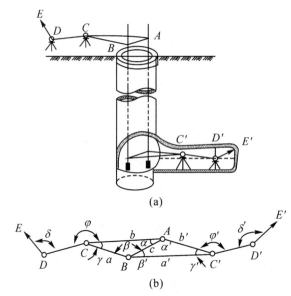

图8-9 一井定向的连接三角形

在组成连接三角形时,选择井上、下连接点 C 和 C' 点是关键,应该满足下述要求:

①点 C 与 D 及点 C' 与 D' 应相互通视,CD 边长要大于20m并尽量大一些。

②垂球线 A 和 B 应尽可能设置在点 C 和 C' 联线上,使角度 γ 和 α 及 γ' 和 β' 小于2°,构成"延伸三角形"。

③点 C 和 C' 应尽可能靠近最近的垂球线,使 a/c 及 b'/c 的值最小,一般其比值小于1.5为宜,但注意不要小于仪器望远镜明视距离(2m)。

(2) 外业工作

以图8-9为例说明连接测量的外业工作:

①在地面连接点 C 上用全圆方向法测量角 γ、φ。当 CD 边长较短时,测回间仪器应重新对中。井下的角度测量方法相同。

②丈量连接三角形各边长度,丈量时应对钢尺施以比长时的拉力,并测量温度。

(3) 内业计算

在进行内业计算之前,应对全部记录进行检查,经检查无误后,方可计算。

①解算连接三角形要素,求出两垂球线处的角度 α 和 β。按正弦公式

$$\sin\alpha = \frac{a}{c}\sin\gamma \tag{8-5}$$

$$\sin\beta = \frac{b}{c}\sin\gamma \tag{8-6}$$

当 $\alpha<2°$ 及 $\beta>178°$ 时，可以采用近似公式计算：$\alpha = \frac{a}{c} \times \gamma$，$\beta = \frac{b}{c} \times \gamma$。

由解算三角形得到 α 和 β 的角值后，则应用三角形内角和等于 $180°$ 进行检验。

两垂球线间距离 c 可以按余弦公式进行计算

$$c_{计}^2 = a^2 + b^2 - 2ab\cos\gamma \tag{8-7}$$

$$d = c_{测} - c_{计} \tag{8-8}$$

井下角度与边长的计算、检验方法相同。

一般来说，计算值和直接丈量值之差 d，井上不应超过 2mm，井下不应超过 4mm。满足要求时，在丈量的边长中加改正数：$v_a=-d/3$，$v_b=+d/3$，$v_c=-d/3$。

②经检验连接三角形的解算值合乎要求后，将井上、下看成一条由 E—D—C—A—B—C′—D′—E′ 组成的导线，求出井下导线起始边的方位角和起始点的坐标。

3. 一井定向的误差分析

由图 8-9 可知，$C'D'$ 的坐标方位角为

$$\alpha_{C'D'} = \alpha_{DC} + \varphi - \alpha + \beta' + \gamma' + \varphi' \pm n \cdot 180 \tag{8-9}$$

根据误差传播定律可得地下定向连接边 $C'D'$ 坐标方位角的中误差为

$$m_{\alpha C'D'}^2 = m_{\alpha CD}^2 + m_\varphi^2 + m_\alpha^2 + m_{\beta'}^2 + m_{\gamma'}^2 + m_{\varphi'}^2 \tag{8-10}$$

由上式可见，一井定向的误差有两项来源，一是 α、β' 的误差，二是 φ、γ'、φ' 的测角误差。

(1) α、β' 的误差分析

因为角度 α 是用正弦公式计算得到的，即

$$\sin\alpha = \frac{a}{c}\sin\gamma$$

根据误差传播定律可得

$$m_\alpha^2 = \left(\frac{\partial\alpha}{\partial a}\right)^2 m_a^2\rho^2 + \left(\frac{\partial\alpha}{\partial c}\right)^2 m_c^2\rho^2 + \left(\frac{\partial\alpha}{\partial\gamma}\right)^2 m_\gamma^2$$

将各式的偏导数代入上式后得

$$m_\alpha^2 = \frac{\sin^2\gamma}{c^2\cos^2\alpha}m_a^2\rho^2 + \frac{a^2\sin^2\gamma}{c^4\cos^2\alpha}m_c^2\rho^2 + \frac{a^2\cos^2\gamma}{c^2\cos^2\alpha}m_\gamma^2 \tag{8-11}$$

将 $\sin\gamma = \frac{c}{a}\sin\alpha$ 和 $\cos^2\gamma = 1 - \sin^2\gamma = 1 - \frac{c^2}{a^2}\sin^2\alpha$ 代入上式，得

$$m_\alpha^2 = \frac{\tan^2\alpha}{a^2}m_a^2\rho^2 + \frac{\tan^2\alpha}{c^2}m_c^2\rho^2 + \frac{a^2}{c^2\cos^2\alpha}m_\gamma^2 - \tan^2\alpha \cdot m_\gamma^2 \tag{8-12}$$

$$m_\alpha = \pm\sqrt{\rho^2\tan^2\alpha\left(\frac{m_a^2}{a^2} + \frac{m_c^2}{c^2} - \frac{m_\gamma^2}{\rho^2}\right) + \frac{a^2}{c^2\cos^2\alpha}m_\gamma^2} \tag{8-13}$$

同理可得计算角 β 的中误差

$$m_\beta = \pm \sqrt{\rho^2 \tan^2\beta \left(\frac{m_b^2}{b^2} + \frac{m_c^2}{c^2} - \frac{m_\gamma^2}{\rho^2}\right) + \frac{b^2}{c^2 \cos^2\beta} m_\gamma^2} \tag{8-14}$$

如果 $\alpha \approx 0°$，$\beta \approx 180°$，则 $\tan\alpha \approx 0$，$\tan\beta \approx 0$，$\cos\alpha \approx 1$，$\cos\beta \approx -1$。于是上式可以简化为

$$m_\alpha = \pm \frac{a}{c} m_\gamma \tag{8-15}$$

$$m_\beta = \pm \frac{b}{c} m_\gamma \tag{8-16}$$

因为 $a<b$，所以 $m_\alpha<m_\beta$，所以在联系三角形中经过小角的路线传递方位角较为有利。

利用上述公式同样可得地下定向水平的连接三角形中 α'、β' 角的中误差。

分析上面的误差公式可以得出以下结论：

①连接三角形最有利的形状为锐角不大于 2° 的延伸三角形。

②计算角 α 的误差，随 γ 角误差的增大而增大，随比值 a/c 的减小而减小，β' 角也是如此。故在连接测量时，应使连接点 C 和 C' 尽可能靠近最近的垂球线。

③两垂球线间的距离 c 应尽可能设置为最大值。

④一井定向方位角的传递应选择经过小角的路线。

⑤在延伸三角形中，量边误差对定向精度的影响较小。

（2）测角误差的分析

在点 C 处测量连接角 φ 的误差 m_φ 可以按下式计算

$$m_\varphi = \pm \sqrt{m_i^2 + \left(\frac{e_C}{\sqrt{2}d}\right)^2 \rho^2 + \left(\frac{e_D}{\sqrt{2}d}\right)^2 \rho^2} \tag{8-17}$$

式中：m_i——测量方法的误差；

d——连接边 CD 的边长；

e_C、e_D——C 点上经纬仪的对中线量误差和 D 点上觇标的对中线量误差。

可见，要减小测量连接角的误差影响，除了提高测角精度外，还应使连接边 d 长一些，并提高仪器及觇标的对中精度。上述公式同样适用于井下连接测量连接角的误差估算。

铁路山岭隧道施工一井定向应满足下列要求：

①每次定向应对三组独立联系三角形（通过改变悬吊钢丝的位置实现）进行测量，取三次的平均值作为一次定向的结果。

②联系三角形的小角应小于 2°，两悬吊钢丝间距不应小于 5m，a/c 应小于 1.5。

③联系三角形的边长测量可以用检定过的钢尺测量，钢尺测量估读至 0.1mm，每边独立测量三个测回，每测回读数三次。各测回的较差应满足：井上小于 0.5mm，井下小于 1.0mm。井上与井下测量同一边的较差应小于 2mm。

④水平角应采用 2″ 级或更高精度的经纬仪按方向法观测四测回，测角中误差应小于 4″。

⑤各测回测定的井下起始边方位角较差不应大于 20″，方位角平均值中误差不应大于 12″。

8.4.3 两井定向

当两个竖井相向开挖的隧道相通并能进行测量时,就应采用两井定向方法进行联系测量。所谓"两井定向"就是在两个井筒中各挂一根垂球线,然后在地面和井下利用导线把这两个垂球线连接起来,如图 8-10 所示,通过计算把地面坐标系统中的平面坐标及方向传递到井下。由于两井定向是把两垂球线分别挂在两个井筒内,因此两垂球线间距离比一井定向大大地增加,从而减少了投向误差的影响,这是两井定向的最大优点。两井定向的工作程序包括向定向水平投点、在地面和定向水平分别与垂球线进行连接测量、内业计算。

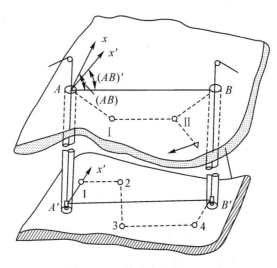

图 8-10 两井定向连接测量

1. 投点

投点的设备和方法与一井定向相同,但比一井定向简单,占用生产时间很短。两个竖井位置的连接测量不必同时进行,减小了对生产的影响。

2. 井上、下连接测量

(1)地面连接测量

地面连接测量的任务是测定两垂球线的坐标。地面连接测量的方式,当两井间距离较近时,则可以利用一个近井点,用导线或直接由近井点进行连接,如图 8-11(a)所示;当两井间距离较远时,则分别在两个井筒附近建立近井点进行连接,如图 8-11(b)所示。

(2)井下连接测量

在定向水平上,井下导线点和两端的两垂球线构成无定向导线,如图 8-11 所示的 A—1—2—…—B。外业施测无定向导线各边长及其水平角。在敷设导线时,若条件许可,应尽可能使导线取最短路线,最好沿两垂球线连线方向延伸,组成延伸导线,并加大边长。

第8章 隧道工程施工测量

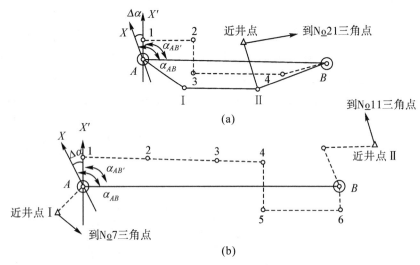

图 8-11 两井定向导线图

3. 内业计算

两井定向的具体计算步骤和过程为：

(1) 根据地面连接测量的结果，首先计算两垂球线的坐标 X_A、Y_A、X_B、Y_B，然后计算其连线的方位角 α_{AB} 和长度 D_{AB}。

(2) 确定井下假定坐标系，并计算在定向水平上两垂球线 A、B 连线在假定坐标系中的方位角和长度。为了计算方便，一般设点 A 为假定坐标系原点，导线边 $A1$ 为假定坐标系的 X' 轴方向，即 $x_A=0$，$y_A=0$，$a_{A1}=0°00'00''$，如图 8-11 所示。按假定坐标系计算出井下连接导线点 B 的假定坐标 x_B 和 y_B。然后计算 AB 的假定方位角和长度

$$\tan\alpha'_{AB}=\frac{\Delta y_{AB}}{\Delta x_{AB}}=\frac{y_B}{x_B} \tag{8-18}$$

$$D'_{AB}=\frac{x_B}{\cos\alpha'_{AB}}=\frac{y_B}{\sin\alpha'_{AB}}=\sqrt{\Delta x_{AB}^2+\Delta y_{AB}^2} \tag{8-19}$$

为了检核精度，往往将 D'_{AB} 进行投影改正，再计算其与地面距离 D_{AB} 的差值 ΔD，即

$$\Delta D = D_{AB}-\left(D'_{AB}+\frac{H}{R}D'_{AB}\right) \tag{8-20}$$

当 ΔD 不超过规定的允许值时，才可以进行后续的坐标计算。

(3) 计算井下导线第一边（导线边 $A1$）在地面坐标系统中的方位角 α_{A1}。由于 $\alpha_{A1}-\alpha'_{A1}=\alpha_{AB}-\alpha'_{AB}$，所以

$$\alpha_{A1}=\alpha_{AB}-\alpha'_{AB}+\alpha'_{A1}=\alpha_{AB}-\alpha'_{AB}=\Delta\alpha \tag{8-21}$$

(4) 根据 A 点的坐标 X_A、Y_A 和 $A1$ 边的方位角 α_{A1} 计算井下各导线点在地面坐标系中的坐标。由于各种误差因素的影响，计算出的 B 点坐标与地面连接测量所得的 B 点坐标存

在差值，当利用其差值计算的相对闭合差满足井下连接导线的精度规定时，则认为井下连接导线的测量与计算是合格的，这时可以将闭合差按与边长成正比的方法进行分配和改正。

4. 两井定向的误差分析

两井定向起始边的方位角误差来源于投点误差(计算公式与一井定向的相同)、地面连接测量误差、地下连接测量误差。为方便研究，假定 AB 连线为 y 轴，垂直于 AB 方向为 x 轴。

首先分析地面连接测量误差。两井定向地面连接测量误差主要是由于连接导线的测量误差引起，如图 8-11 所示，当由控制点向两垂球线敷设连接导线时，地面连接测量误差为

$$m_{\text{上}} = \pm \sqrt{\frac{\rho^2}{D_{AB}^2}(m_{xA}^2 + m_{xB}^2) + n \cdot m_\beta^2} \tag{8-22}$$

式中：m_{xA}——由节点 Ⅱ 到垂球线 A 所测设的支导线终点在 x 轴方向上的位置误差；

m_{xB}——由节点 Ⅱ 到垂球线 B 所测设的支导线终点在 x 轴方向上的位置误差；

n——由地面控制点到节点 Ⅱ 间的导线测角个数；

m_β——由地面控制点到节点 Ⅱ 间的导线测角中误差。

地下连接测量误差主要是由地下测角误差和量边误差所引起，可以由下式计算

$$m_{\text{下}}^2 = m_{i\beta}^2 + m_{il}^2 = \sum_1^n \left(\frac{\partial \alpha}{\partial \beta_i}\right)^2 m_{\beta i}^2 + \sum_1^n \left(\frac{\partial \alpha}{\partial l_i}\right)^2 \rho^2 m_{li}^2 \tag{8-23}$$

式中的偏导数可以这样计算

$$\frac{\partial \alpha}{\partial \beta_i} = \frac{\partial \alpha_i'}{\partial \beta_i} - \frac{\partial \alpha_{AB}'}{\partial \beta_i}, \qquad \frac{\partial \alpha}{\partial l_i} = -\frac{\partial \alpha_{AB}'}{\partial l_i}$$

于是可得

$$m_{i\beta}^2 = \frac{m_\beta^2}{D_{AB}^2}\left(\sum_1^{i-1} R_{i-A}'^2 + \sum_i^n R_{i-B}'^2\right) \tag{8-24}$$

$$m_{il}^2 = \frac{\rho^2}{D_{AB}^2}\sum_1^n \sin^2\varphi_i \cdot m_{li}^2 \tag{8-25}$$

式中：R_{i-A}'——由地下导线点 1，2，…，$i-1$ 到垂球线 A 的距离在 AB 连线上的投影长度；

R_{i-B}'——由地下导线点 $i+1$，$i+2$，…，n 到垂球线 B 的距离在 AB 连线上的投影长度；

φ_i——地下导线各边与 AB 连线的夹角。

从上述分析可以看出，若两井定向的地下连接导线为等边直伸形导线时，因各导线边均与垂球线的连线 AB 相重合，即 $\varphi_i=0$，此时井下导线量边误差对各导线边的方位角的精度不产生影响。而且通过分析可以得出：两井定向地下连接导线中间导线边的方位角误差最小，并依次逐渐向两端垂球线方向增大，方位角中误差随着连接导线的边数增加而增加。因此在两井定向中，地下连接导线要选择最短路线，导线边数应尽可能少，有条件时尽可能沿两垂球线连线方向布设。以两井定向地下连接导线边作起始边布设地下控制时，

8.4.4 高程联系测量

高程联系测量的任务就是把地面高程系统,经过平硐、斜井或竖井传递到井下高程的起点上,简称为导入高程。通过平硐导入高程,可以用几何水准测量来完成,通过斜井导入高程,可以用三角高程测量来完成。通过竖井导入高程,需采用专门的方法,目前应用较广的有钢尺导入高程、光电测距导入高程两种。

1. 长钢尺法导入高程

导入高程之前应先在地面井口附近设置水准基点 A,测得其高程 H_A,该点称为近井水准基点。在井下设置一水准点 B,其高程 H_B 待定,该点为井下高程测量起算点。

导入高程通常使用长钢尺,长度有 100m、200m、500m 若干种。利用长钢尺导入高程所需要的设备与安装如图 8-12 所示,钢尺通过井盖放入井下,到达井底后,挂上工作垂球(重量最好等于钢尺比长时的拉力),以拉直钢尺。

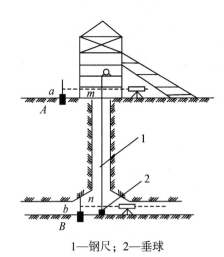

1—钢尺;2—垂球
图 8-12 钢尺导入高程

下放钢尺后,利用两台水准仪分别安置在地面的 A 点与钢尺之间以及井下的 B 点与钢尺之间,A、B 两点立水准尺。当钢尺挂上垂球并稳定后,两台水准仪分别照准水准尺读取读数 a 和 b,然后照准钢尺读取读数 m 与 n。此外,还应在井上、下测定温度 t_1 和 t_2。于是可以求得 B 点高程为:

$$H_B = H_A - [(m-n) + (b-a) + \sum \Delta l] \tag{8-26}$$

式中,$\sum \Delta l$ 为钢尺的各项改正数之和,包括尺长改正、温度改正、拉力改正和钢尺自重伸长改正。温度改正计算时用井上、井下实测温度的平均值,钢尺自重伸长改正数的计算公式为

$$\Delta l_c = \frac{\gamma}{E} \times l \times \left(L - \frac{l}{2}\right) \tag{8-27}$$

式中：γ——钢尺的单位体积重量，$\gamma = 7.8\text{g/cm}^3$；

L——钢尺悬挂部分的全长；

l——钢尺丈量时的长度（即 $m-n$ 值）；

E——钢尺弹性系数，$2 \times 10^6 \text{kg/cm}^2$。

2. 光电测距仪导入高程

用光电测距仪导入高程的基本原理，如图 8-13 所示。在井口附近的地面上安置光电测距仪，在井口和井底分别安置反射镜，井上的反射镜与水平面呈 45°夹角，井下的反射镜处于水平状态。通过光电测距仪分别测量出仪器中心至井上和井下反射镜的距离 L、S。从而计算出井上与井下反射镜中心间的铅垂距离：

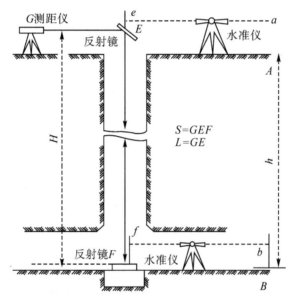

图 8-13　光电测距仪导入高程

$$H = S - L - \Delta L \tag{8-28}$$

式中：ΔL——光电测距仪的总改正数。

然后，分别在井上、井下安置水准仪。读取立于 E、A 及 F、B 处水准尺的读数 e、a 和 f、b，B 点的高程 H_B 为

$$H_B = H_A - H + (a - e) - (b - f) \tag{8-29}$$

铁路山岭隧道施工中对高程导入的要求：

(1) 高程传递测量时井上、井下应同时进行。

(2) 采用悬吊钢尺传递高程时，井上、井下的两台水准仪应同时读数。每次应独立观测三个测回，测回间变动仪器高度，三个测回测得的井上、井下水准点的高差较差应小于

3mm。各测回测定的高差应进行温度和尺长改正，当井深超过 50m 时应进行钢尺自重张力改正。

（3）采用光电测距传递高程时，应独立测量不少于两次，其互差不应大于 $H/10000$。

8.5 陀螺经纬仪定向

竖井采用几何方法定向时，因占用井筒而影响生产，且设备多、组织工作复杂，需要较多的人力、物力。用陀螺经纬仪定向就可以克服上述缺点，且可以大大提高定向精度。

8.5.1 陀螺经纬仪的工作原理

所谓陀螺，是指高速旋转的钢体。以陀螺制成的仪器称为陀螺仪。没有任何外力作用，并具有三个自由度的陀螺仪称为自由陀螺仪。自由陀螺仪具有定轴性和进动性两个特征。定轴性是指陀螺轴不受外力作用时，其方向始终指向初始恒定方向；进动性是指陀螺轴受外力作用而产生规律地偏转的效应。

常见陀螺经纬仪采用的是具有两个完全自由度和一个不完全自由度的所谓钟摆式陀螺仪。图 8-14 是徐州光学仪器厂生产的 JT15 陀螺经纬仪的主要结构图。陀螺仪由于具有定

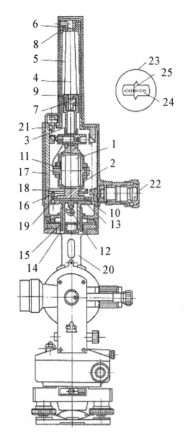

1—陀螺马达；2—陀螺房；3—悬挂柱；
4—悬挂带；5—导流丝；6—上钳形夹头；
7—下钳形夹头；8—上导流丝座；9—下导流丝座；
10—陀螺房底盘；11—连轴座；12—限幅手轮（凸轮）；
13—限幅盘；14—导向轴；15—轴套；
16—顶尖；17—支撑支架；18—锁紧盘；
19—泡沫塑料垫；20—连接支架；21—照明灯；
22—观测目镜；23—观测目镜视场；
24—分划板刻度线；25—光标线

图 8-14 陀螺经纬仪结构图

轴性和进动性两个特征，它在地球自转作用的影响下，其轴绕测站的子午线作简谐摆动，摆的平衡位置就是子午线方向。将陀螺仪与经纬仪结合起来，利用陀螺仪定出子午线方向，经纬仪测出定向边与子午线的夹角，这样就可以测出地面或井下任意边的大地方位角。

8.5.2 陀螺北方向值的观测

陀螺北方向是指陀螺子午线方向，即陀螺轴在摆动平衡位置所指的方向。陀螺北方向值的观测通常采用逆转点法。所谓逆转点，是指陀螺轴绕子午线摆动时偏离子午线最远处的东西两个位置，分别称为东、西逆转点。按逆转点法观测北方向值的方法如下：

在测站上安置仪器，观测前将水平微动螺旋置于行程中间位置，并于正镜位置将经纬仪照准部对准近似北方，然后启动陀螺。此时在陀螺仪目镜视场中可以看到光标线在摆动。用水平微动螺旋使经纬仪照准部转动，平稳匀速地跟踪光标线的摆动，使目镜视场中分划板上的零刻度线与光标线随时重合。当光标达到东西逆转点时，读取经纬仪水平度盘上的读数。连续读取 5 个逆转点的读数 u_1、u_2、u_3、u_4、u_5，便可按以下公式求得陀螺子午线的方向值 N_T。

$$N_1 = \frac{1}{2}\left(\frac{u_1 + u_3}{2} + u_2\right) \tag{8-30}$$

$$N_2 = \frac{1}{2}\left(\frac{u_2 + u_4}{2} + u_3\right) \tag{8-31}$$

$$N_3 = \frac{1}{2}\left(\frac{u_3 + u_5}{2} + u_4\right) \tag{8-32}$$

$$N_T = \frac{1}{3}(N_1 + N_2 + N_3) \tag{8-33}$$

式中：N_1、N_2、N_3——摆动中值。

8.5.3 陀螺经纬仪定向

陀螺经纬仪定向前应在地面选择好测定仪器常数的已知边，在井下选择好测定方位角的定向边，定向边的长度应大于 50m 并尽量大一些。陀螺仪定向的作业过程如下。

1. 在地面已知边上测定仪器常数 Δ

由于仪器结构本身的误差，致使陀螺经纬仪所测定的陀螺子午线和真子午线不重合，二者的夹角（即方向差值）称为仪器常数，用 Δ 表示。在井下定向测量前和测量后，应在地面同一条已知边（一般是近井点的后视边）上各测 2 次或 3 次仪器常数，所测出的仪器常数互差满足要求后取平均值。测定方法如图 8-15(a)所示，A 点为近井点，B 点为后视点，α_{AB} 为已知坐标方位角。在 A 点安置陀螺经纬仪，对中、整平，然后以经纬仪两个镜位观测 B 点，测出 AB 的方向值 M_1；然后将经纬仪照准部直指近似北方，启动陀螺仪，按逆转点法测定陀螺北方向值 N_T；再用经纬仪的两个镜位观测 B 点，测出 AB 的方向值 M_2。取 M_1 和 M_2 的平均值 M 为 AB 线的最终方向值，于是有

$$T_{AB陀} = M - N_T \tag{8-34}$$

$$\Delta = T_{AB} - T_{AB陀} = \alpha_{AB} + \gamma_A - T_{AB陀} \tag{8-35}$$

式中：$T_{AB陀}$——AB 边一次测定的陀螺方位角；

T_{AB}——AB 边的大地方位角；

α_{AB}——AB 边的坐标方位角；

γ_A——A 点的子午线收敛角。

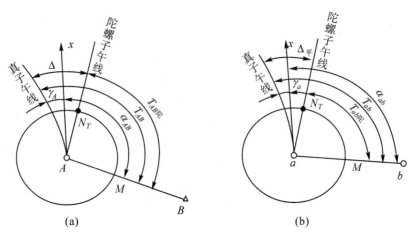

图 8-15　方位角关系示意图

2. 井下定向边陀螺方位角的测定及坐标方位角的计算

与地面同样的方法，在井下定向边上测出 ab 边的陀螺方位角，如图 8-15(b) 所示，则该边的坐标方位角为

$$\alpha_{ab} = T_{ab陀} + \Delta_{平} - \gamma_a \tag{8-36}$$

式中：$T_{ab陀}$——ab 边测定的陀螺方位角，$T_{ab陀} = M - N_T$；

$\Delta_{平}$——仪器常数的平均值；

γ_a——a 点的子午线收敛角。

对于铁路山岭隧道施工的陀螺仪定向，还应满足以下要求：

(1) 井下陀螺仪定向边不应少于 2 条，并应对井下定向边之间的角度进行检核。

(2) 陀螺仪定向宜用逆转点法、中天法等，每条定向边宜独立定向测量 2 次，每次定向不应少于 3 测回，一次定向精度不应低于 20″。

(3) 从井上近井点通过竖井定向，传递到井下近井点的坐标相对井上近井点的坐标误差应在 10mm 以内。

(4) 陀螺仪独立三测回零位较差不应大于 3″。

(5) 测前、测后测定的陀螺仪两常数平均值较差不应大于 15″。

(6) 利用测角精度不低于 2″的全站仪对两条陀螺定向边的方位角进行检查，较差不应大于 10″。

8.6 大坡度斜井联系测量的方法

斜井的联系测量通常利用导线测量向井下传递坐标和方向，利用三角高程测量向井下传递高程。但是当斜井的坡度达到45°以上时这些方法根本无法使用，原因是当仪器垂直角大于45°时，人的眼睛难以通过仪器目镜瞄准目标。此时即便这些方法能够勉强使用，在精度上也受到很大影响，再加上在斜井中进行测量工作受生产干扰和环境影响较大，对测量工作非常不利。利用陀螺仪定向的方法也只能传递坐标方位角，根本不能解决坐标和高程传递的问题。这里介绍一种适用于大坡度斜井联系测量的方法。

8.6.1 大坡度斜井联系测量的方法

如图 8-16 所示，在斜井中设置一根钢丝，并在钢丝的两端施加一定的拉力使其呈直线状态。在钢丝的两端设置 1、2、3、4 四个点。在地面上设置近井点 A 和定向点 B，利用地面控制测量测出 A 点坐标 (X_A, Y_A)、直线 AB 的坐标方位角 α_{AB}，以及 A 点的高程值 H_A。在井下设置近井点 C 和定向点 D。

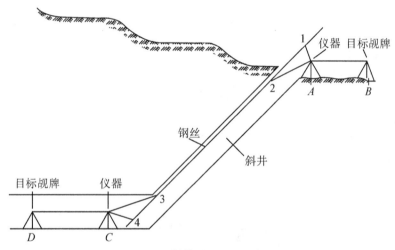

图 8-16 斜井联系测量示意图

1. 斜井联系测量的外业工作

(1)地面联系测量

如图 8-17 所示，在 A 点安置经纬仪，用全圆方向法观测角度 γ、φ，观测仪器与 1、2 点间的竖直角 δ_1、δ_2。用钢尺量取仪器中心至 1、2 两点的斜距 S_{A1}、S_{A2}。

(2)井下联系测量

在 C 点安置经纬仪，用全圆方向法观测角度 γ'、φ'，观测仪器与 3、4 点间的竖直角 δ_3、δ_4。用钢尺量取仪器中心至 3、4 两点的斜距 S_{C3}、S_{C4}(如图 8-17 所示)。

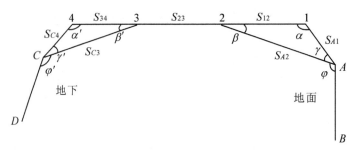

图 8-17 斜井井上、井下连接测量示意图

（3）钢丝上

在斜井中设置钢丝前，提前在地面上进行以下工作：钢丝上 1、2、3、4 点做好标记，用钢尺量取距离 S_{12}、S_{23}、S_{34}。

外业测量时，角度测量应在测回间重新对中整平，以减小对中误差和目标偏心误差对短边测角的影响；边长丈量应用检定过的钢尺，每边串尺丈量几个测回，量距结果施以尺长、温度、拉力等各项改正。

2. 斜井联系测量的内业工作

（1）钢丝竖直角的计算

1、2 两点间的高差为

$$h_{12} = S_{A2} \times \sin\delta_2 - S_{A1} \times \sin\delta_1 \tag{8-37}$$

3、4 两点间的高差为

$$h_{34} = S_{C4} \times \sin\delta_4 - S_{C3} \times \sin\delta_3 \tag{8-38}$$

钢丝的竖直角为

$$\delta_{23} = \sin^{-1}\left(\frac{h_{12}}{S_{12}}\right) \tag{8-39}$$

$$\delta_{23} = \sin^{-1}\left(\frac{h_{34}}{S_{34}}\right) \tag{8-40}$$

用式（8-39）、式（8-40）计算得的两个竖直角之差满足限差要求时，取其平均值作为结果。进而计算 12、23、34 的水平距离 $D_{12} = S_{12} \times \cos\delta_{23}$、$D_{23} = S_{23} \times \cos\delta_{23}$、$D_{34} = S_{34} \times \cos\delta_{23}$。

（2）水平角 α、β、α'、β' 的计算

如图 8-17 所示，地面上的三角形 A12 中，A1、A2 之间的水平距离 $D_{A1} = S_{A1} \times \cos\delta_1$、$D_{A2} = S_{A2} \times \cos\delta_2$。水平角 α、β 的值可以根据正弦定理计算

$$\alpha = \sin^{-1}\left(\frac{D_{A2}}{D_{12}}\sin\gamma\right) \tag{8-41}$$

$$\beta = \sin^{-1}\left(\frac{D_{A1}}{D_{12}}\sin\gamma\right) \tag{8-42}$$

同理计算井下三角形 C_{34} 中的水平距离 D_{C3}、D_{C4} 以及水平角 α'、β' 的值。

(3) 井下导线起点坐标、起始边坐标方位角的计算

如图 8-17 所示，按照 B—A—2—3—C—D 的路线（经过小角 β、β' 的路线），用一般导线计算方法计算井下导线起始边坐标方位角 α_{CD} 和起点坐标 (X_C, Y_C)：

$$\alpha_{CD} = \alpha_{AB} + \varphi - \beta - \beta' + \varphi' \pm n \times 180° \tag{8-43}$$

$$X_C = X_A + D_{A2}\cos\alpha_{A2} + D_{23}\cos\alpha_{23} + D_{3C}\cos\alpha_{3C} \tag{8-44}$$

$$Y_C = Y_A + D_{A2}\sin\alpha_{A2} + D_{23}\sin\alpha_{23} + D_{3C}\sin\alpha_{3C} \tag{8-45}$$

(4) 井下高程起点高程值的计算

井上、井下的经纬仪在测角前，精确量出其仪器高 $i_上$、$i_下$，则井下高程起点（C点）的高程值为

$$H_C = H_A + S_{A2} \times \sin\delta_2 + S_{23} \times \sin\delta_{23} - S_{C3} \times \sin\delta_3 + i_上 - i_下 \tag{8-46}$$

8.6.2 斜井联系测量的精度分析

1. 井下导线起始边坐标方位角的精度

对式(8-43)按误差传播定律求导，CD 边坐标方位角的中误差可以表示为

$$m_{\alpha_{CD}}^2 = m_{\alpha_{AB}}^2 + m_\varphi^2 + m_\beta^2 + m_{\beta'}^2 + m_{\varphi'}^2 \tag{8-47}$$

α_{AB} 的精度取决于地面控制测量的精度，φ、φ' 的精度取决于井上、井下角度测量的精度；β、β' 是计算得到的，其精度不但受井上、井下测角、量边误差的影响，还受三角形图形条件的影响，这里重点讨论 β、β' 的精度。

对式(8-42)按误差传播定律可以求得 β 角中误差的表达式

$$m_\beta^2 = \left(\frac{\partial \beta}{\partial D_{A1}}\right)^2 m_{D_{A1}}^2 \rho^2 + \left(\frac{\partial \beta}{\partial D_{12}}\right)^2 m_{D_{12}}^2 \rho^2 + \left(\frac{\partial \beta}{\partial \gamma}\right)^2 m_\gamma^2 \tag{8-48}$$

进一步全微分求解并化简，得

$$m_\beta^2 = \left(\frac{m_{D_{A1}}^2}{D_{A1}^2} + \frac{m_{D_{12}}^2}{D_{12}^2} - \frac{m_\gamma^2}{\rho^2}\right)\rho^2 \tan^2\beta + \left(\frac{D_{A1}^2}{D_{12}^2 \cos^2\beta}\right)m_\gamma^2 \tag{8-49}$$

如果使井上、井下测量三角形呈伸展形状，即 γ、β（γ'、β'）接近零度，此时 $\tan\beta \approx 0$、$\cos\beta \approx 1$，上式可以简化为

$$m_\beta = \pm \frac{D_{A1}}{D_{12}} m_\gamma \tag{8-50}$$

同理

$$m_{\beta'} = \pm \frac{D_{C4}}{D_{34}} m_{\gamma'} \tag{8-51}$$

从上述误差公式可以看出，除提高角度观测精度外，提高斜井联系测量坐标方位角传递精度的有效方法是：

(1) 使井上、井下测量三角形呈伸展形状，即 γ、β（γ'、β'）接近零度；

(2) 尽量减小比值 D_{A1}/D_{12}（D_{C4}/D_{34}）；

(3) 尽量增大钢丝上测点 1 和 2（3 和 4）的间距。

这种斜井定向的方法与一井定向的方法有很大相似之处,但由于没有投点误差,使其精度有较大提高。

2. 井下导线起始点坐标的精度

对式(8-44)、式(8-45)两式按误差传播定律求导,C 点坐标的中误差可以表示为

$$m_{X_C}^2 = m_{X_A}^2 + m_{D_{A2}}^2 \cos^2\alpha_{A2} + D_{A2}^2 \sin^2\alpha_{A2} \frac{m_{\alpha_{A2}}^2}{\rho^2} + m_{D_{23}}^2 \cos^2\alpha_{23} + D_{23}^2 \sin^2\alpha_{23} \frac{m_{\alpha_{23}}^2}{\rho^2}$$
$$+ m_{D_{3C}}^2 \cos^2\alpha_{3C} + D_{3C}^2 \sin^2\alpha_{3C} \frac{m_{\alpha_{3C}}^2}{\rho^2} \quad (8\text{-}52)$$

$$m_{Y_C}^2 = m_{Y_A}^2 + m_{D_{A2}}^2 \sin^2\alpha_{A2} + D_{A2}^2 \cos^2\alpha_{A2} \frac{m_{\alpha_{A2}}^2}{\rho^2} + m_{D_{23}}^2 \sin^2\alpha_{23} + D_{23}^2 \cos^2\alpha_{23} \frac{m_{\alpha_{23}}^2}{\rho^2}$$
$$+ m_{D_{3C}}^2 \sin^2\alpha_{3C} + D_{3C}^2 \cos^2\alpha_{3C} \frac{m_{\alpha_{3C}}^2}{\rho^2} \quad (8\text{-}53)$$

A 点为地面控制点,其坐标精度较高,水平距离 D_{A2}、D_{3C} 较短,且容易获得其较高的量边精度,所以影响 C 点坐标精度的主要因素是水平距离 D_{23} 和坐标方位角 α_{23} 的精度。于是上式可以进一步简化为

$$m_{X_C}^2 = m_{D_{23}}^2 \cos^2\alpha_{23} + D_{23}^2 \sin^2\alpha_{23} \frac{m_{\alpha_{23}}^2}{\rho^2} \quad (8\text{-}54)$$

$$m_{Y_C}^2 = m_{D_{23}}^2 \sin^2\alpha_{23} + D_{23}^2 \cos^2\alpha_{23} \frac{m_{\alpha_{23}}^2}{\rho^2} \quad (8\text{-}55)$$

斜井联系测量的坐标传递误差对地下导线各点位置的影响为一常数,不随导线的伸长而积累。而且从式(8-54)、式(8-55)可以看出,量边误差对坐标精度的影响小于量边误差本身,坐标方位角误差的影响随斜井长度的增加而增加,所以在较长斜井的联系测量中,保证坐标方位角传递的精度非常关键。

3. 井下高程起始点(C 点)高程的精度

对式(8-46)按误差传播定律求导,井下高程起点(C 点)的高程中误差可以表示为

$$m_{H_C}^2 = m_{H_A}^2 + \sin^2\delta_2 m_{S_{A2}}^2 + S_{A2}^2 \cos^2\delta_2 \frac{m_{\delta_2}^2}{\rho^2} + \sin^2\delta_{23} m_{S_{23}}^2 + S_{23}^2 \cos^2\delta_{23} \frac{m_{\delta_{23}}^2}{\rho^2}$$
$$+ \sin^2\delta_3 m_{S_{C3}}^2 + S_{C3}^2 \cos^2\delta_3 \frac{m_{\delta_3}^2}{\rho^2} + m_{i_{\text{上}}}^2 + m_{i_{\text{下}}}^2 \quad (8\text{-}56)$$

地面控制点 A 的高程中误差 m_{H_A} 较小,不做重点考虑;井上、井下的仪器高量取误差相近,即 $m_{i_{\text{上}}} \approx m_{i_{\text{下}}} = m_i$;由于竖直角 δ_2、δ_3 为直接测得的角度,精度较高,且边长 S_{A2}、S_{C3} 较短,其量距精度高,所以其对高程精度的影响也不做重点考虑,从而式(8-56)可以简化为

$$m_{H_C}^2 = \sin^2\delta_{23} m_{S_{23}}^2 + S_{23}^2 \cos^2\delta_{23} \frac{m_{\delta_{23}}^2}{\rho^2} + 2m_i^2 \quad (8\text{-}57)$$

式(8-57)中，$\sin^2\delta_{23} m_{S_{23}}^2 < m_{S_{23}}^2$，所以影响高程传递误差的主要因素是钢丝竖直角的误差。对式(8-39)、式(8-40)按误差传播定律求导可得钢丝竖直角 δ_{23} 的中误差表达式为

$$m_{\delta_{23}}^2 = \left(\frac{1}{S_{12}^2 \cos^2\delta_{23}} m_{h_{12}}^2 + \frac{\tan^2\delta_{23}}{S_{12}^2} m_{S_{12}}^2 \right) \rho^2 \tag{8-58}$$

利用井上、井下联系测量求出两次钢丝竖直角取平均值，其精度可以进一步提高。从式(8-58)可以看出，尽量增大钢丝上测点 1 和 2(3 和 4)的间距是提高竖直角精度的有效措施。另外，对于较长斜井中设置的钢丝由于本身重量的影响会产生垂曲，其对钢丝竖直角精度的影响不可忽略，减弱其影响的有效措施是增大钢丝两端的拉力使其保持直线。

8.7 贯通测量误差的预计

影响隧道贯通误差的主要因素有：地面控制测量误差、地下控制测量误差和竖井或斜井的联系测量误差。贯通测量误差预计是在贯通测量工程施工前根据所选定的测量方案、测量精度和测量方法预先估算贯通相遇点处的贯通误差，如果估算出来的误差大于贯通工程设计所规定的容许偏差时，要对选定的贯通测量方案和精度进行调整，直到估算的贯通误差在容许偏差范围内为止。

8.7.1 贯通测量方案设计

隧道测量设计包括隧道控制测量方法设计、控制网网形设计、测量精度设计以及隧道贯通误差估算等。洞外控制测量完成后，应根据实测精度估算隧道洞外贯通误差；确定隧道洞内控制网的角度和边长测量精度。

贯通测量方案设计，主要考虑贯通重要方向，即水平面内的横向贯通误差和竖直面内的高程贯通误差。对于横向贯通误差，考虑到地面测量条件要优于地下，故对地面平面控制测量的精度要求可以高一些，一般可以将地面平面控制测量误差对贯通的影响作为一个独立的因素，将地下两端相向掘进的隧道中导线测量的误差对贯通的影响各作为一个独立因素。设隧道设计的横向贯通误差的允许值为 Δ，根据测量上的等影响原则，则各独立因素(环节)测量误差的允许值为 $\Delta_q = \dfrac{\Delta}{\sqrt{3}}$；如果隧道还要通过竖井在地下相向开挖贯通，此时在每一个竖井中作联系测量的误差对贯通的影响也要作为一个独立的因素来考虑，例如隧道通过两端洞口和中间的一个竖井相向开挖贯通，则 $\Delta_q = \dfrac{\Delta}{\sqrt{4}}$。$\Delta_q$ 为一个独立测量环节中的测量误差的允许值，简称"影响值"，可以作为贯通测量方案设计的参考依据。

对于直线隧道，量边误差对横向贯通误差的影响可以忽略不计。实际上，两个洞口间的隧道一般都是直线形或半径很大的曲线形状，因此，地面、地下导线有条件时应尽量布设成等边直伸形长边导线，地下导线只要在洞内具有长边通视条件，就可以在基本导线基础上布设长边导线来指示长距离隧道(如 4km 以上)的掘进施工。长边直伸形导线的量边误差只对隧道的纵向贯通误差产生影响，而且由于长边导线减少了测站数，因此减少了测

角的个数,降低了测角误差对横向贯通误差的影响。对于长隧道,地下导线还可以采用加测一定数量导线边的陀螺方位角的方法,以限制测角误差的累积,提高导线点位的横向测量精度。

贯通测量方案设计时,可以根据隧道的设计长度、走向、线路经过地段的地形和地质水文情况、设计的线路等级和用途、贯通点允许偏差以及测量误差预计的结果,参照针对铁路、交通等制定的相关测量规范(规程、细则),选定所采用的控制测量等级、精度和相关技术指标,必要时还应通过优化设计,最终确定符合工程设计要求、保证贯通质量的测量方案。

8.7.2 平面贯通测量误差预计方法

隧道地面、地下控制测量的误差对横向贯通误差的影响值按下式计算

$$m_q = \pm \sqrt{E^2 \cos^2\varphi + F^2 \sin^2\varphi} \tag{8-59}$$

式中:φ——误差椭圆的半轴方向与贯通面的夹角,$\varphi = \alpha_G - \varphi_0$ 或 $\varphi = \alpha_G + 180° - \varphi_0$;

α_G——给定的隧道贯通面的方位角;

E、F、φ_0——贯通点相对误差椭圆参数。

1. 地面 GPS 控制测量误差对横向贯通误差影响值的估算方法

目前,隧道地面平面控制测量主要是采用 GPS 网、全站仪导线或两者结合的方式,而地面控制测量对横向贯通误差的影响主要是由进口、出口的洞口点坐标误差和定向边的坐标方位角误差所引起,因此,无论地面采用何种平面控制测量方式,误差估算就是计算两端洞口点的坐标误差和定向边的坐标方位角误差对横向贯通误差的影响值。

如图 8-18 所示的 GPS 控制网中,J、C 分别为隧道进口、出口的控制点(不一定要在中线上),A、B 为洞外定向点(可能有多个),G 为贯通点。设隧道施工坐标系的 x 坐标轴与贯通面垂直。GPS 控制测量前,应先按下式估算测量设计时的验前横向贯通中误差:

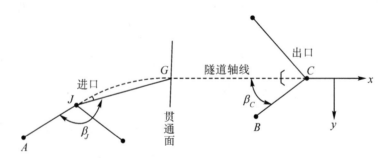

图 8-18 GPS 网的横向贯通误差影响值估算

$$m^2 = m_J^2 + m_C^2 + \left(\frac{L_J \cos\theta \times m_{\alpha J}}{\rho}\right)^2 + \left(\frac{L_C \cos\varphi \times m_{\alpha C}}{\rho}\right)^2 \tag{8-60}$$

式中:m_J、m_C——进口、出口 GPS 控制点的 y 坐标误差;

L_J、L_C——进口、出口 GPS 控制点至贯通点的长度；

$m_{\alpha J}$、$m_{\alpha C}$——进口、出口 GPS 控制点联系边的方位角中误差；

θ、φ——进口、出口 GPS 控制点至贯通点连线与贯通点线路切线的夹角。

GPS 控制测量后，应按下式估算验后横向贯通中误差

$$m^2 = \sigma_{\Delta x}^2 \cos^2\alpha_F + \sigma_{\Delta y}^2 \sin^2\alpha_F + \sigma_{\Delta x \Delta y}\sin 2\alpha_F \tag{8-61}$$

式中：$\sigma_{\Delta x}$、$\sigma_{\Delta y}$、$\sigma_{\Delta x \Delta y}$——由进口、出口推算至贯通点的 x、y 坐标差的方差和协方差；

α_F——贯通面的方位角。

采用间接平差时，还有一种简便方法，即零点误差椭圆法。如图 8-18 所示，从控制网进口、出口点 J、C 通过连接角 β_J、β_C 和距离 S_{JG}、S_{CJ} 可以分别得到贯通点 G_J、G_C。由于测量误差的影响，G_J 和 G_C 不重合，将 β_J、β_C、S_{JG}、S_{CJ} 当做不含误差的观测值（权取无穷大），与地面控制网一起平差，则 G_J 和 G_C 两点的相对误差椭圆（理论上两点应为同一点，其间距离为零）在贯通面上的投影长度即为横向贯通误差影响值。

2. 地面、地下导线测量误差对横向贯通误差影响的估算方法

隧道施工，地面平面控制测量常用的一种方法是导线测量，地下平面控制测量一般均采用导线测量的方法。对于较短的隧道，往往采用复测支导线形式。导线测量误差对横向贯通误差的影响可以用下式进行近似估算：

测角误差的影响

$$m_{y\beta} = \pm \frac{m_\beta}{\rho}\sqrt{\sum R_{xi}^2} \tag{8-62}$$

量边误差的影响

$$m_{yl} = \pm\sqrt{\sum m_l^2 \cos^2\alpha} = \pm\frac{m_l}{l}\sqrt{\sum d_i^2} \tag{8-63}$$

总影响

$$m = \pm\sqrt{m_{y\beta}^2 + m_{yl}^2} \tag{8-64}$$

式中：m_β——导线测角中误差；

R_{xi}——各导线点与贯通点连线在 x 轴上的投影长度；

m_l——导线量边中误差；

α——各导线边与贯通面间的夹角；

l——导线边长；

d_i——导线边在贯通面上的投影长。

3. 竖井联系测量误差对横向贯通误差影响的估算方法

如果有通过竖井联系测量由地面向地下传递坐标和方位角的情况时，坐标传递误差对横向贯通误差的影响一般可以忽略不计，坐标方位角传递误差的影响可以用下式计算

$$m_{x0} = \pm\frac{1}{\rho}m_{\alpha 0}R_{x0} \tag{8-65}$$

式中：$m_{\alpha 0}$——竖井定向误差，即井下导线起算边的坐标方位角中误差；

R_{x0}——井下导线起算点与贯通点连线在 x 轴上的投影长度。

需要指出,对于铁路、公路的山岭隧道,采用竖井施工的很少。当采用竖井联系测量的方式时,宜进行专业的设计论证。

各种误差引起的横向贯通总的中误差公式为

$$M = \pm\sqrt{m_{q地面}^2 + m_{x0}^2 + m_{q井下}^2} \quad (8\text{-}66)$$

一般用两倍中误差作为贯通预计误差,即 $M_预 = 2M$。

用贯通预计误差与贯通允许偏差进行比较,若预计误差小于允许偏差,则所选用的平面贯通测量方案是可行的,能保证贯通质量。

这里需要指出的是,隧道控制网宜选择独立网,其坐标原点可以任意选定(一般选取进口点),选择 x 坐标轴与设计的贯通面垂直。贯通测量的地面、地下测量工作都是在同一坐标系内进行的,而且用地面同一已知点和同一条已知边作为起始数据,向两端洞口做地面控制测量,并向洞内引测导线,当隧道贯通后地面、地下的测量线路形成一个闭合路线,贯通面的偏差是由闭合路线中角度和边长测量误差引起的,而测量起始点的坐标误差和起始边坐标方位角的误差对贯通误差没有影响,贯通测量误差预计时不予考虑。

8.7.3 高程贯通测量误差预计方法

隧道地面和地下高程控制测量主要是采用水准测量的方法。水准测量误差对高程贯通误差的影响,可以用下式计算

$$m_H = m_{hL}\sqrt{L} \quad (8\text{-}67)$$

式中:m_{hL}——每千米水准测量的高差中误差;

L——水准线路的长度,km。

按上式分别计算出地面、地下水准测量误差对隧道高程贯通误差的影响值,则高程贯通总的中误差为

$$M_H = \pm\sqrt{m_{H上}^2 + m_{H下}^2} \quad (8\text{-}68)$$

若各项测量均独立进行 n 次,并取二倍中误差作为预计误差,则高程贯通预计误差为

$$M_{H预} = \pm\frac{2M_H}{\sqrt{n}} \quad (8\text{-}69)$$

需要指出的是,若采用光电测距三角高程测量时,L 为三角高程路线的长度。如果有通过竖井由地面往地下导入高程时,还应考虑竖井导入高程误差对高程贯通误差的影响。

8.8 隧道施工测量与竣工测量

隧道工程施工测量的任务首先是洞口开挖位置及其附近地段施工中线放样,在掘进过程中提供平面和竖直面内的掘进方向,定期测量检查掘进工程进度及计算所完成的土石方量等。工程竣工后,还要进行竣工测量。

8.8.1 洞口开挖位置和进洞方向的标定

工程开始施工时,首先要在地面标定平硐口(包括正硐、横硐或侧硐)、斜井口、竖

井口的开挖位置和进洞方向,以指导开挖施工。标定时先要检查和熟悉设计图纸,检查核对设计图上的设计数据,弄清设计的中线点及中线方向。然后根据洞口附近的地面控制点和定向点,以及设计的隧道开挖点坐标和中线方向,用全站仪放样洞口开挖位置和进洞方向;同时根据洞口的高程控制点,确定洞口开挖点在竖直面内的高程位置。

地面进洞有直线进洞和曲线进洞两种形式,对曲线进洞还需要计算曲线上各主要点在施工坐标系中的坐标值和曲线细部放样所需的数据。

8.8.2 隧道掘进时的测量工作

1. 平面掘进方向的标定

平面掘进方向的确定通常通过放样中线点来进行,常用的中线测设方法有两种:

(1)由导线测设中线:依据地下导线点采用极坐标法放样中线点。该方法计算简便,测设方便、便于检核。一般要求每组测设不少于3个中线点以便于检核,对于直线段测设3点后通常用串线法检核,曲线上测设3点后一般置镜中间点检测偏角。由于全站仪的大量使用,目前隧道的洞内控制多采用导线法,洞内中线放样一般都采用极坐标法。

(2)独立的中线法测设:直线上采用正倒镜延伸直线法,曲线上由于受通视长度的限制一般宜采用偏角法。该方法操作简单方便,适用于较短隧道的中线测设。

隧道掘进的施工方法有全断面开挖法和开挖导坑法,根据施工方法和施工程序的不同,给定掘进方向的方法略有不同。

(1)全断面开挖法施工中线的标定

全断面开挖法进行施工时,通常采用中线法(也有采用边线法的)。如图8-19所示,P_1、P_2为导线点,A为隧道中线点,已知P_1、P_2的坐标及中线点A的设计坐标和隧道中线的设计方位角α_{AD}。首先计算出放样数据β_2、β_A和L,然后用极坐标法画出A点,在A点埋设与导线点相同的标志,并且还要用经纬仪重新测量出A点的坐标,以资检核。标定开挖方向是将仪器安置在A点,后视导线点P_2,拨角β_A,即得掘进的中线方向,在中线方向上埋设一组(3个)中线点,用一组中线点可以指示直线隧道掘进30~40m。随着开挖面向前推进,需用经纬仪将中线点向前延伸,设置一组新的中线点。

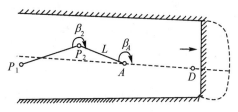

图 8-19 中线标定方法

随着开挖工作面不断向前推进,中线点也随之向前延伸,为保证开挖方向正确,地下导线必须紧跟着向前敷设,根据导线点来检查中线点的正确性,随时纠正开挖方向。

(2)导坑开挖法施工中线的标定

用上、下导坑法施工的隧道，下部导坑施工中线的标定方法与全断面开挖法中线标定方法相同。上部导坑的中线每延伸一定的距离，都要和下部导坑的中线联测一次，用以纠正上部导坑中线点或向上部导坑引点。联测一般是通过靠近上部导坑掘进面的漏斗口、天井或联络通道，用长锤球线、竖直对点器或经纬仪的光学对点器将下部导坑的中线点引到上部导坑的顶板上。在有条件的情况下，也可以直接由下部导坑向上部导坑引点。

2. 竖直面内掘进方向的标定

为了指示隧道在竖直面内的掘进坡度，而在隧道壁上给出的一条基准线称为腰线。腰线距底板或轨面的高度应为某一固定值。腰线点可以成组设置，每组不得少于3个点，各相邻点的间距应大于2m；也可以每隔30~40m在隧道的一侧或两侧壁上设置一个腰线点，腰线点应在隧道壁上用红油漆画出。实地标定工作一般和标定中线同时或先后进行，标定时先计算出腰线点的设计高程，再根据地下水准点进行高程放样。

3. 利用激光指向仪标定隧道的掘进方向

在直线隧道建设施工中，采用激光指向仪指示隧道的开挖方向和坡度十分便利。目前激光指向仪已被广泛应用于隧道、巷道施工，以代替传统的给中、腰线的方法。激光指向仪能够提供一条可见的红色直线光束，可以传播相当远的距离而光束直径没有显著变化，为指示井下隧道掘进方向和坡度提供定位基准线，是地下工程施工中一种良好的指向工具。激光指向仪标定隧道掘进方向的方法：

(1)仪器安置方式

根据隧道具体情况，可选用图8-20中四种方法之一安置仪器，仪器距工作面约70m。

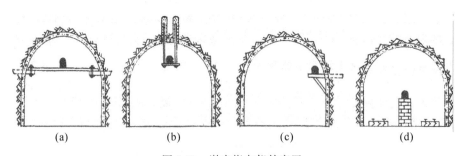

图8-20 激光指向仪的安置

(2)激光指向仪光束方向的标定

①先用经纬仪给出隧道中线，中线点不得少于3个，点间距不得小于30m，调节激光指向仪，使激光束通过中线。

②用水准仪在中线的垂线上给出腰线，并做记号，腰线点不得少于3个，点间距不得小于30m。然后调节激光指向仪，使激光束平行于隧道腰线。

采用上述方法标定后，应反复校核激光束给出的隧道中线、腰线，直至符合要求为止。

4. 开挖断面测量

在隧道施工过程中,为了随时掌握所完成的土石方工程量,检查隧道开挖断面是否合乎设计要求,测量人员需要对已开挖段测定隧道的断面,绘制开挖断面图,测量断面间距不宜大于 20m。

隧道开挖断面形状的测量和检查,传统的方法是采用断面支距法。拱部断面测量如图 8-21 所示,从外拱顶点高程起,沿断面中线向下每隔 0.5m 量出两侧外拱线的横向支距,各支距端点的连线即为断面开挖的轮廓线。直线隧道左、右支距应相等,曲线隧道内侧支距比外侧要大 $2d$(d 为线路中线至隧道中线的距离)。

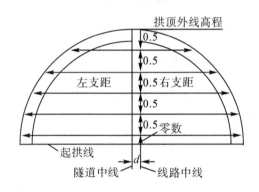

图 8-21 用断面支距法测量拱部断面(单位:m)

如图 8-22 所示,曲墙地段自起拱线高程起,沿中线向下每隔 0.5m 向中线左右两侧测量支距,直到轨顶高程为止;直墙地段自起拱线起,沿中线向下每隔 1.0m 量支距,至轨顶高程为止。隧道底部设置有仰拱时,仰拱断面的放样及检查则由中线起向左、右每隔

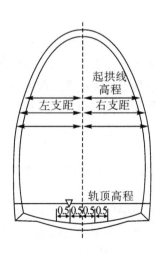

图 8-22 用支距法放样和检查净空断面(单位:m)

0.5m 由轨顶高程向下量出设计的开挖深度。

利用隧道断面仪能快速便捷地获得断面数据，适用于各类隧道施工监测、竣工验收、质量控制等工作中的断面精确检测。隧道断面仪能适应潮湿、粉尘、烟雾等各种恶劣条件，断面测量数据处理可以在室内进行。适用于公路、铁路、城市地铁的隧道，以及水利工程涵洞的断面(限界)测量，使用方便、快速、测量精度高。

5. 隧道内各部位结构物的放样

隧道内各部位的衬砌和结构物施工，都是根据线路中线、起拱线和轨顶高程，按照断面的设计尺寸和各结构物的平面设计位置和高程进行的。因此在施工前，必须对要利用的中线点、水准点以及设立的轨顶高程标志等检查复核，确认无误后才能利用。

8.8.3 隧道贯通后实际偏差的测定与调整

隧道贯通后要及时地测定实际的横向和竖向贯通偏差，其目的在于：对隧道的贯通结果作出最后的评定；用实际数据来检查测量工作的正确性，进而验证贯通测量方案和误差预计的正确性。若贯通偏差在设计允许范围之内，则认为贯通测量工作达到了预期目的。由于贯通偏差的存在，将影响隧道断面的修整、扩大、衬砌和轨道铺设工作的进行。因此，应该及时采用适当方法对贯通后的偏差进行调整。

1. 水平面内实际偏差的测定

对于洞内采用中线法测量的隧道，当隧道贯通后，把贯通相遇点两侧的中线同时延长到隧道接合点，丈量两中线间的距离，其值就是贯通隧道在水平重要方向上的实际偏差。

对于洞内采用导线法测量的隧道，当隧道贯通后，在贯通面上设立一标志，用经纬仪分别根据贯通面两侧隧道内的导线测出该点的坐标，两组坐标的不符值 f 在隧道中线垂线方向上的投影长度，为在水平重要方向上的实际偏差。

2. 高程方向上实际偏差的测定

贯通隧道在高程方向上的实际偏差，也可以用两种方法来测定。一种方法就是把贯通相遇点两侧的腰线同时延长到贯通面处，丈量所得两腰线间的铅垂距离便是贯通隧道在高程方向上的实际偏差；另一种方法是把贯通相遇点两侧的水准点，用水准测量或三角高程测量方法进行连测，则可求得高程闭合差，即实际高程偏差。

3. 中线、腰线的调整

贯通误差的调整宜在未衬砌地段，调整应以满足线路设计规范和轨道平顺性要求为原则。

横向贯通误差调整时，对于洞内采用导线法测量的隧道，应优先采用平差法调整；对洞内采用中线法测量的隧道，可以将贯通相遇点两侧中线点的连线方向标定出来，以代替原来的中线。全站仪的大量使用，现在的隧道洞内控制多采用导线法，洞内放样一般采用极坐标法。就隧道本身而言，施工单位出于安全考虑，竣工断面均较设计有所加宽，一般加宽在5cm以上，对于洞内用导线测量的隧道，如果贯通误差在加宽范围内，则完全可以通过平差计算调整贯通误差，调整后的线路中线不会影响到已衬砌地段的线路中线，因此，这种调整横向贯通误差的方法更为常见。

调整腰线时，可以按实际高差和距离计算出隧道的调整坡度。如果算得的调整坡度与原设计坡度相差不大于工程允许偏差时，则可以按此放样腰线；若坡度差超限，则应延长距离，使坡度差小于允许偏差后，再按延长后的距离和高差调整腰线。

8.8.4 隧道竣工测量

隧道竣工后，为检查主要结构物及线路位置是否符合设计要求，应进行竣工测量。这项工作包括隧道净空断面测量、永久中线点及水准点的测设。

隧道净空断面测量时，应在直线地段每50m，曲线地段每20m或需要加测断面处测绘隧道的实际净空。测量时均以线路中线为准，包括测量隧道的拱顶高程、起拱线宽度、轨顶水平宽度、铺底或仰拱高程。隧道净空断面测量可以采用断面支距法进行，也可以应用隧道断面仪进行测量。

隧道净空断面测量后，应对隧道的永久性中线点用混凝土包埋设金属标志。在采用地下导线测量的隧道内，可以利用原有中线点或根据调整后的线路中心点埋设。直线上的永久性中线点，每200~250m埋设一个，曲线上应在缓和曲线的起点、终点各埋设一个，在曲线中部，可以根据通视条件适当增加。在隧道边墙上要画出永久性中线点的标记。洞内水准点应每千米埋设一个，小于1km的隧道可以设置一个，并在边墙上画出标记。

8.9 隧道结构变形监测

隧道工程由于结构体狭长、地质条件复杂，当结构受力失衡后，极易发生局部变形，影响施工和运营的安全。因此，对隧道结构进行变形监测意义重大。在隧道类工程中，地铁常常建造在地下管线密集、交通繁忙的闹市中心，而且往往埋深浅、长度大、其安全问题更是不容忽视，变形监测的难度更大。下面重点介绍地铁结构变形监测的方法。

地铁隧道变形监测的内容需根据地铁隧道结构设计、国家相关规范、类似工程的变形监测等因素来确定。地铁隧道变形监测内容主要包括水平位移监测、垂直位移监测、隧道横断面收敛变形监测三个方面。对于不同的地铁隧道变形监测项目，所用监测方法和仪器也不相同。通常，对于隧道垂直位移和水平位移监测，需通过大地测量或者自动化测量的方法利用精密水准仪、精密全站仪或智能全站仪进行；而对于隧道断面收敛变形监测，则要利用收敛仪(计)通过物理测量的方法进行。

8.9.1 变形监测网(点)的布设与施测

由于地铁隧道变形监测具有涉及范围大、要求精度高和监测时间长等特点。因此，必须根据地铁隧道结构设计、国家相关规范和地铁隧道结构实际状况，从地铁隧道结构整体来考虑，拟定统一要求的变形监测网(点)布设和实施方案。

1. 变形监测基准网(点)的布设

基准网(点)是变形监测的基础,既要求其稳定可靠,又要靠近观测点方便测量。地铁车站所处的地质条件一般较好,遇到不良地质,要进行地基处理,所以通常将车站看做一个大的稳定的刚体,发生变形的可能性极小,即便个别车站发生变形,也可以从相邻车站的位置关系反映出来,不至于对监测基准网(点)体系造成影响。因此,可以把变形监测基准网(点)建立在车站处,如选择车站的铺轨控制基标或埋设的特殊点作为变形监测的基准网(点)。

对于水平位移监测,在车站左右线按要求各埋设一条边作为基准边,基准点间距离应在 120m 以上,车站之间成附合导线,左右线(或称上、下行线)间成闭合导线。

对于垂直位移监测,监测基准网主要由水准基点和工作基点构成。水准基点一般布设于地铁外部(国家或地区高程控制点最佳),工作基点布设在地铁车站内,可以与水平位移监测基准点共用。监测基准网宜布设成附合水准路线或沿上、下行线隧道敷设水准路线后,在车站位置成节点,构成水准网形式。根据地质条件和车站结构的稳定状况确定监测的周期,采用国家一等水准技术要求施测,但观测限差则应按严格的变形监测指标控制,否则平差后的工作基点高程中误差太大,难以检验出工作基点发生的沉降值。

2. 变形监测点的布设

(1)水平位移监测点布设

水平位移监测点的布设,依据地铁线路所处的地质情况,地质条件好的地段,50~70m 设一水平位移监测点;地质条件不良的地段,40~60m 设一水平位移监测点。

(2)垂直位移监测点布设

①区间隧道沉降监测点的布设,通常与水平位移监测点共用,地质条件不良的地段,可以根据实际情况适当加密。

②隧道与地下车站沉降差异监测点的布设,一般只需在隧道与车站交接缝两侧约 1m 处的道床上布设 1 对沉降监测点,每期直接监测两点间高差即可,如图 8-23 所示。

(3)隧道横断面收敛变形监测点

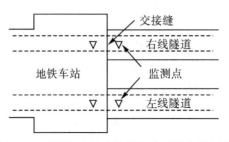

图 8-23　隧道与车站交接处沉降差异点的布设

隧道断面收敛变形监测点的布设,一般根据隧道所处地质条件、所用收敛计以及隧道断面形状等实际情况而定。如图 8-24 所示为在圆形断面隧道内布设监测点的方法,只要

定期用收敛计测量 AC 和 BD 的长度变化,即可得知隧道横断面收敛变形大小。

图 8-24　收敛计布设示意图

3. 测点标志与埋设

地铁隧道内水平位移及垂直位移的基准点标志应进行统一设计和埋设,可位于车站道床中间的水沟中,高出水沟底部约 10mm,采用混凝土标石中央嵌入铜心标志,并加保护罩。水平和垂直位移监测点布设于道床中央,可以分别埋设直径 16mm 或 8mm、长约 60mm 的圆头实心铜质或不锈钢标志。

4. 变形监测的实施

监测时遵循"以基准点为基础,先控制,后加密"的原则。每次监测应采用固定的仪器、设备、观测人员及观测程序。监测作业中做好过程控制。变形监测一般以每一区间为一监测单元,即从一个车站附合至另一车站。

8.9.2　监测数据处理与分析

监测数据处理与分析主要包括监测基准网点的稳定性分析和地铁隧道结构形变情况分析。通常,隧道断面收敛变形情况可以由收敛计读数再经相关计算处理得到,而水平位移和垂直位移则较为复杂。因此,这里主要介绍水平位移和垂直位移监测数据的处理和分析。

1. 监测基准网点的稳定性分析

基准点是整个变形监测的基础,为了保证监测结果的可靠性,必须对基准网作周期性观测,并进行稳定性分析。稳定性分析通常应用统计检验的方法,首先对监测基准网作几何图形一致性检验,以判明该网在两期观测之间是否发生了显著性变化。如果检验通过,则认为所有的网点是稳定的;否则,再用动点检验法依次寻找动点,直到通过检验为止。

2. 隧道水平位移、垂直位移分析

在工程管理中,无论从结构安全还是行车安全上考虑,密切关注的是隧道相对车站的位移变形。所以,对隧道的水平位移和垂直位移分析的重点是隧道相对于车站的位移,也就是变形监测点相对于工作基点的变化。

隧道变形监测点数量较多，且相邻测点之间的结构体呈现一定的刚度，如果仅仅对单一变形测点的变化进行分析，既不方便，又不能全面地反映出隧道纵向的整体沉降情况。所以，变形分析宜采取整体分析，可以按隧道的上、下行线逐条或区间逐段去分析。较直观的方法是将监测的报表绘制成"监测点位移量曲线图"，即将每一期各测点的累计沉降量曲线绘制在以隧道里程（或测点）为横轴、位移量为竖轴的坐标系中，同样方法绘制"监测点位移速率曲线图"，这样便能直观地从图上看出整条隧道的沉降情况、规律和趋势。必要时还可以将隧道纵向地质剖面图及隧道纵断面绘制在"监测点位移量曲线图"下方，更有利于分析隧道沉降的成因，作出正确推测。

8.9.3 地铁隧道变形监测实例

某市地铁 1 号线的西延工程，线路全长 4.82km，其中地下隧道长 3.93km，设有奥体中心、元通和中胜 3 座地下车站。西延线隧道坐落在具有高含水量、高压缩性、高灵敏性、低强度、易变形特征的软流塑淤泥粉质黏土层中，为长江漫滩，覆盖层厚度大，基岩埋设深，地质状况较差。隧道为双洞矩形，采取顺作法施工。

1. 沉降监测方案

考虑到地下车站可能受隧道周边地区施工工地降水作业的影响产生沉降，因此应建立监测基准网，并选择固定基准形式。但该隧道周边大区域的地质不稳定，无法建立稳定可靠和长期使用的水准基点，而且地下岩层埋深大、建立基岩标难度大。水准基点利用了距离隧道 3.3km 处的国家二等水准点 NT04，并在结构相对稳定的 3 座车站内分别布设了 3 个工作基点 BM1、BM2、BM3，与 NT04 组成如图 8-25 所示的监测基准网。

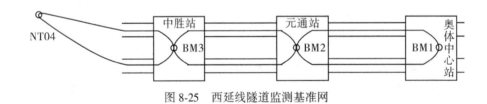

图 8-25 西延线隧道监测基准网

隧道内的沉降监测点布设在两轨外侧的道床上，按隧道结构的施工浇筑段每段布设 1 个点，测点平均间距为 24m，左、右线隧道分别布设了 153 个沉降测点，部分点兼用了控制基标；每座车站还设置了 4 对隧道与车站的差异沉降监测点。

为了减少外业观测工作量，监测基准网与隧道沉降合为一体观测，即监测基准网测量的水准路线均从隧道内的监测点通过，观测按国家一等水准测量的方法进行。观测频率为每月 1 次，共观测 12 期。

2. 数据处理

每期观测后，首先对监测基准网进行平差，以 NT04 为基准，计算出 BM1、BM2、BM3 的高程，然后采用平均间隙法，以当期与首期的观测做检验进行工作基点稳定性分析，若存在不稳定点，再用限差检验法以 2 倍中误差作为极限误差寻找不稳定点，并作高程值的修正。最后，以隧道两侧的工作基点构成的附合水准路线平差计算每条隧道内的沉降测点高程。表 8-9 为前 8 期工作基点高程变化量统计表。工作基点 BM1、BM2 和 BM3 分别在第 3、第 6 和第 4 期沉降了 -2.7mm、-2.1mm、-2.3mm，说明 3 个车站在不同的时期发生了沉降。当检验出工作基点下沉后，在以后期作稳定性检验中，则以当期观测与该期观测作比较。

利用隧道各期水准观测结果计算各点的沉降量，并按左、右线分别绘制"监测点沉降量曲线图"和"监测点沉降速率曲线图"，如图 8-26、图 8-27 所示。

表 8-9　　　　　　　　　工作基点高程变化量统计表

点名	距离/km	极限误差/mm	高程变化量/mm						
			第 2 期	第 3 期	第 4 期	第 5 期	第 6 期	第 7 期	第 8 期
BM1	7.22	±1.6	-0.8	-2.7	0.1	1.4	-0.3	-1.0	1.3
BM2	5.36	±1.4	0.6	-0.4	-1.3	-1.3	-2.1	-1.2	0.8
BM3	3.92	±1.2	0.6	-0.2	-2.3	-0.5	0.9	-0.2	-0.9

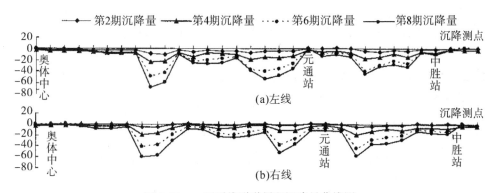

图 8-26　西延线隧道累积沉降量曲线图

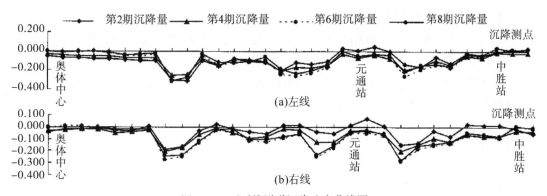

图 8-27　西延线隧道沉降速率曲线图

第9章 高速铁路施工测量

9.1 概 述

我国的高速铁路工程测量技术体系是伴随着我国高速铁路无砟轨道工程的建设而逐步建立完善的。由于高速铁路行车速度高(250~350km/h)，为了达到在高速行驶条件下旅客列车的安全和舒适性的要求，高速铁路轨道必须具有非常高的平顺性和精确的几何线性参数，精度要保持在毫米级的范围以内，所以要求高速铁路测量精度达到毫米级。传统的铁路工程测量技术已不能满足高速铁路建设的要求，高速铁路的测量方法、测量精度与传统的铁路工程测量完全不同。我们把适合高速铁路工程测量的技术称为高速铁路精密工程测量；把高速铁路测量中的各级平面高程控制网称为高速铁路精密测量控制网，简称"精测网"。我国的工程测量工作人员和科研人员于2004年在遂渝线开展了无砟轨道铁路工程测量技术的研究，2006年后我国相继建设了京津城际、武广、郑西、哈大、京沪、广深等高速铁路，基本形成了我国高速铁路精密工程测量的技术标准体系。本章的高速铁路是指适合于250~350km/h速度行驶的铁路。

9.1.1 高速铁路精密工程测量的目的和内容

高速铁路精密工程测量的目的是通过建立各级平面高程控制网，在各级精密测量控制网的控制下，实现线下工程按设计线形准确施工和保证轨道铺设的精度能满足旅客列车高速、安全行驶。为满足高速铁路旅客列车行驶条件下的安全性和舒适性，要求：

(1)线路严格按照设计的线形施工，即保持精确的几何线形参数；
(2)轨道必须具有非常高的平顺性，精度要保持在毫米级的范围以内。

为了满足上述要求，应根据线下工程和轨道铺设的精度要求设计高速铁路的各级平面、高程控制网的测量精度。

高速铁路精密工程测量工作贯穿于高速铁路工程勘测设计、施工、竣工验收及运营维护全过程，包括以下内容：

(1)高速铁路平面高程控制测量；
(2)线下工程施工测量；
(3)轨道施工测量；
(4)运营维护测量。

9.1.2 高速铁路轨道施工定位的精度

高速铁路轨道施工的定位精度决定着高速铁路的平顺性,高速铁路轨道铺设应满足轨道内部几何尺寸(轨道自身的几何尺寸)和外部几何尺寸(轨道与周围建筑物的相对尺寸)的精度要求。其中内部几何尺寸描述轨道的几何形状,外部几何尺寸体现轨道的空间位置和标高。

轨道内部几何尺寸体现出轨道的形状,表现为轨道上各点的相对位置,根据轨道上相邻点的相对位置关系就可以确定。轨道内部几何尺寸的各项规定是为了给列车的平稳运行提供一个平顺的轨道,即通常提到的平顺性。因此,除轨距和水平之外,还规定了轨道纵向高低和方向的参数,这些参数能保证轨道的实际形状与设计形状相符,轨道内部几何尺寸的测量也称为轨道的相对定位。高速铁路轨道铺设内部几何尺寸精度标准如表9-1所示。

表9-1 高速铁路轨道静态平顺度允许偏差

序号	项目	无砟轨道		有砟轨道	
		允许偏差	检测方法	允许偏差	检测方法
1	轨距	±1mm	相对于1435mm	±1mm	相对于1435mm
		1/1500	变化率	1/1500	变化率
2	轨向	2mm	弦长10m	2mm	弦长10m
		2mm/8α(m)	基线长48α(m)	2mm/5m	基长30m
		10mm/240α(m)	基线长480α(m)	10mm/150m	基长300m
3	高低	2mm	弦长10m	2mm	弦长10m
		2mm/8α(m)	基线长48α(m)	2mm/8α(m)	基长30m
		10mm/240α(m)	基线长480α(m)	10mm/240α(m)	基长300m
4	水平	2mm	—	2mm	—
5	扭曲	2mm	—	2mm	—

注:表中α为轨枕/扣件间距。

轨道的外部几何尺寸是轨道在空间三维坐标系中的坐标和高程,由轨道中线与周围相邻建筑物的关系来确定。轨道外部几何尺寸的测量也称为轨道的绝对定位,轨道的绝对定位必须与路基、桥梁、隧道、站台等线下工程的空间位置相匹配协调。轨道的绝对定位精度还必须满足轨道相对定位精度的要求,即轨道平顺性的要求。由此可见,高速铁路各级测量控制网测量精度应同时满足线下工程施工和轨道工程施工的精度要求,即必须同时满足轨道绝对定位和相对定位的精度要求。轨道的绝对定位精度要求如表9-2所示。

表 9-2　　　　　　　　　　高速铁路轨道的绝对定位允许偏差

序号	项　　目		允许偏差/mm
1	轨面高程与设计比较	一般路面	+4
		在建筑物上	-6
		紧靠站台	+4
			0
2	轨道中线与设计中线偏差		+10
3	线间距		+10
			0

9.1.3　高速铁路工程测量控制网

高速铁路工程测量分为勘测、施工、运营维护三个阶段，其基本工作流程如图 9-1 所示。高速铁路工程测量包括勘测设计、线下工程施工、轨道施工、竣工验收测量，其间还包括施工期间平面高程控制网的复测与维护，整个测量周期长。由于高速铁路线路长、地区跨越幅度大，地形、地质条件变化大，因此要求高速铁路工程测量工作开展前，就需根据线路走向、地形地貌特点、地质特征等进行总体设计，明确坐标系统、基准、网形、精度等主要原则。测量大纲包括以下内容：

(1) 各级控制网的技术标准、建网时机及测量要求。

(2) 坐标、高程基准，投影带的划分及坐标换带的衔接。

(3) 特殊地区：软土、区域沉降、湿陷性黄土、冻土地区标石的埋设，复测周期及施工阶段平面高程控制网的维护等。

(4) 变形测量的要求、方法及时机。

高速铁路工程测量控制网分为一、二、三、四、五等。一等网主要用于铁路工程线路特大型桥梁和隧道的施工控制网测量，按照目前桥梁、隧道施工控制测量的要求，GPS 网最弱边相对中误差≤1/250000 能满足桥梁、隧道独立控制网的精度。二等网主要用于高速铁路基础平面控制网（CPⅠ）测量、复杂特大桥一级施工控制网测量和长度 6km 以上隧道的施工控制网测量，二等控制网最弱边相对中误差≤1/180000。三等网主要用于高速铁路线路控制网（CPⅡ）测量、复杂特大桥二级施工控制网测量和长度 3~6km 隧道施工控制网测量，最弱边相对中误差≤1/100000 是合适的。四等网主要用于高速铁路初测的平面控制测量。考虑到与三角形网测量精度要求统一，故规定最弱边相对中误差≤1/70000；五等网主要用于初测调查测量，线路中线、地形、施工测量时的控制点加密，并考虑到与三角形网测量精度要求统一，故规定最弱边相对中误差≤1/40000。

9.2 高速铁路精密工程控制网的建立

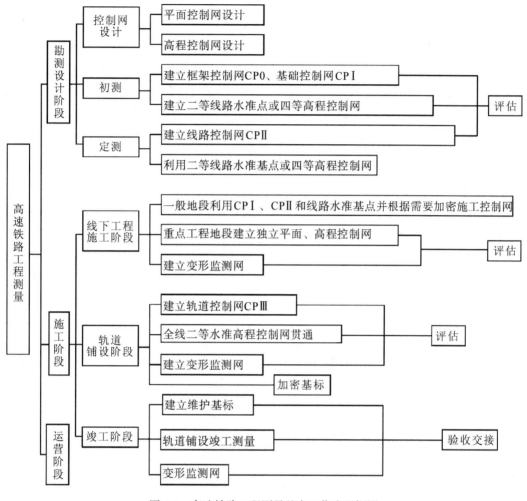

图 9-1　高速铁路工程测量基本工作流程框图

9.2　高速铁路精密工程控制网的建立

高速铁路工程对轨道平顺度的要求非常高，为满足高速铁路施工控制的要求，高速铁路精密工程测量技术的核心是建立满足精度要求的平面和高程控制网。高速铁路精密控制网的建立，首先需要确定控制网的基准和精度指标。基准的选择，即平差的参考系选择，就是给控制网的平差提供一组必要的起始数据。平面控制网的基准包括平面坐标系和平面起算数据的确定。施工中要求由坐标反算的边长值与现场实测值应一致，即所谓的尺度统一。从理论上来说，边长投影变形值越小越有利。《高速铁路工程测量规范》(TB 10601—2009)中规定，高速铁路工程测量平面坐标系宜采用工程独立坐标系统，在对应的线路轨面设计高程面上坐标系统的投影长度变形值不应大于10mm/km，即投影变形误差控制在 1/100000 以内。

高速铁路线路长,与道路、管线、河流等交叉频繁,为了准确测量高速铁路与交叉物的高程关系,保证高速铁路工程建设安全、顺利实施,高程系统应采用 1985 国家高程基准。当个别地段无 1985 国家高程基准的水准点时,可以引用其他高程系统或以独立高程起算,但在全线高程测量贯通后,应消除断高,换成 1985 国家高程基准。在国家控制点满足平面、高程控制要求的情况下,应优先采用国家控制点作为高速铁路的平面、高程控制点。

9.2.1 高速铁路精密测量控制网的布设

1. 布设原则

高速铁路轨道必须具有精确的几何线形,精度要求控制在 1~2mm,测量控制网的精度在满足线下工程施工控制测量要求的同时必须满足轨道铺设的精度要求。轨道的铺设施工和线下工程(路基、桥梁、隧道等)施工放样是依据各级平面高程控制网组成的测量系统来完成的,为了保证轨道与线下工程的空间位置相匹配,必须根据高速铁路勘测、施工、运营维护的需要,按分级布网的原则布设控制网。平面控制网应在框架控制网(CP0)基础上分三级布设,第一级为基础平面控制网(CPⅠ),主要为勘测、施工、运营维护提供坐标基准;第二级为线路平面控制网(CPⅡ),主要为勘测和施工提供控制基准;第三级为轨道控制网(CPⅢ),主要为轨道铺设和运营维护提供控制基准。三级平面控制网之间的相互关系如图 9-2 所示。

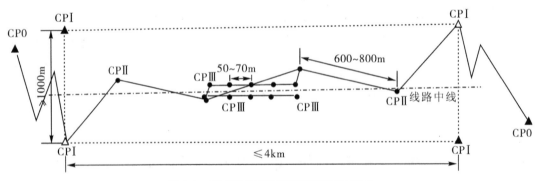

图 9-2 高速铁路三级平面控制网示意图

高速铁路工程高程控制网分二级布设,第一级为线路水准基点控制网,为高速铁路工程勘测设计、施工提供高程基准,一般按二等水准测量布设;第二级轨道控制网(CPⅢ),为高速铁路轨道施工、维护提供高程基准,一般按精密水准测量布设。

由于高速铁路线路长、地区跨越幅度大,且平面控制网沿高速铁路呈带状布设,为了控制带状控制网的横向摆动,沿线必须每隔一段距离联测高等级的平面控制点。但是由于沿线国家的高级控制点之间的精度较低、数量少,基础平面控制网(CPⅠ)经国家点约束后会发生扭曲,大大降低了CPⅠ控制点间的相对精度,个别地段经国家点约束后的 CPⅠ

控制点间不能满足 1/180000 的要求。如果在测量中采用一个点和一个方向的约束方式进行 CPⅠ 控制网平差，必定给 CPⅠ 控制网复测带来不便。为此，在满足精度要求的国家控制点数量不足时，应首先采用 GPS 精密定位测量方法建立高精度的框架控制网 CP0，作为高速铁路平面控制测量的起算基准，这样不仅可以提高 CPⅠ 控制网的精度，也可以为平面控制网复测提供基准。高速铁路工程测量平面控制网应在框架控制网（CP0）的基础上分三级布设，是因为测量控制网的精度在满足线下工程施工控制网测量要求的同时必须满足轨道铺设的精度要求，使轨道的几何参数与设计的目标位置之间的偏差保持在最小。而轨道的铺设施工和线下工程路基、桥梁、隧道、站台等工程的施工放样是通过由各级平面高程控制网组成的测量系统来实现的，为了保证轨道与线下工程路基、桥梁、隧道、站台的空间位置相匹配协调，必须按分级控制的原则建立高速铁路测量控制网。

2. 高速铁路精密工程测量采用"三网合一"的测量体系

高速铁路工程测量的平面、高程控制网，按施测阶段、施测目的及功能的不同分为勘测控制网、施工控制网、运营维护控制网，这三个阶段的控制网简称"三网"。勘测控制网包括：CPⅠ 控制网、CPⅡ 控制网、二等水准基点控制网。施工控制网包括：CPⅠ 控制网、CPⅡ 控制网、水准基点控制网、CPⅢ 控制网。运营控制网包括：CPⅡ 控制网、水准基点控制网、CPⅢ 控制网、加密维护基标。为保证控制网的测量成果质量满足高速铁路勘测、施工、运营维护三个阶段测量的要求，适应高速铁路工程建设和运营管理的需要，三阶段的平面、高程控制测量必须按"三网合一"的原则建网。"三网合一"的内容和要求如下：

（1）勘测控制网、施工控制网、运营维护控制网坐标高程系统的统一。在高速铁路的勘测设计、线下施工、轨道施工及运营维护的各阶段均采用坐标定位控制，只有保证三网的坐标高程系统的统一，才能使高速铁路勘测设计、线下施工、轨道施工及运营维护工作顺利进行。

（2）勘测控制网、施工控制网、运营维护控制网起算基准的统一。高速铁路勘测控制网、施工控制网、运营维护控制网平面测量应以基础平面控制网（CPⅠ）为控制基准，高程测量应以二等水准基点为控制基准。

"三网合一"是高速铁路采用坐标进行线路的勘测设计、工程施工以及运营管理的前提。在"三网合一"的基础上，线路及其附属建筑物的里程和坐标一一对应，每一个里程只有一个唯一的坐标（X、Y、H），使施工和运营维护能够严格按照设计的线形进行，保证高速铁路轨道的平顺性，同时也为工程管理信息化和构建数字化铁路创造了条件。

3. 高速铁路精密控制网精度的确定

平面控制网的精度根据轨道平顺性定位精度的要求，从最末一级控制网的精度要求逐级反演推算上一级控制网的精度。

（1）CPⅢ 控制网精度的确定

按表 9-1 中的要求，高速铁路轨道的轨向、高低应满足的 30m 弦长和 300m 弦长的中长波不平顺控制要求，采用 30m（48 个轨枕间距）弦长测量检测间隔 5m 的两相邻检验点的实际矢高差与设计矢高差的差值小于2mm，采用300m（480个轨枕间距）弦长测量检测间隔150m的两相邻检验点的实际矢高差与设计矢高差的差值小于10mm。从而确定CPⅢ控制网相邻点相对中误差为1.0mm，由于相邻点间距为60m，则相邻点相对误差为1/60000。

（2）CPⅡ控制网精度的确定

CPⅡ控制网是CPⅢ控制网的起算基准，CPⅡ控制网的精度应满足CPⅢ控制网的起闭需要。CPⅢ控制网相邻点相对误差为1/60000，按照工程测量控制网设计原则，上一级控制网的精度是下一级控制网精度的$\sqrt{2}$倍，则CPⅡ控制网相邻点的相对精度应高于1/84000，按照确保精度、留有余地的原则，将CPⅡ控制网相邻点的相对精度定为1/100000。

（3）CPⅠ控制网精度的确定

CPⅠ控制网是CPⅡ控制网的起算基准，按照工程测量控制网的设计原则，CPⅠ控制网的相对精度应高于1/140000，按照确保精度、留有余地的原则，将CPⅠ控制网相邻点的相对精度定为1/180000。

（4）CP0控制网精度的确定

CP0控制网作为高速铁路工程测量的框架控制网，是高速铁路工程测量平面坐标系的基准。CP0控制网点间距为50km，根据我国多年来的测量实践，采用长基线GPS精密星历计算，其相邻点的相对点位中误差一般为0~20mm，以此作为CP0控制网的精度。

9.2.2 布设方法

高速铁路工程平面控制测量应按逐级控制的原则布设，各级平面控制网的主要技术要求应符合表9-3中的规定。

表9-3 各级平面控制网的主要技术要求

控制网	测量方法	测量等级	点间距	基线边方向中误差	最弱边相对中误差	相邻点的相对中误差/mm	备注
CP0	GPS	—	50km	—	1/200000	20	
CPⅠ	GPS	二等	≤4km 一对点	≤1.3″	1/180000	10	点间距≥800m
CPⅡ	GPS	三等	600~800m	≤1.7″	1/100000	8	
	导线	三等	400~800m		1/100000	8	附合导线网
CPⅢ	自由测站边角交会	—	50~70m 一对点	—	1/60000	1	

1. CP0控制网的布设

CP0控制网应在初测前采用GPS测量方法建立，全线一次性布网，统一测量，整体平差。CP0控制点应沿线路走向每隔50km左右布设一个点，在线路起点、终点或与其他线路衔接地段，应至少有1个CP0控制点。当国家既有GPS控制点的精度和位置满足CP0控制网要求时，应将其作为高速铁路CP0控制点。CP0控制点标石选埋应符合下列规定：

(1) 控制点应布设在适合于GPS观测作业的地点，周围200m范围内不得有强电磁干扰源或强电磁反射源，点位距离线路中线不宜大于10km。

(2) 控制点标石应布设在基础稳定，不受施工和其他人为活动的干扰，且必须能够长期保存的地点。

CP0构网联测应符合下列规定：

(1) CP0控制网应与IGS参考站或国家A、B级GPS点进行联测。全线联测的已知站点数不应少于2个，且在网中均匀分布。

(2) 每个CP0控制点与相邻的CP0连接数不得小于3；IGS参考站或国家A、B级GPS点与其相邻的CP0连接数不得小于2。

(3) CP0复测的方法和精度应与原测相同。CP0复测成果转换为平面坐标后与原测成果的x、y坐标较差限差为±20mm，当较差满足限差要求时，采用原测成果，否则应按同精度扩展方法更新坐标成果。

2. CPⅠ控制网的布设

CPⅠ控制网宜在初测阶段建立，困难时应在定测前完成，全线(段)应一次布网，统一测量，整体平差。CPⅠ控制网应沿线路走向布设，控制点宜布设在距线路中线50~1000m范围内不易被施工破坏、稳定可靠、便于测量的地方。点位布设宜兼顾桥梁、隧道及其他大型建(构)筑物布设施工控制网的要求。CPⅠ控制网一般在初测阶段施测，当初测阶段比较方案多、线路方案还不稳定时，可以先按初测精度要求建立初测平面控制网。方案稳定后，在定测前需完成CPⅠ控制网测量。

CPⅠ应采用边连接方式构网，形成由三角形或大地四边形组成的带状网，还要求4台及以上GPS接收机同步观测的基线组成三角形或大地四边形网进行构网平差。在线路勘测设计起点、终点或与其他铁路平面控制网衔接地段，必须有2个及以上的CPⅠ控制点相重合，并在测量成果中反映出相互关系。CPⅠ控制网宜与附近的已知水准点联测。

CPⅠ控制网应与沿线的国家或城市三等及以上平面控制点联测，并附合于CP0控制网上。一般每50km宜联测一个平面控制点，全线(段)联测平面控制点的总数不宜少于3个，特殊情况下不得少于2个。当联测点数为2个时，应尽量分布在网的两端；当联测点数为3个及以上时，宜在网中均匀分布。CPⅠ控制网应按二等GPS测量要求施测。

根据独立坐标系投影带的划分，将CPⅠ控制网的空间直角坐标分别投影到相应的平面坐标投影带中，计算CPⅠ控制点的工程独立坐标；转换到国家平面坐标系统或城市平面坐标系统时，应以联测的国家平面控制点或城市平面控制点作为固定点进行CPⅠ控制网的二维约束平差，计算CPⅠ控制点的国家平面坐标或城市平面坐标。目前把GPS三维空间坐标转换为二维平面坐标的一种方法是将GPS网中的已知点的平面坐标作为约束点进行二维约束平差得到。但是由于GPS网中的已知点间的边长存在投影差(高程改化和高斯投影），且高斯投影差在CPⅠ控制网的各条边中是一个非线性的变量，如果直接进行二维约束平差计算CPⅠ控制网的平面坐标，就会把CPⅠ控制网的各条边中非线性的投影差以已知点间的边长投影系数对各条边进行线性约束，这是一种不严密的转换方法。另一种方法是利用已知点的三维坐标对GPS进行三维约束平差，然后通过投影变换将GPS三维空间坐标转换为二维平面坐标，这是一种严密的转换方法。由于CP0控制点有高精度的三维空间坐标，为CPⅠ控制网的三维约束平差提供了条件。因此，首先利用CP0控制点作为固定点进行CPⅠ控制网的三维约束平差，计算CPⅠ控制点的空间直角坐标，再通过分带投影的方法计算CPⅠ控制点的平面直角坐标。这样可以克服利用CP0控制点的平面坐标作为固定点进行CPⅠ控制网的二维约束平差带来的边长变形。

3. CPⅡ控制网的布设

线路控制网CPⅡ是线路定测放线和线下工程施工测量的基础，一般在线路方案稳定后的定测阶段施测，并利用其进行定测放线，使定测放线和线下工程施工测量都能以CPⅡ控制网作为基准，因此要求CPⅡ控制网宜在定测阶段完成。

CPⅡ控制网应沿线路布设，CPⅡ控制点宜选择在距线路中线50~200m范围内、稳定可靠、便于测量的地方。CPⅡ控制网应附合于CPⅠ控制网上。在线路勘测设计起点、终点及不同测量单位衔接地段，应联测2个及以上CPⅡ控制点作为共用点，并在测量成果中反映出相互关系。

CPⅡ控制网采用GPS测量或导线测量方法施测。采用GPS测量时应满足下列要求：

（1）CPⅡ控制网应采用边连接方式构网，形成由三角形或大地四边形组成的带状网，并与CPⅠ联测构成附合网；

（2）CPⅡ控制网应按三等GPS测量要求施测；CPⅡ采用GPS测量时，CPⅠ可以按4km一个点布设。

采用导线测量时应满足下列要求：

（1）导线应起闭于CPⅠ控制点，导线附合长度2km以上时，应采用导线网方式布网，导线网的边数以4~6条边为宜。

（2）水平角、边长观测应符合三等导线测量的技术要求。

（3）导线成果计算应在方位角闭合差及导线全长相对闭合差满足要求后，采用严密平差方法计算。

4. CPⅢ控制网的布设

CPⅢ控制网是轨道铺设、精调以及运营维护的基准，为了保证在轨道的铺设、精调以及运营维护阶段有一个安全、可靠、稳定的控制基准，因此要求CPⅢ控制网应在通过对路基沉降和变形评估后轨道施工前施测。CPⅢ测量前应对全线的CPⅠ、CPⅡ控制网进行复测，并采用复测后合格的CPⅠ、CPⅡ成果。CPⅢ平面网应附合于CPⅠ、CPⅡ控制点上，每600m左右(400~800m)应联测一个CPⅠ或CPⅡ控制点。CPⅢ平面网测量应采用自由测站边角交会法施测，自由测站至CPⅠ、CPⅡ控制点的距离最大不宜超过300m。CPⅢ控制网设计应符合表9-3中的规定。

线下工程建成后，原来施工所用的CPⅠ、CPⅡ控制点有可能与CPⅢ控制点不通视，其密度有可能不满足CPⅢ平面网附合的要求，此时可以按同精度扩展方式加密CPⅡ控制点。所谓同精度扩展方式加密CPⅡ控制点，就是在同精度联测原CPⅡ点和加密的CPⅡ点后，采用相邻的CPⅡ点和周边的CPⅠ控制点作为约束点进行平差。

CPⅢ平面网测量采用自由测站边角交会法施测，CPⅢ控制点上应设置强制对中标志，即CPⅢ棱镜组件（CPⅢ控制点精确定位观测的强制对中测量标志，通常由永久性的预埋件、平面测量杆、高程测量杆、棱镜连接适配件和精密棱镜组成）。CPⅢ控制点标志一般路基地段宜布置在接触网杆基础上，也可以设置在专门的混凝土立柱上，桥梁上一般布置在桥梁固定支座端上方防撞墙上，隧道里可以设置在电缆槽顶面上方30~50cm的边墙内衬上。相邻CPⅢ控制点应大致等高，其位置应高于设计轨道面0.3m，如图9-3所示。同一条铁路应采用统一的CPⅢ棱镜组件。无砟轨道CPⅢ控制点的元器件必须采用工厂精加工元器件，一般由固定的埋设标志和可以装卸的连接件组成，标志连接件的加工误差不应大于0.05mm。CPⅢ的测量标志必须达到以下要求：

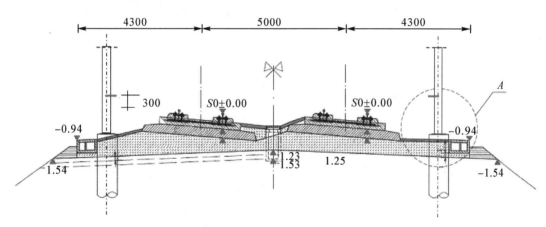

图9-3 路基地段CPⅢ埋设示意图（单位：mm）

(1)具有强制对中、能在其上安置棱镜、可以将标志上的高程准确地传递到棱镜中心等功能，而且能够长期保存、不变形、结构简单、安装方便。

(2)同一套测量标志在同一点重复安装的空间位置偏差应该小于±0.5mm，分解到X、Y方向的重复安装偏差不应大于±0.4mm、Z方向的重复安装偏差不应大于±0.2mm。

(3)不同套测量标志在同一点重复安装的空间位置偏差应小于±0.5mm，分解到X、Y方向的重复安装偏差均不应大于±0.4mm、Z方向的重复安装偏差不应大于±0.2mm。

(4)CPⅢ测量、轨道施工、精调、轨道维护等各工序，应使用同一型号的CPⅢ测量标志。

CPⅢ平面网的测量仪器设备应满足下列要求：

(1)使用的全站仪应具有自动目标搜索、自动照准、自动观测、自动记录功能，其标称精度应满足：方向测量中误差不大于1″，测距中误差不大于1mm+2ppm。

(2)作业期间仪器必须在有效检定期内,观测前必须按要求对全站仪进行检校。边长观测应进行温度、气压等气象元素改正,温度读数精确至 0.2℃,气压读数精确至 0.5hPa。

CPⅢ平面网观测的自由测站间距一般约为120m,自由测站到CPⅢ点的最远观测距离不应大于180m;每个CPⅢ点至少应保证有3个自由测站的方向和距离观测量。CPⅢ控制点一般按60m左右布设一对,且不应大于80m,应设置在稳固、可靠、不易破坏和便于测量的地方,控制点标志要清晰、齐全,便于准确识别和使用。CPⅢ平面网与CPⅠ、CPⅡ控制点联测时,可以采用在自由测站上观测CPⅠ、CPⅡ控制点的方法,或采用在CPⅠ、CPⅡ控制点上置镜观测CPⅢ点的方法联测。当采用在自由测站上观测CPⅠ、CPⅡ时,至少应在2个连续的自由测站上对同一个CPⅠ或CPⅡ进行观测。当采用在CPⅠ、CPⅡ上置镜观测CPⅢ点时,观测的CPⅢ控制点数量不应少于3个,如图9-4(b)所示。

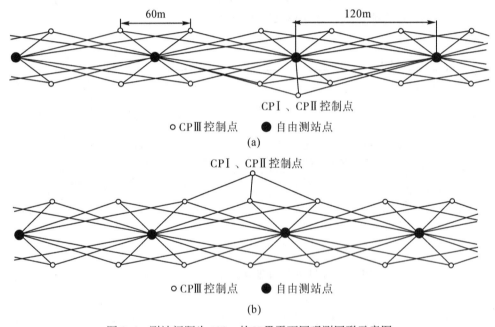

图 9-4 测站间距为120m的CPⅢ平面网观测网形示意图

由于高速铁路工程建设工期的控制,会出现分段进行CPⅢ平面网测量的情况。为保证CPⅢ平面网分段之间的平顺衔接,分段测量的区段长度不宜小于4km,区段间重复观测应不少于6对CPⅢ点。区段接头不应位于车站范围内。为保证CPⅢ平面网区段之间的衔接精度控制,要求区段之间衔接时前后区段独立平差重叠点坐标差值应不超过±3mm。满足该条件后,后一区段CPⅢ网平差,应采用本区段联测的CPⅠ、CPⅡ控制点及重叠段前一区段连续的1~3对CPⅢ点作为约束点进行约束平差计算,这样才能保证相邻区段CPⅢ平面网的平顺衔接。

坐标换带处CPⅢ平面网计算时,应分别采用相邻两个投影带的CPⅠ、CPⅡ坐标进行约束平差,并分别提交相邻投影带两套CPⅢ平面网的坐标成果。提供两套坐标的CPⅢ区段长度不应小于 800m。

为了使CPⅢ平面控制点的相对点位精度达到 1mm，CPⅢ网的方向和水平距离外业观测的精度指标应满足表 9-4 中的要求，控制网的主要技术要求应符合表 9-5 中的规定。

表 9-4　　　　　　　CPⅢ平面网的水平方向、距离观测技术要求

仪器等级	测回数	水平方向观测技术要求			距离观测技术要求		
		半测回归零差	不同测回同一方向2C互差	同一方向归零后方向值较差	测回数	半测回间距离较差	测回间距离较差
0.5″	2	6″	9″	6″	≥2	±1mm	±1mm
1″	3	6″	9″	6″			

表 9-5　　　　　　　　　CPⅢ平面网的主要技术要求

控制网名称	测量方法	方向观测中误差	距离观测中误差	相邻点的相对中误差
CPⅢ平面网	自由测站边角交会	1.8″	1.0mm	1.0mm

CPⅢ平面控制网平差计算精度包括网的内符合精度和外符合精度。内符合精度体现控制网内部自身测量精度，其精度指标主要体现在自由网平差后的方向、距离改正数。外符合精度体现控制网与上级控制网的兼容性，其精度指标主要体现在约束平差后的方向、距离改正数和点位中误差。对CPⅢ网外符合精度的控制目的是使由CPⅡ网控制施工的线下工程和CPⅢ网之间的误差不影响轨道工程的施工。CPⅢ平面控制网平差计算的内、外符合精度应满足表 9-6 中的要求。

表 9-6　　　　　　CPⅢ平面控制网平差计算的内、外符合精度要求

CPⅢ平面自由网平差后的方向、距离改正数限差		CPⅢ平面网约束平差后的方向、距离改正数及点位中误差限差				
方向改正数限差	距离改正数限差	与CPⅠ、CPⅡ联测		与CPⅢ联测		点位中误差
		方向改正数	距离改正数	方向改正数	距离改正数	
3″	2mm	4″	4 mm	3″	2 mm	2 mm

CPⅢ控制网是一个平面位置和高程位置共点的三维控制网，目前其平面和高程是分开测量后合并形成的三维网，但其使用时却是平面和高程同时使用的。

9.2.3　高程控制测量

高速铁路高程控制测量的目的是为勘测设计、线下工程施工、轨道施工、运营维护提供高程控制基准。高速铁路高程控制网可以分为两级布设：第一级线路水准基点控制网，

为高速铁路工程勘测设计、施工提供高程基准，第二级轨道高程控制网CPⅢ，为轨道施工、维护提供高程控制。

根据高速铁路工程轨道静态平顺度偏差的要求：波长10m时高低差应小于2mm，同一横截面左右轨顶面水平差的偏差不大于2mm。即要求两观测点间高差误差不得大于2mm，这就要求CPⅢ控制点的相邻点间高差中误差应控制在±0.5mm范围内，CPⅢ控制点的相邻点间距为50~70m，为此其高程测量的精度在二等水准测量和三等水准测量之间，定为精密水准测量。按照控制测量原理，水准基点作为CPⅢ高程测量的起闭点，其精度应高于精密水准测量，为了便于与国家水准测量精度等级匹配，规定水准基点按国家二等水准测量精度要求施测。各等级高程控制测量的技术要求如表9-7~表9-10所示。

表9-7　　　　　　　　　　　　　高程控制网的技术要求

水准测量等级	每千米高差偶然中误差 M_Δ/mm	每千米高差全中误差 M_W/mm	附合路线或环线周长/km	
			附合路线长	环线周长
二等	≤1	≤2	≤400	≤750
精密水准	≤2	≤4	≤3	—

表9-8　　　　　　　　　　　　　水准测量限差要求　　　　　　　　　（单位：mm）

水准测量等级	测段、路线往返测高差不符值		测段、路线的左右路线高差不符值	附合路线或环线闭合差	检测已测测段高差之差
	平原	山区			
二等	$\pm 4\sqrt{K}$	$\pm 0.8\sqrt{n}$	—	$\pm 4\sqrt{L}$	$\pm 6\sqrt{R_i}$
精密水准	$\pm 8\sqrt{K}$	$\pm 6\sqrt{K}$	—	$\pm 8\sqrt{L}$	$\pm 8\sqrt{R_i}$

注：(1) K 为测段水准路线长度，单位为km；L 为水准路线长度，单位为km；R_i 为检测测段长度，单位为km；n 为测段水准测量站数。(2) 当山区水准测量每公里测站数 $n \geq 25$ 站以上时，采用测站数计算高差测量限差。

表9-9　　　　　　　　　　　　　水准观测的主要技术要求　　　　　　　（单位：m）

等级	水准仪最低型号	水准尺类型	视距		前后视距差		测段的前后视距累积差		视线高度		数字水准仪重复测量次数
			光学	数字	光学	数字	光学	数字	光学（下丝读数）	数字	
二等	DS1	因瓦	≤50	3~50	≤1.0	≤1.5	≤3.0	≤6.0	≥0.3	0.55~2.8	≥2次
精密水准	DS1	因瓦	≤60	3~60	≤1.5	≤2.0	≤3.0	≤6.0	≥0.3	0.45~2.8	≥2次

表 9-10　　　　　　　　　　水准测量的观测方法和测站限差　　　　　　　　（单位：mm）

等级	观测方式	观测顺序	基、辅分划读数之差	基、辅分划所测高差之差	检测间歇点高差之差	上下丝读数平均值与中丝读数之差
二等	往返	奇数站：后—前—前—后 偶数站：前—后—后—前	0.5	0.7	1	3
精密水准	往返	奇数站：后—前—前—后 偶数站：前—后—后—前	0.5	0.7	1	3

在山区勘测阶段实施二等水准测量难度较大，且勘测阶段二等水准测量路线与线下工程施工完成后的二等水准测量路线及测量成果也会有较大的差异。因此，在勘测阶段不具备二等水准测量条件时，可以根据初测、定测的高程测量的精度需要建立相应的高程控制，线下工程施工前，全线再按二等水准测量要求建立线路水准基点控制网，这样既可以降低测量成本，又可以提高二等水准控制网的测量精度。初测阶段由于比较方案多，不可能沿每一个比较方案埋设水准基点进行二等水准测量，因此在初测阶段可以先按五等水准测量精度要求布设初测水准点，满足初测高程测量需要。定测阶段，再沿线路进行二等水准测量，作为线路水准基点，以满足定测和施工需要，从而提高勘测效率，降低勘测成本。定测高程控制测量宜直接利用线路水准基点控制网，当线路水准基点控制网未建立或不能满足定测需要时，应按四等水准测量要求建立其高程控制网。

高速铁路工程的各级高程控制测量宜采用水准测量。山岭、沼泽及水网地区，水准测量有困难时，三等及以下高程控制测量可以采用光电测距三角高程测量，二等高程控制测量可采用精密光电测距三角高程测量。

1. 线路水准基点

线路水准基点应沿线路布设成附合路线或闭合环，每 2km 左右布设一个，重点工程（大桥、长隧道及特殊路基结构）地段应根据实际需要增设水准基点。点位距线路中线 50~300m 为宜。水准基点埋设应满足以下要求：

(1) 水准点应选择在土质坚实、安全僻静、观测方便和利于长期保存的地方。
(2) 严寒冻土地区水准点标石应埋设至冻土线以下 0.3m。
(3) 水准基点可以与平面控制点共用。

在地表沉降不均匀及地质不良地区，宜按每 10km 设置一个深埋水准点，每 50km 设置一个基岩水准点。应尽量利用国家或其他测绘单位埋设的稳定的基岩水准点和深埋水准点。

线路水准基点按二等水准测量要求施测。水准路线宜每隔 150km 左右与国家一、二等水准点联测，最长不应超过 400km。线路水准基点控制网应全线（段）一次布网测量。

2. CPⅢ 控制点水准测量

CPⅢ控制点水准测量应附合于线路水准基点，按精密水准测量技术要求施测，水准路线附合长度不得大于 3km。CPⅢ控制点水准测量可以按矩形环单程水准网或往返测水准网构网观测。CPⅢ水准网与线路水准基点联测时，应按精密水准测量要求进行往返观测。如图 9-5 所示，CPⅢ控制点高程的水准测量采用矩形环单程水准网形式测量时，左边第一个闭合环的四个高差应该由两个测站完成，其他闭合环的三个高差可以由一个测站按照后—前—前—后或前—后—后—前的顺序进行单程观测。

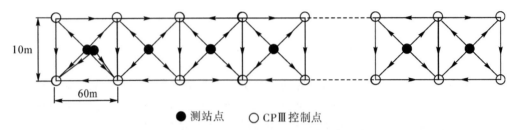

图 9-5　矩形环单程 CPⅢ水准网测量观测示意图

CPⅢ控制点水准测量应对相邻 4 个 CPⅢ点所构成的水准闭合环进行环闭合差检核，如图 9-6 所示，相邻 CPⅢ点构成的水准环闭合差不得大于 1mm，相邻 CPⅢ点高差中误差不应大于±0.5mm。区段之间衔接时，前后区段独立平差重叠点高程差值应不超过±3mm，满足该条件后，后一区段 CPⅢ网平差，应采用本区段联测的线路水准基点及重叠段前一区段连续 1~2 对 CPⅢ点高程成果进行约束平差，其目的是使相邻 CPⅢ水准网的高程平顺过渡。

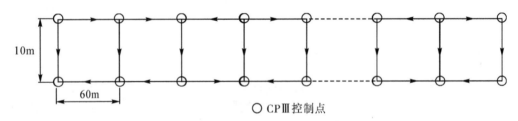

图 9-6　矩形环单程 CPⅢ水准网观测形成的闭合环示意图

当桥面与地面间高差大于 3m，线路水准基点高程直接传递到桥面 CPⅢ控制点上困难时，宜采用不量仪器高和棱镜高的中间设站光电测距三角高程测量法传递。

CPⅢ高程复测采用的网形和精度指标应与原测相同。CPⅢ点复测与原测成果的高程较差不超过±3mm，且相邻点的复测高差与原测高差较差不超过±2mm 时，采用原测成果。较差超限时应分析判断超限原因，确认复测成果无误后，应对超限的 CPⅢ点采用同级扩展方式更新成果。

9.3　高速铁路路基施工测量

线下工程施工测量包括以下内容：施工控制网复测、施工控制网加密、线路中线测量、路基施工测量、桥涵施工测量、隧道施工测量等。

9.3.1 控制网的交桩与复测

施工前,设计单位应向施工单位交接控制测量成果资料和现场桩橛,控制网交桩成果应包括以下内容:

(1)CP0、CPⅠ、CPⅡ控制点成果及点之记。

(2)CPⅠ、CPⅡ测量平差计算资料。

(3)线路水准基点成果及点之记。

(4)水准测量平差计算资料。

(5)CP0、CPⅠ、CPⅡ控制桩和线路水准基点桩。

高速铁路工程建设期间,应加强CP0、CPⅠ、CPⅡ及线路水准基点控制网复测维护工作。控制网复测维护分为定期复测维护和不定期复测维护。定期复测维护是对高速铁路平面高程控制网全线CP0、CPⅠ、CPⅡ及线路水准基点的全面复测,复测频次应满足下列要求:

(1)施工单位接桩后,应对CPⅠ、CPⅡ和线路水准基点进行复测。

(2)CPⅢ建网前,对CP0、CPⅠ、CPⅡ和线路水准基点复测一次。

(3)工程静态验收前,对CP0、CPⅠ、CPⅡ、CPⅢ及线路水准基点复测一次。

(4)特殊地区、地面沉降地区或施工期间出现异常的地段,适当增加复测次数。

施工单位应根据施工需要开展不定期复测维护,复测周期不宜大于6个月。不定期复测维护应重点检查控制点间的相对位置是否发生位移,点位的精度是否满足要求。

控制网复测采用的方法和精度应与原测相同。复测前应检查标石的完好性,对丢失和破坏的控制点应按同精度扩展方法补设。复测成果与原测成果的较差应满足下列规定:

(1)采用 GPS 复测 CPⅠ、CPⅡ控制点时,复测与原测成果较差应满足表 9-11 中的规定。

表 9-11 **CPⅠ、CPⅡ控制点复测坐标较差限差**

控制点类型	复测坐标较差限差/mm	相邻点间坐标差之差的相对精度限差
CPⅠ	20	1/130000
CPⅡ	15	1/80000

(2)采用导线复测 CPⅡ控制点时,水平角、边长和坐标较差应满足表 9-12 中的规定。

表 9-12 **导线复测较差的限差**

控制网	等级	水平角较差限差/(″)	边长较差限差/mm	坐标较差限差/mm
CPⅡ	三等	3.6	$2 m_D$	15

注:m_D 为仪器标称精度。

复测成果与原测成果较差满足要求时，采用原测成果。当较差超限时，应进行第二次复测，查明原因，当确认复测成果正确后，与勘测设计单位协调解决。

9.3.2 施工控制网的加密测量

施工控制网加密测量可以根据施工要求采用同级扩展或向下一级发展的方法。施工控制网加密测量可以采用导线或GPS测量方法施测，施工控制网加密必须就近附合到CPⅡ或CPⅠ控制点，采用固定数据约束平差。加密控制点应布设在坚固稳定、便于施工放线且不易破坏的范围内。采用导线加密时，导线边长以200~400m为宜，应按四等导线的精度要求施测。采用GPS测量方法加密时，按四等GPS精度要求施测，GPS基线边不宜短于300m。

加密高程控制点应起闭于线路水准基点，采用同级扩展的方法按二等水准测量要求施测。

同等级扩展的测量方法是按照相同的测量等级标准，以增设或补设控制点周边的同级控制点作为起算点，按照约束平差或拟稳平差的方法计算增设或补设控制点的坐标，且保证增设或补设控制点之间以及与已知点之间的相对精度满足本级控制网相对精度要求。在铁路工程测量中重点考虑的是控制点之间的相对精度能否满足要求，而不强调控制点的绝对精度，增补控制点时不再强调逐级布网，只要控制点间的相对精度满足要求即可。随着科学技术的进步，测量仪器和计算手段都得到了相应的提高，使控制网同等级扩展后，控制点间的相对精度保持不变。

路基施工测量的内容主要包括地基加固工程施工放样、板桩结构路基施工放样、路堤和路堑的施工放样等。路基施工测量的方法与第5章5.1节中介绍的方法相同，此处不再叙述。

9.3.3 路基竣工测量

在线下工程竣工后，轨道铺设前，应进行中线贯通测量，检查线下工程平纵断面施工是否满足设计要求。测量内容包括线路水准基点贯通测量、中线贯通测量和横断面竣工测量。

线路水准基点贯通测量应沿线路进行全线(段)二等水准测量。

线路中线贯通测量应以线路左线为基准进行测量，并应符合下列规定：

(1)中线上应钉设公里桩和加桩，并宜钉设百米桩。直线上中桩间距不宜大于50m；曲线上中桩间距宜为20m。在曲线起点、终点、变坡点，竖曲线起点、终点，立交道中心，涵洞中心，桥梁墩台中心，隧道进出口，隧道内断面变化处，道岔中心，支挡工程的起点、终点和中间变化点等处均应设置加桩。

(2)线路中线加桩应利用CPⅡ控制点、施工加密控制点或CPⅢ控制点测设，桩位限差应满足纵向 S/20000+0.01(S为相邻中桩间的距离，以米(m)计)、横向±10mm的要求。

(3)线路中线桩高程应利用线路水准基点测量，中桩高程限差为±10mm。

线路横断面竣工测量应符合下列规定：

(1)利用线路中线贯通测量测设的中线桩，测量路基、桥梁和隧道横断面。横断面的位置和密度与线路中线桩相同。

（2）路基横断面测点应包括路基面高程变化点、路肩等。路基面范围各测点平面、高程测量中误差为±10mm。

（3）桥面横断面竣工测量方法和精度要求与路基横断面测量相同。桥面横断面测点应包括左右轨道中心线、桥梁中心线、挡砟墙脚和顶面。

（4）隧道竣工横断面应采用测距精度不低于5mm+2ppm的全站仪或断面仪进行测量，断面点测量中误差应≤10mm。断面点应包括左右轨道中心线、隧道中心线、排水沟、电缆沟、内拱顶、起拱线以及轨顶以上1.1m、3m、5.8m处的断面点。

利用中线和横断面竣工测量成果评估路基、桥梁和隧道是否满足界限要求。必要时应调整线路平纵断面设计，以满足轨道铺设要求。

9.4 高速铁路轨道施工测量

高速铁路无砟轨道施工测量包括混凝土底座及支承层测量、凸形挡台放样、加密基标测设、轨道安装（轨道板铺设、轨排粗调精调）及轨道精调等工序，为了保证各工序之间的顺利衔接，轨道施工各工序的测量工作均以轨道控制网CPⅢ为基准。轨道铺设精度应满足表9-1、表9-2中轨道静态平顺度允许偏差的要求。

9.4.1 无砟轨道混凝土底座或支承层平面放样

无砟轨道混凝土底座及支承层平面施工模板放样可以采用全站仪自由设站直接进行模板三维坐标放样，一次完成。也可以先采用全站仪自由设站测设轨道中心线，模板平面位置由轨道中心线放出，模板高程采用几何水准施测。放样应依据轨道控制网CPⅢ，采用全站仪自由设站极坐标法测设。自由设站是在工作区域的线路中线附近任意一点架设全站仪，测量线路两侧多对轨道控制网CPⅢ点的方向和距离，通过多点边角后方交会原理获取仪器中心点的平面和高程位置。为了保证测量精度，必须要有一定的多余观测量。另外为了相邻设站间的平顺搭接，要求相邻设站间必须有一定的重复观测点。《高速铁路工程测量规范》（TB 10601—2009）中规定：混凝土底座及支承层平面施工自由设站观测的CPⅢ控制点不宜少于3对，更换测站后，相邻测站重叠观测的CPⅢ控制点不少于2对。混凝土底座及支承层工程施工测量使用的全站仪精度不应低于（2″，2mm+2ppm），水准仪精度不应低于3mm/km，全站仪自由设站完成后，需计算自由设站点精度和观测的已知点的坐标不符值。自由设站点的精度应符合表9-13中的规定，完成自由设站后，CPⅢ控制点的坐标不符值应符合表9-14中的规定。

表9-13　　　　　　　　　　自由设站点精度要求

项目	X	Y	H	方向
中误差	≤2mm	≤2mm	≤2mm	≤3″

表 9-14　　　　　　　　　　**CPⅢ控制点坐标不符值限差要求**

项目	X	Y	H
控制点余差	≤2mm	≤2mm	≤2mm

当使用混凝土摊铺机进行混凝土底座及支承层摊铺作业时，基准线桩放样纵向间距不应大于10m，平、竖曲线地段应根据曲线半径大小加密布置，最小值为2.5m。

9.4.2 加密基桩测量

为了完成无砟轨道的轨道板定位，必须测设加密基标。加密基标是在轨道控制网CPⅢ基础上加密的轨道控制点，为轨道铺设所建立的基准点，一般沿线路中线布设。加密基桩平面测量是依据CPⅢ控制点采用全站仪自由设站极坐标法或光学准直法测设的，高程测量是采用几何水准方法施测的，曲线段应考虑超高影响。

无砟轨道结构类型不同，其施工工艺和方法也不同，加密基标需根据轨道类型和施工工艺要求进行设置，其测量工作应符合以下规定：

(1) Ⅰ型板式无砟轨道的轨道板定位方法有两种：一种是采用加密基标(基准器)进行定位，另一种方法不用加密基标(基准器)，利用CPⅢ控制网采用全站仪自由设站直接对轨道板进行定位。CRTS Ⅰ型板式无砟轨道加密基标应设置于凸形挡台中心，测设精度应满足：点位横向偏差≤1.0mm，相邻点距离偏差≤2.0mm，相邻点竖向偏差≤1.0mm。

(2) Ⅱ型板式无砟轨道的加密基标又称为基准点，一般利用CPⅢ控制网采用全站仪自由设站进行定位，轨道板通过基准点进行定位。CRTS Ⅱ型板式无砟轨道加密基标(轨道基准点)应设置于混凝土底座或支承层上，位于轨道板横接缝的中央、相应里程中心点的法线上，偏离轨道中线0.10m。曲线地段应置于轨道中线内侧，直线地段应置于线路中线同一侧。测量精度应满足下列要求：

① 基准点各半测回测量的坐标值与其平均值间的较差≤0.4mm。
② 重叠区内基准点的平面位置允许偏差：横向≤0.3mm，纵向≤0.4mm。
③ 基准点往返测高程值与其平均值间的较差≤0.3mm；重叠区内基准点高程较差≤0.3mm。

(3) Ⅰ型双块式无砟轨道是利用CPⅢ控制网采用全站仪自由设站直接对轨排粗调和精调，将轨排浇筑在混凝土底座及支承层上，不需要测设加密基标。

(4) Ⅱ型双块式无砟轨道的加密基标又称为支脚点，轨排通过支脚点定位后将轨枕嵌入道床板混凝土中。CRTS Ⅱ型板式无砟轨道加密基标(支脚)应设置于混凝土底座或支承层上，位于轨道两侧，纵向和横向间距应分别为3.27m和3.2m。因每个轨枕框架的5根轨枕间距事前在组装时就已与框架固定，故特殊地段轨枕纵向间距只能在相邻两个框架间进行微量调整，规定调整量最大不得超过15mm。测量精度应符合以下规定：

① 支脚精调后，顶部棱镜中心三维坐标(x, y, h)实测值与设计值较差均≤0.5mm。
② 更换测站后，应检测上一测站精调后的支脚点。检测允许偏差：平面≤2mm，高程≤2mm。

加密基桩测量使用的全站仪精度不应低于(1″、1mm+2ppm),水准仪精度不应低于0.5mm/km。自由设站观测的CPⅢ控制点不应少于 4 对,全站仪宜设在线路中线附近,位于所观测的CPⅢ控制点的中间。更换测站后,相邻测站重叠观测的CPⅢ控制点不应少于 2 对。由于加密基标直接用于轨道板定位,其测设精度要求要比底座混凝土的高,因此自由设站的各项指标均高于底座混凝土自由设站,精度要求如表 9-15 所示。

表 9-15 自由设站点精度要求

项目	X	Y	H	方向
中误差	≤0.7mm	≤0.7mm	≤0.7mm	≤2″

注:连续桥、特殊孔跨桥自由设站点精度可以放宽至 1.0mm。

CRTS I 型板式无砟轨道加密基标(基准器)粗测采用全站仪自由设站方式按极坐标放样法分组进行,放样点用油漆标注于凸形挡台顶面上。自由设站宜后视 4 对CPⅢ控制点,完成测站的建站工作。基准器点位放样限差:平面±3mm。换站时,相邻测站后视 2 对重叠的CPⅢ控制点,保证相邻测站之间放样点位的平顺性。自由设站极坐标放样如图 9-7 所示。完成放样后,依据基准器粗测点位钻孔、注胶、埋设基准器固定装置定位螺栓。将基准器基座固定于凸形挡台上,再按自由设站方式精确测定基准器位置。

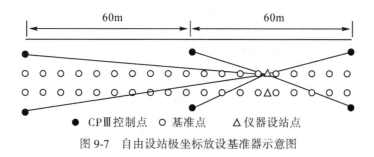

图 9-7 自由设站极坐标放设基准器示意图

CRTS Ⅱ 型板式无砟轨道的加密基标(基准点)是 Ⅱ 型轨道板精调的基础控制点。基准点的布设,要充分考虑利用精密全站仪在特定条件下测角具有极高的精度这一特点。轨道基准点平面测量如图 9-8 所示,为了能够精确且迅速地在基准点上安置棱镜,可以使用专

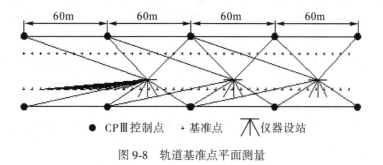

图 9-8 轨道基准点平面测量

用的带有可调螺旋的地面三脚架支架。为了准确确定基准点的高程，水准尺应使用具有对中功能的基准点高程测量适配器。

9.4.3 铺轨测量

1. CRTS Ⅱ型轨道板安装定位

CRTS Ⅰ型轨道板安装定位（精调）可以采用速调标架法或基准器法进行，速调标架法是采用全站仪自由设站配合特制测量标架进行单元板精调的方法。螺栓孔测量标架是以轨道板螺栓孔作为定位基准，上部放置测量反射棱镜，并装配倾斜传感器的标架。螺栓孔测量标架插入螺栓孔的元件为锥形插入、环形接触的高精度定位元件。螺栓孔测量标架放置在单元板承轨台第二和倒数第二个位置进行测量定位，靠近单元板的起吊螺栓孔位置。测量软件可以根据单元板的板长和板间距自动布设和施测螺栓孔测量标架上安装的棱镜。CRTS Ⅰ型轨道板安装定位应符合下列规定：

（1）采用速调标架法或螺栓孔适配器法测量时，每一测站精调的轨道板不应多于5块，换站后应对上一测站的最后一块轨道板进行检测。

（2）采用基准器精调轨道板时，应使用三角规控制轨道板扣件安装中心线，同时实现轨道板纵、横向及竖向的调整。

（3）轨道板安装定位限差横向和纵向应分别不大于3mm和2mm；高程定位限差应不大于1mm。相邻轨道板搭接限差横向和高程应分别不大于2mm和1mm。

2. CRTS Ⅱ型轨道板安装定位（精调）测量

CRTS Ⅱ型轨道板安装测量依据加密基标配合轨道精调系统进行。轨道精调系统使用的全站仪、后视棱镜基座需使用专用三脚架。每个作业面配备不少于四支精调标架。安置全站仪于基准点，三根精调标架分别安置于待调板的前、后、中承轨槽内，另一根安置于相邻已调整轨道板的最后一承轨槽内。将全站仪、数字显示器通过电缆与专用控制电脑相连。精调支架安置在混凝土承轨台面支点上，并通过固紧调节装置单侧与支点面相触，由此建立与精调标架支点间的几何关系。利用轨道基准点对全站仪进行设站，通过已精调好的轨道板上的精调支架进行定向，用另一基准点进行检查。运行专用配套软件，控制全站仪自动测量各精调标架两端的反射器的距离及角度，计算所测反射器的平面坐标及高程值，将测量结果与设计值进行比较得到测点的调整值，调整值通过数字显示器告知作业人员。作业人员根据显示值进行板的平面和高程调整。重复上述工作，直到支点平面精度达到要求为止。CRTS Ⅱ型轨道板安装定位（精调）测量应满足下列要求：

（1）全站仪设于待调轨道板端基准点上，完成定向后，测量待调轨道板上6个棱镜的三维坐标，根据实测值与设计值较差，对轨道板进行横向和竖向调整。全站仪距待调轨道板的距离应在6.5~19.5m范围内。

（2）更换测站后，应依据待调轨道板末端的基准点，检测已调整的最后一块轨道板板首端承轨槽上的精调标架，检测的横向和竖向偏差均不应大于2mm，纵向偏差不应大于10mm。

(3)轨道板精调后的限差应满足表9-16中的要求。

表9-16　　　　　　　　　　轨道板精调后的允许偏差

项　　目	允许偏差/(mm)
板内各支点实测与设计值的横向偏差	0.3
板内各支点实测与设计值的竖向偏差	0.3
轨道板竖向弯曲	0.5
相邻轨道板间横向偏差	0.4
相邻轨道板间竖向偏差	0.4

3. CRTS I 型双块式无砟轨道安装测量的过程和要求

(1)轨排组装前,应先依据轨道控制网CPⅢ,采用全站仪自由设站方法放设道床模板及线路中线控制点或外移控制点,每一设站放样距离不应大于90m。中线放样允许偏差5mm。模板允许偏差:平面2mm,高程5mm。

(2)轨排组装允许偏差为:轨距≤2.0mm,轨枕间距≤5.0mm。

(3)轨排粗调宜采用全站仪自由设站配合粗调机或轨道几何状态测量仪进行,也可以采用全站仪自由设站配合水准仪进行。每一设站测量的距离不宜大于70m,轨排粗调后的允许偏差:中线2mm,高程-5~0mm。

(4)轨排精调应采用全站仪自由设站配合轨道几何状态测量仪进行,轨排精调应满足:

①全站仪自由设站距轨道几何状态测量仪的工作距离宜为5~55m。

②轨排精调测量测点应设置在轨排支撑架位置,其步长应为每个支撑螺杆的间距。

③下一循环施工时,测量应伸入上一循环不少于20m。

④轨排精调后,轨道中线和轨顶高程允许偏差均不应大于2mm。

4. CRTS Ⅱ 型双块式无砟轨道安装测量的过程和要求

(1)应依据轨道控制网CPⅢ采用全站仪自由设站方法测设道床板模板轴线,每一设站放样距离不应大于90m。道床模板定位允许偏差:平面2mm,高程5mm。

(2)CRTS Ⅱ 型轨排安装应利用精调完成后的支脚(加密基标)进行定位,道床板混凝土浇筑前应检测支脚点三维坐标。实测值与设计三维坐标(x,y,h)较差均不应大于1mm。

(3)轨排安装允许偏差要求如下:

①相邻轨枕框架首根承轨槽(台)横向偏差≤3mm。

②轨枕框架内相邻承轨槽(台)横向偏差≤1mm。

③相邻承轨槽(台)高差偏差≤0.5mm。

9.4.4 道岔安装测量

采用全站仪自由设站配合轨道几何状态测量仪进行枕式道岔精调时，首先将道岔及前后各300m范围内的CPⅢ网测量成果及道岔轨道线形数据输入轨道几何状态测量仪系统软件。全站仪架设在线路中线上，后视线路两侧8个CPⅢ控制点进行自由设站，观测轨检车上的棱镜，全站仪将测量数据传递给轨道几何状态测量仪。轨道几何状态测量仪通过自身携带的传感器对轨道的超高、轨距进行测量，使用软件将所有测量数据进行处理，实时形成每个测量点的绝对坐标（竖向、横向）、轨距、方向、高低与设计数据的对照，并通过不同的界面予以显示或输出打印。为保证测量数据的一致性，对道岔进行测量时，将轨道几何状态测量仪的导向边固定在道岔的基本轨上。

站场内各组道岔宜一次测设完成，并复核道岔间相互位置。无砟道岔两端应预留不小于200m的长度作为道岔与区间无砟轨道衔接测量的调整距离。道岔铺设前，应以CPⅢ控制点为依据，在混凝土底座或支承层及板式道岔的找平层上于岔心、岔前、岔后、岔前100m和岔后100m分别测设道岔控制基标。道岔控制基标和加密基标可以采用全站仪自由设站按坐标测设，也可以采用光学准直法测设。道岔精调应先进行道岔主线测量，再进行道岔侧线测量。

1. 道岔区枕式无砟轨道安装测量的方法和要求

（1）道岔控制基标横向偏差不应大于1mm，相邻道岔控制基标允许偏差为：间距2mm，高差1mm。

（2）道岔加密基标宜设置在线路中线两侧，间距宜为5~10m，转辙器、导曲线和辙叉起始点应增设加密基标。加密基标的横向允许偏差不应大于2mm，相邻加密基标相对偏差允许值：平面位置2mm、高程1mm。

（3）道岔粗调测量应以加密基标为准，也可以采用全站仪自由设站配合轨道几何状态测量仪进行。全站仪自由设站每测站最大测量距离不应大于80m，道岔平面位置及高程粗调偏差均不应超过±5mm。

（4）采用全站仪自由设站配合轨道几何状态测量仪进行道岔精调时，每测站最大测量距离不应大于80m。

（5）采用全站仪配合水准仪进行道岔精调测量时，将全站仪安置于道岔控制基标上，以道岔控制基标为基准，道岔方向调整由全站仪控制，高程采用几何水准法按精密水准精度要求施测。并应符合下列规定：

①道岔精调后，道岔定位中线允许偏差为±2mm，轨面高程允许偏差为-5mm~0，且与前后相连线路一致。

②道岔精调完成后，应采用轨道几何状态测量仪对道岔平顺性进行检测。

（6）混凝土道床板模板放样可以采用全站仪自由设站或通过道岔加密基标进行，道床模板安装定位允许偏差为：横向2mm，高程5mm。

2. 道岔区板式无砟轨道安装测量的方法和要求

(1)道岔板定位应以CPⅢ控制点为依据,在混凝土找平层上测设道岔板角点和混凝土调节垫块角点。平面位置放样误差应≤5mm。

(2)道岔板加密基标(基准点)应设置于找平层上,测设位置及测量精度应满足CRTSⅡ型板式无砟轨道加密基标(基准点)的测量要求。

(3)道岔板精调应采用全站仪三维放样模式,分别精确测量每块道岔板上的4个(或6个)棱镜位的三维坐标,并根据放样与计算差值调整道岔板调节架,对道岔板进行横向、纵向和竖向的调整。道岔板精调实测与设计值偏差应满足:纵向偏差≤0.3mm,横向偏差≤0.3mm,竖向偏差≤0.3mm的要求。

(4)道岔板精调完成后,在混凝土灌注前,应依据CPⅢ控制点采用全站仪自由设站方式对道岔板进行线性检测,并满足下列要求:
①每块道岔板允许偏差:竖向1.5mm,横向1mm,纵向3mm。
②道岔板与道岔板搭接允许偏差:横向和竖向均为1mm。

(5)道岔精调后,应采用轨道几何状态测量仪对道岔几何状态进行检测。道岔定位中线允许偏差为±2mm,轨面高程允许偏差为-5mm~0。

9.5 高速铁路竣工测量

高速铁路竣工测量的目的:一是对高速铁路的线下工程空间位置、几何形态、轨道平顺性进行客观的评定,为工程验收提供必要的基础资料;二是高速铁路交付运营后,竣工测量的成果将作为运营维护管理的基础资料。高速铁路工程竣工测量的内容包括:控制网竣工测量、线路轨道竣工测量、线下工程建筑及线路设备竣工测量、竣工地形图及铁路用地界测量。

9.5.1 控制网竣工测量

控制网竣工测量包括CP0、CPⅠ、CPⅡ、CPⅢ控制网、线路水准基点网复测及轨道维护基标测量。对施工过程中毁坏、丢失的桩点,在竣工测量时按同精度内插要求补设。建立轨道维护基标,轨道维护基标是在轨道控制网(CPⅢ)基础上测设的,为无砟轨道养护维修时所需的永久性基准点,应根据运营养护维修方法确定其设置位置。其测量要求如下:

(1)维护基标应根据维修检测方式布设,并充分利用已设置的基标。

(2)维护基标应利用CPⅢ控制点采用全站仪自由设站方法进行测设,利用已设置的基标作为维护基标时,应对其进行复测。

(3)维护基标的测设和复测精度不应低于相应轨道结构加密基标的精度要求,且满足线路维护要求。

9.5.2 线路轨道竣工测量

线路轨道竣工测量包括轨道几何状态测量、线路里程贯通测量、线路平面和纵断面竣工测量、线路横断面竣工测量。

轨道几何状态测量应利用竣工测量的CPⅢ控制点成果,采用全站仪自由设站配合轨道几何状态测量仪,按前述方法进行测量。

线路里程贯通测量应满足以下规定:

(1)根据线路中线测量数据,贯通全线里程,消除断链。左右线并行地段应以左线贯通里程,绕行地段左右线分别计算里程。

(2)根据贯通里程测设公里桩和百米桩,并测量曲线五大桩、变坡点、竖曲线起终点、立交道中心、涵洞中心、桥梁台前、台尾及桥梁中心、隧道进出口、隧道内断面变化处、车站中心、道岔中心、支挡工程的起终点的里程。

(3)里程测量宜采用线路中心坐标进行里程贯通计算。

线路平面和纵断面竣工测量应利用轨道几何状态测量仪测量的线路中线位置、轨面高程等数据进行线路平面曲线要素和纵断面坡度计算。

线路横断面竣工测量包括路基、桥梁、隧道的测量。

9.5.3 线下工程建筑及线路设备竣工测量

线下工程建筑及线路设备竣工测量应包括:

(1)隧道、桥涵、路基工程、车站及其附属建(构)筑物竣工测量,测量的内容应满足竣工图编制和竣工验收的要求,测量方法和精度与施工测量相同。

(2)线路沿线接触网、行车信号、线路标志等主要设备的竣工测量应按相关专业验收标准进行测量。

9.5.4 线路竣工地形图和铁路用地界测量

线路竣工地形图测量范围一般为铁路两侧各100m(站场由最外股道起算),特殊情况至少包括铁路用地界外50m,地形图比例尺为1∶2000。线路竣工地形图宜采用航空摄影的方法测绘,也可以利用线路施工平面图进行修测。

铁路用地界桩测量应根据铁路用地图,利用CPⅠ、CPⅡ、CPⅢ控制网采用全站仪极坐标法、全站仪自由设站法或 GPS RTK 技术进行测设,沿线路两侧每隔 300~500m 及地界宽度变化处均应埋设地界桩,地界桩的测量点位中误差不应大于5cm。

参 考 文 献

[1] 李青岳，陈永奇. 工程测量学[M]. 北京：测绘出版社，2008.

[2] 张正禄. 工程测量学[M]. 武汉：武汉大学出版社，2005.

[3] 李天文，龙永清，李庚泽. 工程测量学[M]. 北京：科学出版社，2011.

[4] 汪金花，王健，张永彬. 测量学通用基础教程[M]. 北京：测绘出版社，2011.

[5] 张国良. 矿山测量学[M]. 徐州：中国矿业大学出版社，2001.

[6] 王健，宋利杰，田桂娥. 工程测量学[M]. 石家庄：河北人民出版社，2014.

[7] 工程测量规范(GB 50026—2007). 中华人民共和国行业标准. 北京：中国计划出版社，2007.

[8] 城市测量规范(CJJ/T 8—2011). 中华人民共和国行业标准. 北京：中国建筑工业出版社，2011.

[9] 公路勘测规范(JTG C10—2007). 中华人民共和国行业标准. 北京：中国交通出版社，2007.

[10] 铁路工程测量规范(TB 10101—2009). 中华人民共和国行业标准. 北京：中国铁道出版社，2009.

[11] 高速铁路工程测量规范(TB 10601—2009). 中华人民共和国行业标准. 北京：中国铁道出版社，2009.

[12] 公路全球定位系统(GPS)测量规范(JTJ/T 066—1998). 中华人民共和国行业标准. 北京：人民交通出版社，1998.

[13] 铁路工程卫星定位测量规范(TB 10054—2010). 中华人民共和国行业标准. 北京：中国铁道出版社，2010.

[14] 建筑变形测量规范(JGJ 8—2007). 中华人民共和国行业标准. 北京：中国建筑工业出版社，2007.

[15] 王登杰，房栓社，王新文. 现代路桥工程施工测量[M]. 北京：中国水利水电出版社，2009.

[16] 铁路桥涵施工规范(TB 10203—2002). 中华人民共和国行业标准. 北京：中国铁道出版社，2002.

[17] 王健，李小光. 大坡度斜井联系测量的方法[J]. 测绘科学，2012(4).

[18] 王健，李小光，陈星彤. 道路曲线偏角及夹角的计算方法和精度分析[J]. 路基工程，2011(5).

[19] 王健，刘家顺，宋利杰. 曹妃甸港区地表变形监测机制分析[J]. 水运工程，2010(9).

［20］王健. 大跨度水上钢管混凝土拱桥施工测量方法［J］. 工程勘察，2013(9).

［21］王健，刘艳飞. 高速公路施工中的测量工作［J］. 筑路机械与施工机械化，2005(9).

［22］王健. 公路卵形曲线中线及边线坐标的计算［J］. 河北理工学院学报，2006(3).

［23］王健，汪金花. 棱镜觇牌倾斜对全站仪定位精度的影响［J］. 河北联合大学学报，2014(3).

［24］卢健康，任自珍，岑敏仪. 客运专线无砟轨道施工平面控制网优化设计［J］. 铁道工程学报，2007(8)：49~52.

［25］朱颖. 客运专线无砟轨道铁路工程测量技术［M］. 北京：中国铁道出版社，2008.

［26］张项铎，张正禄. 浅论特长隧道 GPS 网的布设及其精度——以秦岭隧道工程为例［J］. 勘察科学技术，2000(5)：46~49.